중용,
어울림의 길

옮긴이 **정천구**

1967년생. 부산대학교 국어국문학과를 졸업하고 서울대학교 대학원에서 석사와 박사 학위를 받았다. 삼국유사를 연구의 축으로 삼아 동아시아 여러 나라의 문학과 사상 등을 비교 연구하고 있으며, 현재는 대학 밖에서 '바까데미아(바깥+아카데미아)'라는 이름으로 인문학 강좌를 열고 있다.

저서로 『논어, 그 일상의 정치』『맹자독설』『삼국유사, 바다를 만나다』『중용, 어울림의 길』『맹자, 시대를 찌르다』『한비자』『한비자, 제국을 말하다』 등이 있고, 역서로 『차의 책』『동양의 이상』『밝은 마음을 비추는 보배로운 거울』『원형석서』『일본영이기』『삼교지귀』 등이 있다.

중용, 어울림의 길

1판 1쇄 발행 2013년 7월 4일
2판 1쇄 발행 2017년 2월 22일

지은이 정천구
펴낸이 강수걸
편집장 권경옥
편집 정선재 윤은미 문윤호
디자인 권문경
펴낸곳 산지니
등록 2005년 2월 7일 제333-3370000251002005000001호
주소 부산시 해운대구 수영강변대로 140 BCC 613호
전화 051-504-7070 | 팩스 051-507-7543
홈페이지 www.sanzinibook.com
전자우편 sanzini@sanzinibook.com
블로그 http://sanzinibook.tistory.com

ISBN 978-89-6545-403-8 04150
      978-89-6545-169-3(세트)

중용,
어울림의 길

아름다운 순우리말 번역의 새로운 주석서

정천구

산지니

✳ 머리말

『논어』를 주석하고 사족을 달아서 '논어, 그 일상의 정치'라는 제목을 붙이고 내놓은 지 하마 4년이 흘렀다. 그 책을 내놓을 때는 곧바로 사서(四書)의 나머지에 대해서도 그렇게 하려고 했는데, 다른 작업을 하느라 바빠서 그렇게 하지 못했다. 더 이상 미루다가는 아예손을 대지도 못할 것 같았는데다 또『중용』강의를 하게 된 사정이 있어서 4월에 접어들자마자 번역을 하고 주석과 사족을 다는 작업을 시작하였다.

『논어, 그 일상의 정치』를 써낼 때는 4개월가량 작업하는 일이 별로 힘들지 않았다. 사족이 대체로 짧았기 때문이다. 그러나『중용』에서는 사족이 꽤 길어졌다.『중용』의 원문에 대한 풀이를 하다가 자연스레 떠오른 것이기도 하고 또 독자들이『중용』을 이해하는 데에도 유익하리라 여겨서『논어』와『맹자』,『순자』,『예기』등을 두루 인용하느라 그랬다. 이들 고전에서 끌어온 글들에도 원문을 함께 실었으므로 꼼꼼하게 읽어보신다면『중용』을 읽는 맛도 달라지리라 믿는다. 이렇게 인용한 여러 고전의 원문들을 깔밋하게 번역하는 데에도 꽤 힘을 기울였다. 그 탓에 작업한 기간은 대략 40여 일인데도, 쏟아부은 힘과 기운은『논어, 그 일상의 정치』를 쓸 때보다 더하면 더했지 덜하지는 않았다.

대체로『중용』을 공자의 손자인 자사(子思)의 작품으로 보지만, 실제로 자사의 작품이라는 확실한 근거는 없다. 게다가 『중용』에 내재한 사유가 공자를 이어서 바로 나타나기에는 참으로 깊고 높으며 또 복합적이라는 점에서 의문을 갖지 않을 수 없다. 그래서 나는 작자의 문제를 제쳐두고, 『예기』의 한 편으로 존재했다는 그 사실을 중시하면서 아무리 거슬러 올라가더라도 전국시대에 편집되었을 것으로 보고 풀이하였다. 저자의 문제나 그 사상적 특성에 대해서는 해제에서 자세하게 논하였다.

이 책에서 사족을 꽤나 길게 단 것에 대해 의구심을 갖거나 부질없는 짓을 했다고 타박하실 분들도 계실 것이다. 그렇다면 내가 사족이라고 말한 것이 아주 틀리지는 않은 셈이니, 그런 타박쯤은 구렁이 담 넘어가듯이 슬쩍 넘어가려다. 사족보다는 매우 짧지만, 원문의 번역에도 매우 공을 들였다. 원문을 읽지 않고도 알 수 있도록 했다. 또 번역의 근거에 대해서도 주석에서 밝혀놓았다. 이 모두 『논어, 그 일상의 정치』에서 한 것과 다르지 않다.

『중용』에 대해서는 이미 많은 주석서들이 나와 있다. 그러나 나의 작업은 원문의 번역과 주석도 기존의 것과 다르고, 사족에서는 더욱 큰 차별성을 보여준다. 이러한 작업은 오로지 『중용』에 내재한 깊은 맛을 느끼면서 이루어진 것이므로, 독자 여러분들께서도 그 맛을 즐길 수 있다면 더할 나위가 없겠다. 또 욕심이겠지만, 독자 여러분들이 이 『중용, 어울림의 길』을 읽으면서 고전의 깊이와 넓이와 높이를 경험하면서 사유의 지평을 넓히셨으면 하는 바람도 가져본다.

끝으로, 〈중국철학사〉 강의를 듣는 죄로 이 책의 원고 검토를 억지로 떠맡았음에도 꼼꼼하게 읽고 세세하게 지적해준 김차름, 조숙경, 임명숙, 박혜영, 이반석 등에게 고마움을 표한다. 덕분에 빠르고 정확하게 원고를 수정하고 마무리할 수 있었다. 그러했음에도 없애지 못한 오류나 착오가 있다면, 그 책임은 오로지 내 몫이다.

이제 또 나의 짧으나 즐거운 글쓰기 여정 하나가 끝났다. 멋진 책이

6

되어 나올 수 있도록 애써주신 산지니 출판사의 편집부 여러분들께도
고마움을 표한다.

2013년 5월 20일
낙서재에서 정천구

🏵 차례

일러두기

1. 여기서 번역하고 해석한 『중용』은 『예기주소(禮記注疏)』(十三經注疏整理本 12-15), 북경대학출판사, 2000에 실린 것을 저본으로 삼았다. 『예기주소』권 52-53이 『중용』이다.

2. 널리 쓰이는 주희의 『중용장구』를 저본으로 하지 않았으므로 장절의 구분에서 도 다르다. 본래 장절 구분이 없었던 글이므로 역자의 판단에 따라 임의로 장 절을 나누는 것도 의미가 있으리라 생각하였다. 그러나 글 본래의 성격과 흐 름이 있으므로 장절의 구분에서 큰 차이는 나지 않았다. 다만, 본래 없던 소제 목을 각 장마다 달아두어 이해를 돕고자 하였다.

3. 사족을 달면서 참조한 문헌들이 적지 않다. 그러나 번역을 하면서 기존의 번역 서나 주석서는 참조하지 않았던 탓에 목록에 없다.

『孟子 譯注』, 楊伯峻 譯注, 中華書局, 1984

『書經』, 上海古籍出版社, 1987

『荀子集解』(상·하), 王先謙 撰, 中華書局, 1988

『禮記』, 上海古籍出版社, 1987

『經書』, 성균관대학교 대동문화연구원, 1990

『논어, 그 일상의 정치』, 정천구 저, 산지니, 2009

『사기세가』(상·하), 사마천 저, 정범진 외 옮김, 까치, 1994

『사기열전』(1·2), 사마천 저, 김원중 옮김, 민음사, 2007

『완역 사기본기』(1·2), 사마천 저, 김영수 옮김, 알마, 2010

『전국책』, 유향 저, 신동준 역주, 인간사랑, 2011

『조엽의 오월춘추』, 신동준 역주, 인간사랑, 2004

『좌구명의 국어』, 신동준 역주, 인간사랑, 2005

『춘추좌전』1~3, 좌구명 저, 신동준 옮김, 한길사, 2006

『한비자』(Ⅰ·Ⅱ), 한비 저, 이운구 옮김, 한길사, 2002

『주역』, 『도덕경』, 『장자』, 『열자』 외

『중용』, 어떻게 고전이 되었나

중국사상사에서 가장 창조적이고 역동적이었던 시기는 '춘추전국시대'(기원전 770~221)라 할 수 있다. 흔히 '제자백가(諸子百家)'라 불리는 수많은 학자들과 다양한 학파들이 서로 치열하게 논쟁하며 영향을 주고받으면서 물질적 변화에 걸맞은 사상적 변혁을 일구었던 시기가 그때였다. 20세기 서양의 철학자 화이트헤드가 "서양 철학사는 플라톤에 대한 각주에 지나지 않는다"고 했듯이, 동아시아 사상사 역시 "제자백가에 대한 주석에 지나지 않는다"고 해도 과언이 아닐 만큼 대단히 깊고 높으며 폭넓은 사유의 세계가 당시에 펼쳐졌다.

제자백가 가운데서도 유가(儒家)는 한대(漢代)에 국교화되면서 확고하게 자리를 잡고 이후 2천 년 동안 동아시아 사람들에게 커다란 영향을 끼쳤는데, 오늘날에는 서구의 학자들까지 유가의 학문과 사상에 지대한 관심을 갖고 연구하기에 이르렀다. 그런데 이 유가의 학문조차 오래도록 휘청거리며 쇠퇴한 적이 있었으니, 바로 인도에서 전해진 불교(佛敎) 때문이었다. 후한(後漢) 때 전래되어 위진남북조(魏晋南北朝, 221~589)를 거치는 동안에 서역에서 온 숱한 승려들과 중국의 승려들이 합심하여 황실의 지원 아래 수많은 불경(佛經)들과 논서(論書)들을 번역해서 내놓고 또 다양한 방식으로 가르치고 전함에 따라 모든 계층에 불교가 깊이 침투하게 되었던 것이다. 이미 남북조의 여러 왕조들에서 국교로 숭앙되었던 불교가 당대(唐代)에 들어서는 그 정점에 이르렀으니, 황제부터 백성들까지 미친 듯이 불교에 빠져 복을 빌 뿐만 아니라 부처의 사리를 받드는 행사를 황제가 나서서 대대적으로 할 정도였다. 이에 대해 한유(韓愈, 768~824)가 〈논불골표(論佛骨表)〉(819)를 써서 올렸지만, 도리어 좌천을 당하기만 하였다. 결국 당대에 이르러 유학은 일대 위기 상황에 직면하였다.

유학의 부흥과 『복성서(復性書)』, 그리고 『중용』

이 위기 상황을 타개하기 위해 한유는 〈원도(原道)〉, 〈원성(原性)〉 등의 글을 지어 불교를 배척하고 유학의 부활을 꾀하였다. 이 글들은 송대 신유학자들에게도 영향을 끼쳐 그들로부터 높은 평가를 받았다. 특히, 한유는 〈원도〉에서 『예기(禮記)』의 한 편이었던 「대학(大學)」을 인용하면서 거기에 담긴 정치 철학을 새롭게 조명하였는데, 이는 송대에 「대학」이 독립되어 '사서(四書)' 가운데 하나가 되는 계기가 되었다. 또 이 글에서 한유는 처음으로 유가의 도통에 대해 썼다.

> 요는 도를 순에게 전했고, 순은 이를 우에게 전했으며, 우는 이를 탕에게 전했고, 탕은 문·무·주공에게 전했으며, 문·무·주공은 이를 공자에게 전했고, 공자는 이를 맹가에게 전했다. 맹가가 죽은 뒤로는 도가 전해지지 않았다.
> (堯以是傳之舜, 舜以是傳之禹, 禹以是傳之湯, 湯以是傳之文武周公, 文武周公傳之孔子, 孔子傳之孟軻. 軻之死, 不得其傳焉.) -『昌黎先生集』권 11, 〈原道〉

요에서 시작된 도통의 전승은 공자를 거쳐 맹자에게 이어졌으나, 맹자 이후로는 도통이 끊어졌다고 하였다. 여기에는 천여 년이나 끊어진 도통을 한유 자신이 이어가겠다는 의지와 바람이 깔려 있다. 이 도통에서 주목할 점은 맹자다. 당대 이전까지 맹자는 그다지 높은 지위를 차지하지 못하여 순자(荀子)·양웅(揚雄)·동중서(董仲舒) 등과 대등하게 취급되었다. 그런데 한유가 도통에서 맹자를 공자의 계승자로 삼으면서 공자와 대등한 지위로 올랐다. 물론 한유가 맹자를 높인 까닭은 당시의 도교나 불교에 대항하는 데 필요하고 또 유용했기 때문이다. 『맹자』에서 확인되듯이 맹자는 이단의 학문에 대해 추호도 물러섬이 없이 맹렬하게 싸웠다. 이것이 한유의 눈길을 끈 것이다. 어쨌든 한유로 말미암아 『맹자』도 나중에 사서에 편입되기에 이르므로 신유학의 태동과 그 발전에서 한유의 역할이 얼마나 컸는지를 짐작할 수 있다.

이 한유와 함께 당대 유학의 부흥에 적극 힘썼던 인물이 이고(李翱, 772~841)다. 이고는 한유의 문하생이었다. 비록 문학에서는 한유에 뒤처지지만, 학문에서는 오히려 한유의 사상을 보완하고 발전시킨 인물이었다. 그의 사상이 잘 드러난 글이 「복성서(復性書)」인데, 이 글에서 이고는 공자와 맹자로 이어진 참다운 학문을 배워서 본래의 성(性)을 회복할 것을 주장하였다. 여기에서 이고는 신유학에서 주요하게 다루는 성정(性情)이나 격물치지(格物致知)의 문제를 꽤 심도 있게 논하였고, 정신 수양의 문제와 관련해서 '부동심(不動心)'을 강조하기도 하였다. 특히 주목할 점은 역시 『예기』의 한 편이었던 「중용(中庸)」을 그러한 주장의 근거로 삼는 데 이용했다는 사실이다.

이런 까닭에 성(誠)이란 성인의 성품이다. 고요히 움직이지 않고, 크낙하면서 맑고 밝으며, 온 천지를 환히 비추고, 느낌이 일면 이윽고 천하의 일과 통하며, 다니거나 머물거나 말하거나 말이 없거나 지극한 데 처하지 않음이 없다. 그 성품을 되찾을 이는 현인이니, 현인은 그것을 좇으면서 그치지 않는 자다. 그치지 않으면 그 근원으로 돌아갈 수 있다.

(是故, 誠者聖人之性也. 寂然不動, 廣大淸明, 照乎天地, 感而遂通天下

之故, 行止語默, 無不處於極也. 復其性者, 賢人, 循之而不已者也. 不已
則能歸其源矣.) -『李公文集』권2,「復性書」上

　이 글은『중용』의 "성스러움은 하늘의 길이요, 성스러워지려는 것은
사람의 길이다"(誠者, 天之道也; 誠之者, 人之道也)에 대해 해설한 것으로
볼 수 있다. "성품을 되찾으려는 것"이 바로 "성스러워지려는 것"이고,
그렇게 하려는 이가 바로 현인이라는 말이다. 이렇게「중용」을 중시한
최초의 학자가 바로 이고라 할 수 있다.

　이고는「복성서」를 통해「중용」을 중시하는 데 그치지 않았다. 그 저
자로 알려져 있던 자사에도 주목하여, 한유가 도통에서 맹자의 지위를
끌어올렸듯이 그는 공자와 맹자 사이에 자사(子思)를 끼워 넣었다. 자
사가 성인들이 전하던 도를「중용」에 담아서 맹자에게 전했다고 본 것
이다. 이고는 한유와 마찬가지로 유가의 도통을 전하는 데에 자부심을
가졌다.

　이렇게 한유와 이고의 글과 주장은 나중에 불교에 대항하여 유학을
쇄신하려던 송대 신유학자들을 사로잡았다. 신유학자들은 이들의 도
통설을 받아들이면서 자사와 맹자의 지위를 확고하게 하였으며, 아울
러『대학』과『중용』을 독립시켜『논어』,『맹자』와 함께 사서로 확립시
켰다. 특히『중용』의 지위가 확고해진 데에는 주희(朱熹, 1130~1200)의
역할이 매우 컸다.『예기』속에서 그저 한 편의 글로만 존재하던 것을
완전히 끌어내어 장(章) 구분을 하고 철학적 해석을 가한『중용장구(中
庸章句)』를 지었기 때문이다. 이『중용장구』는 이후 동아시아에서 유가
의 고전을 배우고 익히는 이들에게 하나의 경전처럼 취급되면서 깊은
영향을 끼쳤다. 그 영향력은 지금도 여전하다.

　그런데『중용』의 어떠한 점이 신유학자들의 마음을 끌고, 주희로 하
여금『중용장구』를 짓게 만들었을까? 주희가 쓴『중용장구(中庸章句)』
첫머리는 다음과 같이 시작된다.

치우치지 않는 것을 알맞음이라 하고, 바뀌지 않는 것을 일상이라 한다. 알맞음은 천하의 바른 길이요, 일상은 세상의 정해진 이치다. 이 책은 바로 공자 학파에서 전해온 마음의 법을 담은 것이다. 자사 께서는 그것이 오래되어 원래의 뜻에서 멀어져버리지 않을까 두려워하셨다. 그래서 그것을 책에 기록하여 맹자에게 전해주셨다. 이 책은 처음에는 하나의 이치를 말하고, 중간에는 흩어서 온갖 일을 말하고, 마지막에 다시 합해서 하나의 이치를 말한다. 그것을 펼쳐놓으면 온 우주에 가득하고, 둘둘 말면 은밀한 곳에 감추어지니, 그 맛은 끝이 없다. 이것은 모두 진실한 학문[實學]이다. 잘 읽는 사람이 가지고 놀면서 탐구하여 터득하면, 죽을 때까지 그것을 쓰더라도 다 쓰지 못한다.

(不偏之謂中, 不易之謂庸. 中者, 天下之正道; 庸者, 天下之定理. 此篇, 乃孔門傳授心法. 子思恐其久而差也. 故筆之於書, 以授孟子. 其書始言一理, 中散爲萬事, 末復合爲一理. 放之則彌六合, 卷之則退藏於密, 其味無窮, 皆實學也. 善讀者, 玩索而有得焉, 則終身用之, 有不能盡者矣.)

'실학(實學)'이라 말한 데서 신유학이 불교를 얼마나 염두에 두고 있었으며 또 신경을 썼는지 단적으로 알 수 있다. 신유학자들이 보기에 불교는 초세간의 종교로서 깨달음의 길을 제시하기는 하지만, 현실적인 문제들에 대해서는 구체적인 해결책들을 제시하지 못하는 것으로 여겨졌다. 아니, 그렇게 주장했다. 그래서 불교를 '공허한 학문' 즉 허학(虛學)이라 부르고, 자신들의 학문을 실학이라 하였던 것이다. 그러나 이미 오래도록 지적 전통을 형성해왔던 불교이기 때문에 신유학도 그로부터 자유로울 수 없었다. 오히려 신유학은 불교 철학 위에서 재구축된 유학, 더 정확하게는 '유교의 옷을 입은 불교'라 해도 과언이 아닐 정도로 불교적 사유가 짙다. 아마 그 때문에 더욱더 불교를 배척했는지도 모른다.

더구나 불교에는 '대장경(大藏經)'이라 불릴 만큼 어마어마한 경전들과 논서들이 있어 거대한 철학의 세계를 구축하고 있었던 데 반해, 유가에서는 그에 맞서서 내세울 만한 것이 별로 없었다. 신유학자들이 '오경(五經)'이라 해서 내세우는 것들은 모두 현실 정치나 윤리와 관련된 것들뿐이어서 형이상학을 고도로 전개하여 그 포괄성과 정밀성, 체계성에서 탁월함을 보여주는 불교 경전과 논서들에 대응하기에는 역부족이었다. 그런 때에 다른 유가의 고전들에 비해서 간결하면서도 심오하고, 단순한 듯하면서도 복합적인 사유를 담은『중용』이 눈에 띈 것이다. 이『중용』하나로 불교의 대장경에 맞설 수 있다는 확신을 했고, 그런 확신의 표현이 바로『중용장구』첫머리에 나오는 이 짤막한 문장이다.

위의 글을 보면 '마음의 법' 즉 심법(心法)이라는 말이 나온다. 이는 불교에서 쓰던 말이다. 단순히 쓴 것이 아니라 마음의 문제에 대해 그 지극히 미묘한 데까지 파고들어 다양하게 분석하고 종합하는 학문을 했다. 이것이 수신(修身)의 문제에서 더 깊이 파고들지 못한 유가를 열등한 위치에 놓이도록 만들었다. 그러한 열세를 단번에 만회할 수 있다는, 다소 과장된 몸짓이 바로『중용』에도 마음의 법이 담겨 있다는 표현으로 나타난 것이다.

그러나『중용』도 엄밀하게 말하면, 결코 공자 사상의 정수를 전한 것으로 보기 어렵다. 아무런 편견이나 선입견이 없이 들여다보면,『중용』에는 공자나 맹자의 사유와는 거리가 있는 내용들이 적지 않게 나온다. 더구나 공자가 말한 적이 없던 '천명(天命)'과 '성(性)'을 아예 첫 구절에서부터 언급하고 있지 않은가? 또 신유학자들이 주장하는 것처럼『중용』이 정말로 자사의 작품이라면, 공자의 사유와 어긋하는 것에 대해 어떻게 해명할 것인가? 이 즈음에서 찬찬히 따져보아야 할 게 바로 저자의 문제다.

한대(漢代) 이전 자사(子思)에 대한 기록들

현재『중용』의 저자는 자사(子思)로 알려져 있다. 이에 관한 최초 기록은『사기』〈공자세가(孔子世家)〉로 볼 수 있다.

> 공자는 리(鯉)를 낳았는데, 그의 자는 백어(伯魚)다. 백어는 나이 쉰에 공자보다 먼저 죽었다. 백어는 급(伋)을 낳았는데, 그의 자는 자사이며 62세까지 살았다. 자사는 일찍이 송나라에서 고생을 하였고,『중용(中庸)』을 지었다.
> (孔子生鯉, 字伯魚. 伯魚年五十, 先孔子死. 伯魚生伋, 字子思, 年六十二. 嘗困於宋, 子思作中庸.)

여기에 분명히『중용』을 자사가 지었다는 말이 나온다. 그런데 과연 이 기사를 믿을 수 있을까?『사기』의 저자 사마천(司馬遷, 기원전 145~90?)은 한(漢) 무제(武帝) 때 인물이다. 자사의 생몰연대는 알려져 있지 않은데, 공자의 생몰연대를 기원전 551~479년으로 보고「공자세가」에서 자사가 62세까지 살았다고 한 것을 믿는다면 대략 기원전 5세기 백여 년 사이에 태어나서 활동한 것으로 볼 수 있다. 그렇다면, 사마천의 이 글은 거의 3백여 년이 지난 뒤에 쓰인 셈인데, 무슨 근거로『중용』이 자사의 작품이라 했는가?

자사가 중요하게 등장하는 텍스트는『맹자』다.『맹자』에는 공자의 제자인 증삼(曾參)과 자사가 자주 등장한다. 송대에 주희(朱熹)가 한유와 이고를 이어 '공자 → 증자 → 자사 → 맹자'로 이어지는 도통설을 주장한 근거이기도 하다. 그러나 자세하게 살펴보면, 맹자(孟子, 기원전 372~289)가 자사를 이었다는 주장은 매우 자의적인 것임을 알 수 있다. 맹자 자신이 증삼과 자사를 높이 일컬으면서도 정작 그 두 사람의 학문을 이었다는 말은 한마디도 하지 않았기 때문이다. 더구나 앞서 언급했듯이, 자사로부터 맹자로 이어진다고 한 이는 이고부터다.

맹자는 "내 바라는 게 있다면 공자를 배우는 것이라네"(乃所願則學孔子也. -『맹자』「공손추상」)라고 하였으나, 당시에는 이미 공자의 학문이 번쇄한 형식주의에 빠져서 공자의 사상은 희미해진 상태였다. 그래서 배우려 해도 배울 곳이 없었다.

> 군자의 유풍은 다섯 세대가 지나면 끊어지고, 소인의 유풍도 다섯 세대가 지나면 끊어진다. 나는 아직 공자의 문도가 되지 못하였으나, 다른 사람을 통해 사숙하였다. -『맹자』「이루하(離婁下)」
> (君子之澤五世而斬, 小人之澤五世而斬. 予未得爲孔子徒也, 予私淑諸人也.)

여기서 말한 '유풍'은 일종의 영향력이다. 아무리 뛰어나 사람이라도 그 영향력을 다섯 세대 이상 끼치기는 실로 어렵다고 했다. 물론 여기서 군자는 곧 공자를 염두에 두고 한 말로 볼 수 있다. 맹자는 공자의 문도가 되기를 바랐으나, 그럴 수 있는 기회가 없었던 게 분명하다. 그래서 다른 사람을 통해서 간접적으로 공자의 사상을 전해듣고 배웠다고 하였다. 원문의 '미득(未得)'에는 공자의 학문을 계승하려는 바람이 강렬했음이 암시되어 있다.

만약 맹자의 말이 진실이라면, 왜 그는 증삼과 자사를 그토록 자주 거론하면서도 그들의 학문을 이었다고 말하지 않았는가? 맹자는 공자보다 100여 년 뒤에 태어났고, 150여 년의 시차를 두고 활동하였다. 자사가 죽은 뒤에도 반 세기가 지나서야 맹자는 태어났다. 맹자가 자사의 학문을 이으려면 그 제자의 제자로부터 배워야 하는데, 그에 관해서는 아무런 언급이 없다. 만약에 공자의 학문이 계승되고 있었다면, 맹자가 "아직 공자의 문도가 되지 못하였다"고 말했을 까닭이 없다. 더구나 맹자는 이단을 공격하는 데에 앞선 인물이면서 공자를 지극히 높이 일컬었다. 그렇다면 자신의 계보를 명확하게 하는 것이 매우 중요한 일이었다고 볼 수 있는데, 정작 그 자신은 공자로부터 이어지는 계보에 대해서 전혀 언급하지 않았다. 무엇보다도 자사가 지었다고 하는 『중용』에 대한 언급도 전혀 없다. 자사의 일화에 대해서는 자세히 이야기하면서 말이다. 이런 의구심을 풀기 위해서는 『순자』와 『한비자』를 살펴볼 필요가 있다.

전국시대 말기에 활동한 순자(荀子, 대략 기원전 298~238 활동)는 맹자뿐만 아니라 당시의 유가 학파에 대해 신랄한 비판을 하였던 사상가다. 『순자』 「비십이자(非十二子)」에는 다음과 같은 내용이 나온다.

> 선왕의 법을 얼추 본받기는 했으나 그 본줄기는 알지 못하며, 그런가 하면 재주가 대단하고 뜻은 크지만 견문이 어지러이 뒤섞여 있다. 지난 일을 상고하여 학설을 만들고는 그것을 오행이라 부른다. 아주 치우쳐서 조리에 맞지 않고, 넌지시 감추고는 밝히지 않으며, 막히고 간략해서 알맞은 해명이 없는데, 그럼에도 언사를 꾸며서는 그런 주장을 아주 공경하며 말하기를, "이야말로 참으로 앞선 군자의 말이로다"라고 한다. 자사가 앞서 주장하고, 맹자가 그에 화답하였다. 오늘날 어리석고 헤매며 어두운 유자들은 그것이 그릇된 줄을 알지 못하고 마침내 받아들여 전하면서 '중니와 자궁이 이로 말미암아 후세에 널리 일컬어진다'고 여긴다. 이는 곧 자사와 맹자의 죄다.
> (略法先王而不知其統, 然而猶材劇志大, 聞見雜博. 案往舊造說, 謂之五行. 甚僻違而無類, 幽隱而無說, 閉約而無解, 案飾其辭而祇敬之曰: "此眞先君子之言也." 子思唱之, 孟軻和之, 世俗之溝猶瞀儒嚾嚾然不知其所非也, 遂受而傳之, 以爲仲尼子弓爲玆厚於後世. 是則子思孟軻之罪也.)

순자는 자사와 맹자를 싸잡아서 공자의 학문을 그릇되도록 했다면서 죄인으로 취급하고 있다. 분명히 순자도 유자임을 내세웠는데, 어찌하여 공자의 손자인 자사를 그토록 심하게 비난했는가? 맹자야 자신과 사상적 견해가 다르다는 것, 즉 성선(性善)과 성악(性惡)의 대립 문제가 있으므로 비판했다고 하지만, 왜 자사까지 비판하였는가? 더구나 그 이유 가운데 하나로 오행'을 내세웠는데, 이는『맹자』에 전혀 나오지 않는 것이다. 순자는 무슨 근거로 오행을 거론했는가? 이는 맹자가 죽은 뒤에 그 제자들이 내세운 것이 아니었을까 추측된다.

앞서 맹자는 공자의 문도가 되려 했으나 그렇게 되지 못했다고 했다. 이는 맹자 당시에는 공자의 사상을 제대로 이어가는 학파가 없었음을 의미한다. 그런데『순자』에는 갑작스럽게 여러 유가 학파들이 거론되고 있다. 이를 어떻게 해명할 것인가?

> 관을 비뚜로 쓰고서 말은 담박한 듯이 하며 우처럼 걷고 순처럼 걸음을 빠르게 하니, 이는 자장씨의 천유(賤儒)들이다. 옷을 차려입고 관을 똑바로 쓰고서 낯빛은 부드럽게 하며 겸손한 듯이 하루 종일 아무 말을 하지 않으니, 이는 자하씨의 천유들이다. 구차하게 피하며 일을 꺼리고 염치도 없이 먹고 마시는 것이나 좋아하면서 늘 "군자는 본래 힘을 쓰지 않는다"고 말하니, 이는 자유씨의 천유들이다.
> −『순자』「비십이자」
>
> (弟佗其冠, 神禪其辭, 禹行而舜趨, 是子張氏之賤儒也. 正其衣冠, 齊其顏色, 嗛然而終日不言, 是子夏氏之賤儒也. 偸儒憚事, 無廉恥而耆飮食, 必曰"君子固不用力." 是子游氏之賤儒也.)

순자는 자장과 자하, 자유의 학파에 대해 말하고 있다. 순자가 이들 학파에 대해 '천박한 유자'라는 극단적인 표현을 서슴지 않은 것은 그만큼 그들의 사상과 자신의 사상이 달랐음을 의미한다. 맹자가 저들 세 사람을 "성인의 한 부분을 갖추었다"(子夏子游子張皆有聖人之一體. - 『맹자』「공손추상」)고까지 높였다는 점, 순자는 오히려 맹자가 전혀 언급하지 않았던 '자궁'의 학파를 높였다는 점을 감안하면, 맹자와 순자는 그 사상적 경향이 사뭇 달랐음을 알 수 있다. 여기서 중요한 것은 맹자 당시에는 존재 여부를 알 수 없었던 학파들이 순자에게서 자세하게 거론되기 시작했다는 점이다. 이는 순자가 비판으로 삼았던 학파가 맹자 이후에 등장한, 말하자면 맹자가 일으킨 학문을 계승한 학파들이었다고 추론할 수 있다.

맹자를 통해서 유가의 학문이 되살아났다는 것은 의심의 여지가 없다. 당시 제후들 사이에서 맹자가 명성을 떨쳤다는 데서도 그 점은 확인된다. 맹자로 말미암아 다시 불타올랐던 유가의 학문은 그 자체에서 다양한 학파를 등장하게 하는 요인으로 작용했으리라 짐작할 수 있다. 이는 맹자가 공자의 사상을 그대로 계승하지 않고 자기 나름의 독창성을 풍부하게 가미했던 데에서 이미 그 싹이 자라고 있었던 것이다. 호연지기(浩然之氣)나 심성(心性), 사단(四端)에 관한 논의는 그 대표적인 것이다. 무엇보다도 맹자의 성선(性善)이 고자(告子)의 주장에 충분히 대응하지 못한 점도 다양한 학파들이 속출할 수 있는 계기가 되지 않았나 여겨진다.

어쨌든 순자가 비판한 세 학파가 맹자가 높였던 공자의 제자들과 관련된다는 점, 또 순자가 이었을 법한 자궁의 학파도 전혀 뜬금없이 거론된다는 점 등을 생각해보면, 순자가 거론한 학파들은 맹자 사후에 등장했다고 보는 것이 타당하다. 이러한 견해를 뒷받침해주는 이가 순자의 제자인 한비자(韓非子, 기원전 ?~233)다. 『한비자』「현학(顯學)」에는 서두에 다음과 같은 글이 나온다.

공자가 죽은 뒤로 자장의 유파가 있고 자사의 유파가 있으며 안씨

의 유파가 있고 맹씨의 유파가 있으며 칠조씨의 유파가 있고 중량
씨의 유파가 있으며 손씨의 유파가 있고 악정씨의 유파가 있다.
(自孔子之死也, 有子張之儒, 有子思之儒, 有顔氏之儒, 有孟氏之儒, 有
漆雕氏之儒, 有仲良氏之儒, 有孫氏之儒, 有樂正氏之儒.)

한비자는 순자의 제자다. 그런데 스승이 언급하지 않은 학파들을 거
론하고 있다. 이전에는 전혀 거론된 적이 없는 공자 제자들의 유파들이
고 보면, 이는 분명히 순자와 한비자 사이에 유가를 표방하는 학파들
이 더욱더 거세게 일어나 공자 제자들의 명성이나 이름을 빌려서 그 계
승을 정당화했던 것임을 알 수 있다. 안씨는 안연(顔淵)을 가리킨다. 안
연은 마흔이 채 되기 전에 죽었다. 그가 타고난 천재라 하더라도 그 학
문을 정립하고 후세에 전할 만한 시간적 여유는 없었다. 더구나 순자
이전에는 전혀 알려지지 않고 있었다. 순자조차 거론하지 않았던 자사
의 학파가 존재한다는 것도 같은 맥락에서 이해할 수 있다. 새롭게 등
장한 학파가 공자의 손자인 자사를 끌어와서 그 정당성과 권위를 확보
하려 했던 것이 분명하다. 앞서 순자가 자사나 맹자의 학설을 받아들여
서 그릇되었다고 한 후대의 어리석고 어두운 유자들도 사실은 자사나
맹자의 학설과는 아무런 관련이 없이 그 이름만 끌어온 학파나 유자들
을 이른 것일 가능성이 높다.

한대 이후 자사(子思)와 『중용』에 대한 기록들

흥미로운 것은 자사에 대한 정보가 한대 이전까지는 거의 없다는 사
실이다. 맹자가 자사의 일화를 끌어온 것이 어쩌면 전부라고 해도 과언
이 아니다. 이러한 상황에서 난데없이 자사를 『중용』의 저자라고 한다
면, 어찌 곧이곧대로 믿을 수 있겠는가?
사마천이 자사를 『중용』의 저자라고 한 근거는 그가 공자의 자취가

남아 있고 그 후손들이 살고 있었던 곡부(曲阜)에 갔다가 전해들은 이야기일 가능성이 높다. 그러나 그때는 이미 한비자가 언급했듯이 자사의 이름을 들먹인 학파가 나타난 이후이기 때문에 그 학파에서 얼마든지 꾸며냈을 수 있다. 실제로 공자 제자들의 행적을 나열한 〈중니제자열전(仲尼弟子列傳)〉과 유가의 역사 및 전승을 서술한 〈유림열전(儒林列傳)〉에서는 전혀 자사에 대한 기사를 찾아볼 수가 없다. 이는 무엇을 의미하는가? 물론 자사가 『중용』을 지었다는 이야기가 자사가 생존하던 때부터 전승되었을 수도 있으나, 그것을 뒷받침할 만한 근거는 없다. 설령, 자사가 지었다고 하는 이야기를 사실로 받아들인다고 하더라도, 현재 전하는 『중용』이 과연 자사가 지은 그것인지 어떻게 장담할 수 있겠는가?

이렇게 자사에 대한 기록은 부실하기 짝이 없어 여러 가지 의문을 자아낸다. 그런데 『한서(漢書)』로 가면, 갑자기 자사가 글을 지었다는 기록이 나타난다. 「예문지(藝文志)」에 "『자사』 23편"이 있다고 하면서 주석에 "이름은 급, 공자의 손자로, 노나라 목공의 스승이다"(名伋, 孔子孫, 爲魯繆公師)라고 적고 있다.(『한서』 권30) 이 주석은 『맹자』의 글을 바탕으로 한 것이 분명하다. 『맹자』에 "옛날에 노(魯)나라 목공(繆公)은 자사(子思)의 곁에 제 사람이 없으면 자사를 편안하게 해줄 수 없었다"고 하는 이야기를 맹자가 한 것으로 나오기 때문이다. 이 밖에는 다른 데서 찾아볼 수 없다. 문제는 무엇에 근거하여 『자사』 23편이 있다고 했느냐다. 또 중요한 것은 이 「예문지」에서 "『중용설』 2편"이 있다고 한 사실이다. 『중용』에 대한 기사가 더욱 구체화되었는데, 자사의 저술이라고 되어 있지는 않다.

그런데 『수서(隋書)』 권34의 「경적지(經籍志)」에서는 "『자사자(子思子)』 7권이 있다"고 적고 있다. 이제 자사가 아니라 '자사자'라고 높이 일컫고 있다. 또 7권은 『한서』에서 말한 23편보다 많은 양이라 할 수 있다. 자사에 대한 기록이 점점 구체화되고 있으며, 그의 위상도 따라서 높아지고 있다. 이는 한대 이후에 유가의 학문이 존숭되면서 자사에 가탁(假託)한 글들이 점점 많이 나오고 있었던 사정을 말해주는 것이라 할 수 있다. 또『수서』권13의「음악지(音樂志)」에서는 "「중용」,「표기」, 「방기」,「치의」는 모두『자사자』에서 취한 것이다"(中庸表記坊記緇衣, 皆 取子思子)라고 적고 있다. 이는『예기』에 실려 있는「중용」,「표기」,「방 기」,「치의」가『자사자』에서 끌어온 것이라는 말인데,『한서』에서 자사 와 아무런 연관이 없이 언급되었던『중용』이 여기서는『자사자』7권에 포함되어 있었던 것으로 이야기되고 있다. 게다가 그 전에는 아예 거론 되지도 않았던「표기」를 비롯한 세 편의 글까지 자사의 작품이라 하고 있으니, 과연 믿을 수 있는 것인가?

참으로 기묘하다고 할 수밖에 없다. 자사에 관한 기록이 갈수록 분 명해지고 또 그의 저술도 점점 많아지고 있는 것이다. 한대 이전에는 전혀 없던 기록이 점점 늘어난다는 것은 무엇을 의미하는가? 이는 일 종의 신화화(神話化)로 볼 수 있다. 공자가 '소왕(素王)'이라 일컬어졌 듯이 그 손자인 자사 또한 그에 걸맞은 대접을 받아가고 있는 것이다. 아직 공자가 신화화되지 않았던 때에 사마천이 "맹자는 자사의 제자에 게서 학문을 배웠다"(「맹자순경열전」)고 했을 정도이니, 신화화가 상당 히 진행된 시점에서는 얼마나 과대평가될 수 있었겠는가.

그렇다면, 이러한 문제 제기에 대한 반론은 없는가? 흔히 1993년 10 월 호북성(湖北省) 형문시(荊門市)에 있는 곽점(郭店) 1호의 묘지에서 발굴된 죽간을 들면서 반론을 제기한다. 물론 대부분 중국 학자들이다. 이 묘지의 주인과 그 연대에 대한 논의는 아직도 분분한데, 죽간이 선 진(先秦) 시대의 고문에 속하는 초나라 계통의 문자라는 것은 분명하 다. 그래서 그 시기를 대략 전국시대로 잡는데, 이에 대해서는 대개 일 치한다. 그러나 전국시대 초기인지 중기인지 말기인지에 대해서는 여 전히 의견이 분분하다.

이 묘지에서 발굴된 죽간들은 모두 13종 16권인데, 무엇보다도 이전에 알려져 있지 않았던 것들이어서 학계를 흥분시켰다. 본래는 명칭이 없었는데, 연구자들이 붙인 것을 따르면 다음과 같다. 『치의(緇衣)』, 『노목공문자사(魯穆公問子思)』, 『오행(五行)』, 『성지문지(成之聞之)』, 『존덕의(尊德義)』, 『성자명출(性自命出)』, 『태일생수(太一生水)』, 『궁달이시(窮達以時)』 등이다. 이 문헌들을 학계에서 대부분 자사 및 『자사자』와 연결시켜서 설명하고 있음은 그 명칭에서 짐작할 수 있다. 그런데 이 명칭들이 또 오해를 부르고 실상을 왜곡시키고 있다고도 말할 수 있다.

이 문헌들의 공통점은 도가와 유가의 사상이 뒤섞여 있어서 분간하기 어렵다는 점이며, 공자나 맹자의 사상과도 거리가 있거나 때로 반대되는 내용들이 적지 않다는 사실이다. 만약 자사가 지은 글들이라고 본다면, 자사는 불효자가 된다. 또 맹자가 자사를 이었다고 할 때, 양주(楊朱)와 묵적(墨翟)의 무리들을 배척하느라 애썼던 맹자가 왜 도가에 대해서는 일언반구도 없었는지를 설명하기가 어렵고, 『맹자』에서는 도가의 영향을 받은 흔적이 거의 없다는 점도 이해하기 어려워진다.

오히려 『순자』라는 텍스트를 염두에 둔다면, 맹자 이후에 등장한 도가의 사상을 유가에서 어느 정도 수용하면서 자기화시킨 과정을 보여주는 문헌들이라고 보는 것이 타당하다. 『순자』에는 도가와 법가 사상의 영향이 다분하다. 순자가 당시 다양한 학파의 사상가들이 모여 있던 제나라 직하(稷下)에서 좨주(祭酒)를 세 차례나 맡았다는 데서도 알 수 있듯이, 그는 당시의 여러 사상들을 흡수해서 유가 사상을 일신시켰다. 그에게서 한비나 이사(李斯) 같은 제자가 나온 것도 그 때문이다.

『중용』의 복합적 성격

『중용』을 자사가 지었다고 보기 어려운 가장 큰 이유는 바로 그 사상적 특성에 있다. 유가사상의 흐름에서 볼 때, 공자의 손자인 자사가 지었다고 보기 어려운 이유는 『맹자』 이후에나 나올 법한 사유가 내재해 있기 때문이다. 이 책에서 '사족(蛇足)'을 달면서 가장 많이 거론하고 인용한 것이 『순자』인 까닭도 거기에 있다. 일부러 『순자』를 중시했던 것이 아니다. 자연스럽게 『순자』와 겹쳐지는 부분이 많았을 뿐이다.

먼저, 『중용』이 자사의 작품이기는커녕 전국시대 이후의 저술로 볼 수밖에 없는 내용이 나온다.

> 이제 천하를 보면, 수레에서는 그 바퀴 간격이 같고, 서체에서는 글자의 형태가 같으며, 행위에서는 모듬살이의 규범이 같다. – 31장
> (今天下, 車同軌, 書同文, 行同倫.)

이는 천하가 통일된 뒤의 일을 말한 것이다. 『맹자』를 보면, 양(梁)나라 양왕(襄王)이 "천하는 어떻게 정해지겠습니까?" 하는 물음에, 맹자는 "하나로 정해집니다"라고 대답하였다. 이것이 천하통일을 염두에 둔 것이라 하더라도, 여전히 막연한 대답이다. 하물며 천하가 통일되어서 구체적으로 어떤 제도가 시행될 것인지를 미리 말한다는 것은 거의 불가능하다. 게다가 위의 글은 진시황의 승상인 이사가 건의하여 시행한 제도와 똑같다. 이를 어떻게 해명할 것인가? 물론 『예기』를 편집하던 자가 이를 끼워 넣었다고 말할 수는 있다. 그렇다 하더라도 『중용』이 자사의 작품이라는 근거는 되지 못한다.

무엇보다도 위의 글에 앞서 "지금 세상에 태어나서 굳이 옛길로 되돌아가려고 하니, 이와 같이 한다면 재앙이 그 몸에 미치리라"(生乎今之世, 反古之道, 如此者, 災及其身者也. 31장)라고 말한 데서는 법가의 사유가 농후하다. 공자는 결코 전통을 무시하지 않았다. 오히려 전통을 재해석하면서 혁신을 꾀한 사상가다. 그런데 그 손자가 이런 표현을 했다면, 그야말로 불효막심한 것이다. 이렇게 법가적 사유뿐만이 아니다.

『중용』의 핵심이라 할 수 있는 '성(誠)'에 대해 말하면서 "성스러움이란 힘쓰지 않아도 알맞게 되고, 애써 생각하지 않아도 들어맞고, 하잔

하게 있을 때도 이치에 맞는 것이니, 이는 성인의 경지다"(誠者, 不勉而中, 不思而得, 從容中道, 聖人也. 22장)라고 한 것은 거의 도가적이다. 유가는 기본적으로 유위(有爲)를 강조하는 학파다. 그런데 성스러움에 대한 표현은 무위(無爲)와 다를 바가 없다. 이에 대해서도 무위를 유가와 도가가 공유하는 개념이라고 한다면, 그 또한 어불성설이다. 설령, 공자가 무위를 중시했다고 하더라도, 그가 이를 강조한 적은 없다. 왜냐하면, 무위가 그의 사상의 핵심은 아니기 때문이다. 공자의 인(仁)이나 예악은 결코 무위와 연결시킬 수 없다.

또 "이와 같이 하는 자는 드러내지 않아도 돋보이고, 움직이지 않아도 바뀌며, 하지 않아도 이루어진다. 하늘과 땅의 길은 한마디로 다할 수 있다. 그것은 만물이 되면서 두 마음을 품지 않으므로 그것이 온갖 것을 낳는 일은 헤아릴 수 없다"(如此者, 不見而章, 不動而變, 無爲而成. 天地之道, 可一言而盡也. 其爲物不貳, 則其生物不測. 29장)는 표현에서도 도가적 사유는 짙다. 비록 『도덕경』과 달리, 하늘과 땅의 길을 한마디로 다할 수 있다고 했지만, "온갖 것을 낳는 일은 헤아릴 수 없다"는 말은 『도덕경』의 사유와 비슷하다. 이를 『주역』의 사상에서 빌려 왔다는 반론도 있을 수 있으나, 그렇다고 해도 공자나 맹자와 사뭇 다른 사유의 흐름을 어떻게 설명할 수 있겠는가.

이러한 『중용』의 사상적 경향은 오히려 『순자』와 비슷하다. 순자는 유가의 사상을 집대성하기도 했지만, 그에 못지않게 당시에 널리 유행하던 학문들을 두루 흡수하여 유가적으로 해석한 데서 더 뛰어난 면모를 보여준다. 이른바 통섭을 한 것이다. 그래서 맹자와 달리 왕도(王道)만 고집하지 않고 패도(覇道) 또한 매우 중요하다는 주장을 폈다. 그밖에 도가적 사유나 법가적 요소까지 아우른 것에 대해서는 이 책의 사족을 통해 확인할 수 있으므로 길게 언급하지 않겠다. 다만, 『순자』를 오랫동안 유가의 정통에서 배제한 것이 타당하다면 『중용』 또한 그런 대접을 받아야 한다는 것, 거꾸로 『중용』을 유가의 경전으로 격상시키는 것이 마땅하다면 『순자』 또한 그런 대우를 받아야 한다는 것을 말하고 싶다. 『중용』은 자사나 맹자보다 순자에 훨씬 가깝기 때문이다. 더 자세한 것은 독자 여러분들이 판단하기 바란다.

1장

어울림의 길

1.1

天命之謂性, 率性之謂道, 修道之謂敎.

> 하늘이 내려준 것을 본바탕이라 하고, 본바탕을 따르는 것을
> 길이라 하며, 길을 닦는 것을 가르침이라 한다.

注釋   천(天)은 천지만물의 이법이나 원리로서 하늘을 뜻한다. 명
(命)은 본래 "명령을 내리다"는 뜻인데, 여기서는 내려주다, 타고나게
하다는 말맛이 있다. 성(性)은 바탕, 본바탕을 뜻하는데, 여기서는 사람
의 본바탕을 가리킨다. 본성이나 성품이라고 하면, 후대의 불교나 신
유학에서 부여한 개념과 혼동될 염려가 있으므로 '본바탕'이라고 했다.
솔(率)은 따르다, 이끌다는 뜻인데, 여기서는 두 가지 뜻을 동시에 함축
하고 있다. 그래서 솔성(率性)은 "본바탕을 따른다"는 뜻도 되고, "본바
탕을 끌어내어 적극적으로 구현한다"는 뜻도 된다. 도(道)는 이중적인
의미를 담고 있는데, 이는 앞의 본바탕과 뒤의 가르침에 동시에 걸려
있기 때문이다. 그리하여 "저절로 그러한" 자연(自然)으로서 길이면서
"애써서 가야 할" 인위적인 길이기도 하다. 수(修)는 뒤의 교(敎)와 관련
해서 "잘 다스려서 넓힌다"는 뜻을 담고 있다.

蛇足   천명(天命)과 성(性)에 대해서 유가 학파의 개조(開祖)인 공자
는 거의 말하지 않았다. 천명에 대해서는 "나는 열하고도 다섯에 배움
에 뜻을 두었고, 서른에 홀로 섰으며, 마흔에는 헷갈리지 않았고, 쉰에
는 천명을 알았으며, 예순에는 무슨 말을 들어도 막히는 게 없었고, 일
흔에는 마음이 시키는 대로 하여도 이치에 어긋나지 않았어"(吾十有五
而志于學, 三十而立, 四十而不惑, 五十而知天命, 六十而耳順, 七十而從心所
欲不踰矩.)라고 자신의 일생을 회고하면서 말한 적이 있다. '지천명(知
天命)'이라 했으니, 앎의 대상으로서 거론되었음을 알 수 있다. 이는 그

이전의 천명에 대한 이해와 사뭇 다르다.

앎의 대상으로서 천명

천명은 본래 기원전 1050~1045년 즈음에 주(周) 왕조가 상(商) 왕조를 멸망시키면서 명분으로 내세웠던 것이다. 주 왕조가 상 왕조를 멸망시킨 과정에 대해서는 『서경(書經)』이나 『사기(史記)』〈주본기(周本紀)〉에 자세하게 나와 있다. 주나라의 군대가 상나라의 군대를 깨뜨리고 도성으로 들이닥치자 상의 주왕(紂王)은 스스로 불에 뛰어들어 죽었다. 그 다음 날에 무왕(武王)이 한 일을 보면 천명의 성격이 잘 드러난다.

> 무왕은 도로를 치우고 사직과 주왕의 궁을 수리하게 하였다. 때가 되자 100명의 장사가 운한기(雲罕旗)를 들고 선두에 섰다. 무왕의 동생 숙진탁(叔振鐸)은 의장대를 이끄는 상거(常車)를 몰았고, 주공(周公) 단(旦)은 큰 도끼를 쥐었으며, 필공(畢公)은 작은 도끼를 쥐고 무왕의 좌우에 섰다. 산의생(散宜生)·태전(太顚)·굉요(閎夭)는 모두 검을 들고 무왕을 호위하였다. 무왕이 성에 들어가서 사직 남쪽, 주력 부대의 왼쪽에 서니 좌우가 모두 따랐다. 모숙정(毛叔鄭)이 명수(明水, 정화수)를 받쳐 들었고, 위강숙(衛康叔) 봉(封)은 자리를 깔았으며, 소공(召公) 석(奭)은 예물을 올렸고, 사상보(師尙父, 태공망)는 제물을 끌고 왔다. 윤일(尹佚)은 축문을 읽었다.
> "은의 마지막 자손 주는 선왕의 밝은 덕을 모두 없애고, 신령을 멸시하여 제사도 지내지 않았으며, 상(商)의 백성들을 난폭하게 다루었으니 이에 천황상제(天皇上帝)께 모든 것을 환히 드러내어 아뢰옵니다."
> 이에 무왕이 두 번 절하고 머리를 조아리니, 윤일이 "대명을 받아 은을 바꾸었으니, 삼가 하늘의 영명한 명을 받듭니다!" 하였다. 무

31

왕은 다시 두 번 절하고 머리를 조아린 다음 물러 나왔다.

전쟁에서 승리한 자의 엄숙하고 장엄한 제의가 펼쳐지고 있는 장면이다. 이 제의는 포악무도한 주왕을 죽인 정당한 이유를 밝히고 천하의 주인이 바뀌었음을 명명백백하게 알리기 위해서 행해진 것이다. 먼저 상 왕조에서 섬기던 상제(上帝)에게 주왕을 죽인 까닭을 아뢰었는데, 이는 패망한 왕조의 신을 달래기 위함이었다. 그리고 이 상제를 대신할 존재로 주 왕조에서는 천(天)을 내세웠다. 윤일이 "대명을 받아 은을 바꾸었으니, 삼가 하늘의 영명한 명을 받듭니다!"라고 했을 때, 대명(大命)과 영명한 명이 바로 천명이다. 과연 이 천명을 실제로 받았는지 여부에 대해서는 알 길이 없다. 이 천명을 받거나 알 수 있는 자는 오로지 주 왕조의 왕 한 명뿐이기 때문이다. 천명을 받을 수 있고 알 수 있는 왕이 그렇다고 말했으니, 믿을 수밖에 없지 않겠는가. 엄밀하게 말하자면, 이는 사후 합리화요 정당화에 지나지 않는다. 조선의 건국을 〈용비어천가〉로 정당화한 것처럼. 따라서 무왕을 따르는 자들은 믿었겠지만, 상 왕조의 관리들과 백성들까지 쉽게 믿고 따랐다고 보기는 어렵다. 이 점에 대해서는 〈주본기〉에도 잘 나타나 있다.

여기서 중요한 것은 제사장이기도 했던 왕이 제의를 통해서 천명을 받았다는 점이다. 명수를 바쳐 든 모숙정에서 축문을 읽은 윤일까지 여러 사람들이 왕을 돕기는 했지만, 하늘의 명은 오로지 왕만 받을 수 있었다. 그래서 왕을 "하늘의 아들"이라는 뜻으로 천자(天子)라 부른 것이다. 기독교에서 예수를 하나님의 독생자로 간주하는 것과 맥락을 같이한다. 그런 점에서 이 천명은 본질적으로 종교적이고 제의적인 것이었다.

그런데 공자(孔子)에게서 이 천명의 의미는 달라진다. 공자가 말한 '지천명'은 천명을 자신 밖에 있는 지고한 존재, 즉 하늘로부터 받는 것이 아니라, 개인이 스스로 자각해서 알아채는 것을 의미하기 때문이다.

이로써 왕이 아닌 누구라도 천명을 알 수 있게 되므로 천명을 받을 수 있는 사람은 이제 불특정 다수가 된다. 여기서 주 왕조의 천명은 새로운 천명으로 대체됨을 볼 수 있다.

물론 『논어』 전편에서 자주 언급되는 천(天)이 단순히 이법이나 이치로서 하늘이 아닌, 인격적 존재로서 하늘에 가깝다는 것도 사실이다. 이는 공자 또한 당시에 널리 퍼져 있던 인식과 이미 쓰이고 있던 어휘의 의미에서 자유롭지 못했음을 의미한다. 그러나 '천명'에 관한 한, 공자는 적어도 당시의 일반적인 인식에서 벗어나고 있었음이 분명하다. 그러면, 공자가 말한 천명은 구체적으로 무엇을 의미하는가?

공자가 말한 천명은 자신에게 부여된 시대적 소명을 의미한다. 과거에서 현재로 이어지는 장구한 역사를 꿰뚫어보아야만 알 수 있는 것이다. 이른바 역사에 대한 예리한 인식이 있어야만 '지천명'하게 된다는 말이다. 이런 역사인식을 엿보게 해주는 것이 『논어』 「위정(爲政)」편에 역시 나온다.

> 자장이, "열 세대 뒤의 일을 알 수 있습니까?" 하고 묻자, 스승께서 말씀하셨다.
> "은나라는 하나라의 예법에 말미암았으니, 덜고 더한 것이 무엇인지 알 수 있다. 주나라는 은나라의 예법에 말미암았으니, 덜고 더한 것이 무엇인지 알 수 있다. 누군가가 주나라를 잇는다면, 백 세대 뒤의 일이라도 알 수 있다."
> (子張問: "十世, 可知也?" 子曰: "殷因於夏禮, 所損益, 可知也; 周因於殷禮, 所損益, 可知也. 其或繼周者, 雖百世可知也.")

공자는 열 세대 뒤의 일뿐만 아니라 백 세대 뒤의 일도 알 수 있다고 했는데, 과거의 역사가 어떻게 진행되었는지를 이해함으로써 그렇게 할 수 있다고 한 것이다. 천명을 알고 미래의 역사를 알기 위해서는 어떠한 종교적 제의도, 천신의 개입도 필요하지 않다는 뜻이기도 하다. 그저 인문적 교양과 통찰을 가지기만 하면 가능하다는 것이다. 공자가 '학(學)'을 강조하고 중시한 까닭도 여기에 있다.

공자와 마찬가지로 맹자도 역사의식을 통해 천명을 이해했던 듯하다. 다음의 문답을 한번 보자.

> 만장이 여쭈었다.
> "요가 천하를 순에게 주었다는데, 사실입니까?"
> 맹자가 말했다.
> "아니다. 천자가 천하를 다른 사람에게 줄 수는 없다."
> "그렇다면 순이 천하를 차지한 것은 누가 주어서 그리된 것입니까?"
> "하늘이 그에게 주었다."
> "하늘이 그에게 주었다는 것은 살뜰하게 일러주듯이 그에게 명을 내린 것입니까?"
> "아니다. 하늘은 말을 하지 않고 행위와 일로써 보여줄 따름이다."
> – 『맹자』「만장상(萬章上)」
> (萬章曰: "堯以天下與舜, 有諸?"
> 孟子曰: "否. 天子不能以天下與人."
> "然則舜有天下也, 孰與之?"
> 曰: "天與之."
> "天與之者, 諄諄然命之乎?"
> 曰: "否. 天不言, 以行與事示之而已矣.")

하늘은 말을 하지 않고 행위와 일로써 보여줄 따름이라고 한 것은 백성들이 순을 받아들이느냐 받아들이지 않느냐를 가리켜서 한 말이다. 말하자면, 백성들이 받아들이면 하늘도 받아들인 것이고, 백성들이 받아들이지 않으면 하늘도 받아들이지 않은 것이다. 여기서 천명은 곧 민의(民意)가 된다. 그리고 그 민의는 인간세상의 변화나 역사적 추이에서 하나의 근본적인 동인(動因)이다. 맹자는 그런 의미에서 백성의 존재를 새롭게 인식한 사상가라 할 수 있다.

백성은 자신들의 삶에 관심을 기울이고 헤아려주는 존재를 바라고 기다린다. 그런 존재는 누구인가? 맹자도 왕도(王道)를 내세웠으니, 역시 왕이라고 볼 수 있다. 그러나 시대적 상황은 그런 왕의 부재만을 더욱 강렬하게 느끼게 해줄 따름이었다. 그러한 때에는 누가 그런 왕의 역할을 대신할 것인가? 바로 군자나 대인이다.

> 오로지 대인이라야 군주의 그릇된 마음을 바로잡아줄 수 있다. 군주가 어질면 어질지 않은 사람이 없게 되고, 군주가 올바르면 올바르지 않은 사람이 없게 되며, 군주가 바르면 바르지 않은 사람이 없게 된다. 한 번 군주를 바르게 하면, 나라가 바로 선다. −『맹자』「이루상(離婁上)」
>
> (惟大人爲能格君心之非. 君仁, 莫不仁; 君義, 莫不義; 君正, 莫不正. 一正君而國正矣.)

권력을 쥐고 천하를 다스릴 사람은 왕이지만, 그런 왕이 어질지 못하면 대인이 나서야 한다. 그 대인은 바로 천명을 아는 이로서, 천명을 왕에게 일깨워주고 이끌어주어야 하는 존재다. 여기서 천명은 왕과 신하가 공유하는 것으로, 왕의 독점권은 여지없이 깨어지고 만다. 맹자의 이런 인식은 "만약 천하가 평화롭게 다스려지기를 바란다면, 바로 이 시대에 나를 빼면 누가 있겠느냐?"(如欲平治天下, 當今之世, 舍我其誰也?)라는 호기 넘치는 발언에서도 잘 드러난다. 이런 발언은 스스로 천명을 알고 있다고 확신했기에 가능한 것이다.

상 왕조가 주 왕조로 교체되면서 나타난 천명은 권력이 폭력적인 힘에서 합리적인 권위로 바뀌는 것을 나타냈다면, 공자가 말한 천명은 역사의식을 통해서 알 수 있는 자각의 대상으로서 천명이었고, 맹자에게서는 백성들의 의지로서 천명이 되었다. 이렇게 차츰차츰 역사화되고 내재화되는 과정을 거친 결과, 사람에게 내재해 있는 본바탕이 천명이라고 하는 관념으로까지 전개되었다. 이런 점에서 천명을 내재적인 성(性)으로 보는 관념은 적어도 맹자 이후에 나타난 것으로 볼 수 있다.

천명의 내재화로서 성(性)

천명에 대해서도 그러하지만, 성(性)에 대해서도 공자는 분명하게 말한 적이 없다. 제자 자공이 "스승께서 성과 천도에 대해 말씀하시는 건 들을 수 없었다"(夫子之言性與天道, 不可得而聞也. -『논어』「공야장(公冶長)」)고 불평 아닌 불평을 한 데서도 드러난다. 그런 공자가 성에 대해서 말한 경우는 딱 한 번 있다. "본바탕은 서로 가깝지만, 익히면서 서로 멀어진다"(性相近也, 習相遠也. -『논어』「양화(陽貨)」)고 한 것이 그것이다. 이 때의 성은 타고난 것을 이르는데,『중용』에서 말한 성과 별로 차이가 없다. 그리고 공자는 "익히면서 서로 멀어진다"는 데에 무게 중심을 두고 있기 때문에 습(習)이라고 하는 후천적인 노력이나 공부를 더욱 중시하고 있다. 이는 『중용』첫 구절에서 도(道)와 교(敎)를 언급한 것과도 통한다.

공자가 설핏 언급하고 말았던 성을 『중용』에서는 "하늘이 내려준 것"이라 하였고, 나아가 "본바탕을 따르는 것을 길이라 한다"고도 하였다. 여기서 성(性), 곧 본바탕은 인간이 가야 할 길의 근거로 제시되고 있다. 문제는 그 성을 어떻게 알 수 있느냐다. 성을 알 수 없는데, 어떻게 그것을 따르거나 이끌어낼 수 있겠는가? 여기서 우리는 맹자의 언설을 떠올리게 된다.

그 마음을 다한다면, 그 본바탕을 알게 된다. 그 본바탕을 알면, 하늘(이치)을 알게 된다. 그 마음을 잘 지니고 그 본바탕을 잘 기르는 것, 이것이 하늘을 섬기는 바탕이다. 일찍 죽느냐 오래 사느냐에는 마음을 두지 않고 몸을 닦으면서 기다리는 것, 이것이 하늘의 뜻을 세우는 바탕이다. -『맹자』「진심상(盡心上)」

(盡其心者, 知其性也; 知其性, 則知天矣. 存其心, 養其性, 所以事天也. 殀壽不貳, 脩身以俟之, 所以立命也.)

　맹자는 본바탕을 곧바로 알 수가 없다고 여겼음이 분명하다. 그래서 나의 내면에서 일어나는 마음을 들여다보면, 그것으로써 본바탕을 알게 된다고 보았다. 그리고 본바탕을 알면 하늘을 알게 된다고 하였다. 물론 이때의 하늘이『중용』에서 언급한 하늘과 똑같다고 볼 수는 없다. 『중용』에서는 이법이나 이치로서 하늘이라고 한다면,『맹자』의 하늘은 도덕의 근거로서 하늘이라고 볼 수 있기 때문이다. 그럼에도 본바탕과 하늘을 결부시킨 점은 분명『중용』과 사유의 궤적이 아주 다르지 않다는 것을 의미한다. 이를 통해서도『중용』이『맹자』이후에 쓰였을 가능성을 생각해볼 수 있다. 어쨌든 맹자를 통해서 우리는 본바탕을 어떻게 따라야 하는지 또는 어떻게 끌어내어야 하는지에 대한 단서를 확보할 수 있다.

　천명이 앎의 대상이 된 것, 나아가 그 천명이 성(性)으로 일컬어지면서 내재화된 것으로 간주되는 것은 인간이 가야 할 길이 더 이상 외재적인 것이 아니라 내재적인 것, 신내림으로 알 수 있는 것이 아니라 자각으로 알 수 있는 것임이 분명해졌다. 이로써 "하늘이 내려준 것을 본바탕이라 한다"는 언설은 비록 종교적 사유로부터 완전히 벗어나는 것은 아니지만, 적어도 이성적 사유의 발달이나 보편적 철학으로의 전환을 암시해주는 것으로 볼 수 있다.

도(道), 길의 이중성

> 천하에 도가 행해지면 몸을 드러내고, 도가 행해지지 않으면 숨어
> 야 한다. 나라에 도가 행해질 때 가난하고 또 데데하면, 이는 부끄
> 러운 일이다. 그러나 나라에 도가 행해지지 않는데 가멸지고 높아
> 지면, 이 또한 부끄러운 일이다. -『논어』「태백(泰伯)」
>
> (天下有道則見, 無道則隱. 邦有道, 貧且賤焉, 恥也; 邦無道, 富且貴焉,
> 恥也.)

공자도 '도(道)'에 대해 자주 언급하였지만, 천명이나 성과 마찬가지
로 자세하게 말한 적은 없다. 대개 '유도(有道)'나 '무도(無道)'라는 표현
을 썼는데, "도가 행해진다"와 "도가 행해지지 않는다"로 풀이된다. 이
때 도는 대체로 고대의 성왕들이 행했던 정치나 통치술을 의미한다. 이
렇게 정치나 통치와 관련된 용어인 '도'가『중용』에서는 군자가 "일상
에서 가야 할 길"이라는 의미로 쓰이고 있다. 의미가 더욱 확장되고 깊
어졌다고 할 수 있다.

의례 또는 제례라는 의미로 쓰이던 '예(禮)'를 공자가 "사회적으로
통용되는 또는 통용되어야 할 보편적인 행위"라는 의미로 썼던 것처럼,
여기서 '도' 또한 정치나 통치라는 의미에서 "일상에서 가야 할 길"이라
는 사회적이고 보편적인 의미로 확장되었다. 어쩌면 공자가 '일상의 정
치'를 말할 때부터 예견되었던 일일 수도 있다.『논어』「위정」편을 보
면, 누군가가 공자에게 어째서 정치를 하지 않느냐고 물었을 때, 공자
는 "서에 '효도하고 오로지 효도하며, 형제끼리 잘 지내고, 이를 옮겨서
정치를 있게 하라!'라고 하였으니, 이 또한 정치를 하는 것이오. 어찌 정
치를 한다는 게 따로 있겠소?"("書云, '孝乎惟孝, 友于兄弟, 施於有政.' 是
亦爲政. 奚其爲爲政?")라고 대답하였다. 정치의 의미가 일상의 행위로 확
장되었음을 의미하며, 이는 곧 정치의 주체가 왕을 비롯하여 권력을 세

습하던 계층에서 인문적 교양을 체득한 사(士)로 확장되었음을 의미하기도 한다. 앞서 언급한 '천명'에 대한 인식의 변화와 통한다.

그런데 "본바탕을 따르는 일"인 도는 의미상 이중적이다. '저절로 그러한' 자연(自然)이면서 '사람이 해야 할' 인위(人爲)이기 때문이다. 본바탕이 타고난 것이고 주어진 것이라는 점에서는 자연이고, 그것을 따르거나 끌어내어야 한다는 점에서는 인위다. 사실 자연을 거스른 작위의 산물로 보이는 갖가지 문명의 산물조차 자연성(自然性)에서 아주 벗어나 있지 못하다. 그 자연성을 거스르면서 무언가를 억지로 하려 할 때는 저 고대의 바벨탑과 같은 최후를 맞는다는 것을 중국의 성인들이나 현자들은 잘 알고 있었다. 바벨탑의 교훈은 인간의 작위가 아무리 정교하고 복잡하게 이루어지더라도 그 또한 '저절로 그러함'이라는 자연의 법칙 안에서 이루어질 뿐이라는 진실을 일깨워준다. 『중용』에서 말하는 '도' 또한 애써서 가야 할 길이지만 동시에 가지 않을 수 없는 자연으로서 길이라는 이중적 의미를 담고 있다. 『중용』이 유가의 텍스트로 간주되기 때문에 '가야 할 길'이라는 도덕적인 명제로 받아들여지는 일이 당연하게 여겨지고 있지만, 그것은 한쪽만 본 것일 뿐이다.

물론 도가에서는 유자(儒者)들이 애써 가려는 길을 자연의 법칙과는 배치되는 작위적인 것으로만 여기며 신랄하게 때로는 은근히 비판한다.

> 도를 잃은 뒤에 덕이 나타나고, 덕을 잃은 뒤에 어짊이 나타나고, 어짊을 잃은 뒤에 올바름이 나타나고, 올바름을 잃은 뒤에 예의가 나타난다. 저 예의란 참됨과 미쁨이 얄팍해지고 어지러워지게 될 들머리다. ─『도덕경』 38장
> (失道而後德, 失德而後仁, 失仁而後義, 失義而後禮. 夫禮者, 忠信之薄而亂之首.)

本바탕을 따라서 행하는 것을 도라고 하며, 하늘이 준 본바탕을 얻는 것을 덕이라 한다. 본바탕을 잃은 뒤에야 어짊을 귀하게 여기고, 도를 잃은 뒤에야 올바름을 귀하게 여긴다. 이런 까닭에 어짊과 올바름을 세우면 도와 덕이 사라지고, 예의와 음악으로 꾸미면 순수함과 소박함을 잃게 된다. - 『회남자』 「제속훈(齊俗訓)」

(率性而行謂之道, 得其天性謂之德. 性失然後貴仁, 道失然後貴義. 是故, 仁義立而道德遷矣, 禮樂飾則純樸散矣.)

도가에서는 아무런 작위를 가하지 않아야 함을 강조하지만, 이미 문명 위에서 삶을 영위할 수밖에 없는 인간으로서는 그저 자연으로 회귀한다는 것이 거의 불가능하게 되었다. 이 엄연한 현실, 실존적 상황은 부정한다고 해서 사라지지 않는다. 부정하면 부정할수록 더욱더 옭죄어 오는 고통을 절절하게 느낄 뿐이다. 오히려 이러한 상황을 인정하고, 그 위에서 나아갈 길을 모색해야 한다. 이것이 유가의 방식이다.

그러므로 유가 사상이 "억지로 해야 함"에 방점을 찍지 않는다는 점을 유의해야 한다. 『중용』에서 말하는 도는 사람이 마땅히 가야 하는 길이지만, 동시에 사람이 갈 수 있는 길이고 닦을 수 있는 길이다. 다만, 이미 작위나 인위의 세계에서 자라며 길든 인간으로서는 그 도에 본래 내재해 있던 자연성이나 천연성을 쉽게 알 수가 없고 또 그러하기 때문에 쉽게 갈 수가 없다. 가르침을 언급한 까닭도 여기에 있다.

왜 길을 닦는 것이 가르침인가

흔히 '수도(修道)'라고 하면, 수행(修行)과 같은 의미로 쓴다. 수행이라고 하면, 몸과 마음을 닦는 공부라고 여긴다. 그런데 『중용』에서는 "길을 닦는 것을 가르침이라 한다"고 하였다. 어찌하여 길을 닦는 일, 즉 수도가 배움이 아닌 가르침이 되는가? 이를 이해하기 위해서는 순자의 힘을 빌어와야 할 듯하다.

『순자』의 첫 번째 편은 '권학(勸學)'이다. 순자가 이 편을 처음에 둔 것은 배움이야말로 사람이 되는 조건이라 여겼기 때문이다. 그는 "배움을 버리면 짐승이다"(舍之禽獸)라고까지 말하였다. 배움의 과정에 대해서는 "경전을 외우는 데서 시작하여 예를 읽는 데서 끝난다"(始乎誦經, 終乎讀禮)고 하였다. 여기서 예는 전례(典禮)를 기록한 것을 이른다. 그런데 순자는 텍스트를 읽는 것이 긴요한 공부이기는 하지만, 배움에서는 스승을 가까이하는 것이 무엇보다 유익하고 편리하다고 하였다.

> 배움에서 배운 사람을 가까이하는 것보다 편리한 것은 없다. 『예』와 『악』은 본보기를 보여주지만 풀어주지는 않고, 『시』와 『서』는 옛것을 보여주지만 꼭 맞지는 않고, 『춘추』는 간결하지만 빨리 알아챌 수 없다. 사람이 군자의 풀이를 익히려 할 때는 두루 미치는 것을 높이고 세상일에 찬찬하여야 한다. 그러므로 배움에서 배운 사람을 가까이하는 것보다 편리한 것은 없다고 말한 것이다. –『순자』「권학」
>
> (學莫便乎近其人. 禮樂法而不說, 詩書故而不切, 春秋約而不速. 方其人之習君子之說, 則尊以徧矣, 周於世矣. 故曰學莫便乎近其人.)

여기서 배운 사람은 곧 스승이다. 스승은 제자가 배워야 할 것을 이미 체득한 존재다. 따라서 텍스트를 통해서는 쉽게 알 수 없거나 이해하기 어려운 부분을 직접 가르쳐주거나 그 행동으로 보여줄 수 있다. 그러니 배우는 이에게 스승은 얼마나 긴요한 존재이겠는가. 특히 순자는 배움에서 '예'를 중시했는데, 예는 곧 몸을 닦는 수단이면서 기준으로 간주되었다.

「권학」편에서는 "배우지 않으면 짐승이다"라고 말하였다면, 이어지는 「수신」편에서는 "몸을 닦지 않으면 소인이다"라는 명제를 제시하였다. 이는 곧 '수신'이 군자의 조건임을 의미한다. 그런데 군자가 되기 위해서는 기운을 다스리고 마음을 잘 길러야 하는데, 이때 긴요한 것이 예와 스승이라고 하였다. 예는 내 몸을 잡도리하는 일이기 때문이고, 스승은 그 예를 나보다 앞서 체득해서 실천하고 있는 존재이기 때문이다. 그래서 「수신」편에서 다음과 같이 말하였던 것이다.

> 예란 내 몸을 바르게 하는 근거요 수단이며, 스승이란 예를 바르게 하는 존재다. 예가 없다면 무엇으로써 몸을 바르게 할 것이며, 스승이 없다면 예가 옳다는 것을 어찌 알겠는가. … 배움이란 본보기와 예를 배우는 것이다. 대저 스승이란 제 몸을 올바른 본보기로 만들고 스스로 예의에서 편안해하는 것을 귀하게 여긴다.
> (禮者, 所以正身也; 師者, 所以正禮也. 無禮, 何以正身; 無師, 吾安知禮之爲是也. … 故學也者, 禮法也. 夫師以身爲正儀, 而貴自安者也.)

몸을 닦기 위해서는 예를 통해야 하는데, 그 예를 바르게 하는 존재가 곧 스승이다. 그래서 스승은 "제 몸을 올바른 본보기로 만들어야" 한다. 그래야만 배우는 이가 해야 할 일이 무엇인지를 분명하게 알고서 가야 할 길을 갈 수 있다. 말하자면, 스승은 그 자신이 올바른 본보기가 되기 위해서 예를 바르게 하고 또 체득해야 하는데, 그렇게 예를 바르게 하고 체득하는 과정이 그대로 제자를 가르치는 일이 된다는 것이다. 순자가 말한 "예를 바르게 하는 일"과 "제 몸을 올바른 본보기로 만드는 일"이 그대로 『중용』에서 말하는 "길을 닦는 것"이다. 『중용』에서 "길을 닦는 일을 가르침이라 한다"는 의미가 여기서 뚜렷해진다.

가르쳐본 적이 있는 이라면 잘 알 것이다. 가르치면서 배운다는 사실을. 또 성인이나 현자가 되어야만 스승이 되어 가르칠 수 있는 것은 아니다. 성인이 되기 위해서 길을 가는 이라면 누구나 스승이 될 수 있다. 다만, 스스로 체득한 것만 가르쳐야 하는데, 자신이 잘 알지도 못하고 또 스스로 깨치지도 못한 것을 가르치면서 스승 노릇을 하려 할 때 문제가 된다. 바로 그러한 점을 "길을 닦는 것을 가르침이라 한다"는 구절이 은근히 일깨워주고 있는 셈이다.

공자는 어떻게 위대한 스승이 될 수 있었는가? 그것은 그 자신이 배우기를 좋아했기 때문이다. 배우기를 좋아한다는 것은 곧 쉼없이 길을 닦는다는 뜻이다. 이른바 "자르고 갈고, 쪼고 다듬는" 절차탁마(切磋琢磨)를 거듭하는 자가 스승의 자격을 갖는다. 언제 성인이 될지 모르는데, 어찌 잠깐이나마 게으름을 피울 수 있겠는가. 게으름을 피우지 않는 것으로도 이미 후학에게 하나의 본보기가 될 수 있다.

1.2

道也者, 不可須臾離也. 可離, 非道也. 是故, 君子戒愼乎其所不睹, 恐懼乎其所不聞. 莫見乎隱, 莫顯乎微. 故君子愼其獨也.

길이란 잠시도 벗어날 수 없다. 벗어날 수 있다면 그것은 길이 아니다. 이런 까닭에 군자는 보이지 않는 데서도 조심하고 삼가며, 들리지 않는 데서도 무서워하고 두려워한다. 숨기려는 것보다 더 잘 드러나는 것이 없고, 희미한 것보다 더 잘 나타나는 것이 없다. 그러므로 군자는 홀로 있을 때 삼간다.

注釋 수유(須臾)는 아주 짧은 시간, 곧 잠깐을 뜻한다. 리(離)는 떠나다, 벗어나다는 뜻이다. 계(戒)는 경계하다, 조심하다는 뜻이다. 신(愼)은 삼가다는 뜻이다. 도(睹)는 보다는 뜻이다. 공(恐)은 두려워하다, 무서워하다는 뜻이고, 구(懼)는 두려워하다, 걱정하다는 뜻이다. 현(見)은 드러나다, 나타나다는 뜻으로, 뒤의 현(顯)과 통한다. 은(隱)은 숨기다, 가리다는 뜻이다. 미(微)는 아주 작아서 어슴푸레한 것이다. 독(獨)

은 혼자 있는 때나 별다른 일이 없을 때를 뜻하는데, 이에 더하여 "남이 모르는 마음속"을 뜻하기도 한다.

蛇足 앞서 이야기한 것들을 뭉뚱그려서 말하자면, 본바탕은 자연의 영역이고, 가르침은 문명의 영역이다. 그 두 영역에 걸쳐 있는 것이 '길'이다. 인간은 생물학적 존재이면서 사회학적 존재다. 그런 의미에서 문명을 떠날 수 없는 인간에게는 도가의 '도'보다『중용』의 이 '길'이 더욱 긴요하다.

그렇다면 "잠시도 벗어날 수 없는", "벗어날 수 있다면, 길이 아닌" 이 길의 구체적인 의미는 무엇일까? 무엇을 가리키는 것일까? 맹자는 이를 인의(仁義)로 보았다.『맹자』「고자상」에 "어짊은 사람의 마음이요, 올바름은 사람의 길이다"(仁, 人心也; 義, 人路也.)라는 말이 나온다. 어짊은 사람의 마음이라 한 데서 이미 성선(性善)이 예고되어 있다.『예기』「표기(表記)」에도 "어짊은 사람이고, 길은 올바름이다"(仁者, 人也; 道者, 義也)라는 말이 나오는데, 어짊은 사람이 타고난 것이어서 어짊을 실천하며 사는 것이 올바른 길이라는 뜻이므로 맹자가 말한 바와 통한다.

그러나 길은 또렷하게 드러나 있는 것이 아니어서 쉽게 알 수 없고, 그 길로 가더라도 당장에 드러나는 것이 아니어서 자칫대다가는 벗어나기 십상이다. 왜 길은 드러나 있지 않은가? 끊임없이 움직이고 변하기 때문이다. 이에 대해서는『주역』「계사전(繫辭傳)」에 나오는 다음의 구절들이 참조된다.

> 한 번 음이 되고 한 번 양이 되는 것을 도라고 한다. 그것을 이어가는 것이 선이고, 이루는 것이 성이다.
> (一陰一陽之謂道. 繼之者善也, 成之者性也.)
> 형이상을 도라 하고, 형이하를 기라 한다.
> (形而上者謂之道, 形而下者謂之器.)

「계사전」에서는 또 "도에는 변화와 움직임이 있다"(道有變動)고도 말하였다. 한 번 음이 되고 한 번 양이 된다는 것은 쉼없이 갈마든다는 뜻이다. 이렇게 변화가 무궁한 것이 도의 움직임이다. 그러니 이러한 도에 정해진 꼴이 있을 리가 없다. 이를 가리켜 '형이상'이라 한 것이다. 만약 꼴이 있다면, 그것은 도가 아니라 '형이하'인 기(器)다. 기는 만물을 가리킨다. 형태를 갖추거나 꼴을 가지고 나타나는 것이 기라면, 그 기 속에 내재하는 원리 또는 그 이면에서 작용하는 이치가 바로 도다. 사람도 만물 가운데 하나이므로 역시 도로부터 벗어날 수 없다. 그러나 원리나 이치로서 존재하는 도를 파악하는 일은 결코 쉽지 않다. 그래서 옛날의 성인과 현자들이 갔던 길을 살펴보지만, 그 길들 또한 뚜렷하게 드러나 있지 않고 그저 암시되어 있을 뿐이다.

이렇게 있는 듯 없고 없는 듯 있는 것이 바로 '길'인데, 이러한 길을 내 삶으로 구체화시키려는 이가 군자다. 그래서 군자는 이 길을 가면서 늘 조심하고 삼가며 때로 무섭고 두려운 마음을 갖게 된다. 반면에 소인은 그 길로 가지 않으므로 보거나 듣는 사람이 없을 때면 함부로 하고 심지어는 하지 못하는 짓이 없게 된다. 그러면서도 자신의 허물을 드러내지 않으려 애쓴다. 그렇지만 그가 한 짓은 숨기려 해도 숨길 수 없고 감추려 해도 감출 수가 없다. 숨기려 하거나 감추려 하면 도리어 더욱 드러난다. 그 또한 길의 작용이다. 그래서 "숨어 있는 것보다 더 잘 드러나는 것이 없다"고 하였다.

"희미한 것보다 더 잘 나타나는 것이 없다"고 한 말은 지금 당장에는 내가 무엇을 했든지 그 결과가 뚜렷하게 드러나지 않는다는 것을 이른다. 좋은 결과든 나쁜 결과든 일정한 시간이 흘러서야 비로소 두드러진다. 지금 여기서 한 일은 고작 맹아(萌芽)로서 존재할 뿐이다. 그래서 이러한 이치를 모르는 소인은 거듭해서 허물을 짓고, 군자라 해도 자칫 탓하는 마음이 생길 수 있다. 그렇지만 어떠한 행위든지 간에 그 결과는 드러나고 또 도드라지기 마련이다. "홀로 있을 때도 삼가야 한다"는 '신독(愼獨)'을 강조한 이유도 여기에 있다.

'신독'을 해야 하는 근거와 효용에 대해서는 『순자』에서 더 자세하게 말하였다. 『순자』 「불구(不苟)」편에 다음의 글이 나온다.

> 하늘은 말을 하지 않아도 사람들이 높다고 받들며, 땅은 말을 하지 않아도 사람들이 두텁다고 받들며, 사계절은 말을 하지 않아도 백성들이 그 때를 기다린다. 대체로 이에는 한결같음이 있는데, 지극한 성스러움[誠]에 이르렀기 때문이다. 군자는 지극한 덕을 갖추면 말없이 있어도 일깨워주고 베풀지 않아도 가까워지며 성내지 않아도 위엄이 있다. 대체로 이렇게 천명을 따르는 것은 홀로 있을 때도 삼가기 때문이다.
>
> (天不言而人推其高焉; 地不言而人推其厚焉; 四時不言而百姓期焉. 夫此有常, 以至其誠者也. 君子至德, 嘿然而喻, 未施而親, 不怒而威. 夫此順命, 以愼其獨者也.)

물론 순자는 천명을 『중용』과는 다른 의미로 썼다. 객관적인 자연의 법칙을 가리켜서 '천명'이라 했지만, 그 법칙을 삶 속에서 체득하고 구현하는 존재가 군자라고 한 점에서는 『중용』과 통한다. 흥미로운 것은 나중에 보게 될 '성스러움[誠]'을 순자 또한 중시하고 있다는 점이고, 그 의미도 『중용』과 크게 다르지 않다는 사실이다. "성스러움은 하늘의 길이요, 성스러워지려는 것은 사람의 길이다"를 연상시킬 뿐만 아니라, 함의 또한 비슷하다.

"군자는 지극한 덕을 갖추면"은 곧 보편적인 이치를 오롯하게 갖춘 것을 이르는 말이다. 그런 경지에 이르면 곧 말이 없어도 상대로 하여금 깨치게 하고, 베풀지 않아도 저절로 다른 사람들과 가까워지며, 성을 내지 않아도 함부로 대할 수 없는 위엄을 느끼게 해준다. 이는 그대로 자연에서 보게 되는 위대함이요 장엄함이다. 물론 이는 성인의 경지여서 쉽사리 이를 수가 없다. 그러나 군자는 그런 경지를 지향하고 쉼없이 나아가는 존재다. 그 쉼없이 나아가는 데 있어 가장 긴요하고 또하지 않을 수 없는 것이 바로 '배움[學]'이다.

『순자』「권학」편에는 '신독'을 떠오르게 하는 멋진 비유가 나온다.

> 옛날에 호파가 비파를 뜯자 물속의 물고기가 고개를 내밀며 들었고, 백아가 거문고를 타자 여섯 필의 말이 꼴을 먹다가 고개를 들며 들었다. 그러므로 소리는 아무리 작아도 들리지 않는 일이 없고, 행동은 아무리 감추어도 드러나지 않는 일이 없다. 옥이 산에 있으면 풀과 나무가 반지르르하고, 연못에 구슬이 생기면 물가가 마르지 않는다. 착한 일을 하면서 쌓지 않을 수 있겠는가? 쌓는다면, 어찌 알려지지 않는 일이 있겠는가?
>
> (昔者瓠巴鼓瑟而流魚出聽, 伯牙鼓琴而六馬仰秣. 故聲無小而不聞, 行無隱而不形. 玉在山而草木潤, 淵生珠而崖不枯. 爲善不積邪? 安有不聞者乎?)

『중용』에서는 허물이나 흠결을 두고 "보이지 않는 데서 조심하고 삼가며, 들리지 않는 데서 무서워하고 두려워하라"라고 해서 약간의 차이가 있지만, 속뜻은 서로 다르지 않다.『순자』에서는 선을 행하면서 쌓으라는 의미로, 보이지 않고 들리지 않는 것처럼 여겨지는 것도 결국에는 보이고 들리게 된다는 긍정적인 면을 말하고 있다. 그렇다고 『중용』이 『순자』보다 덜 긍정적이거나 덜 주체적이라고 여겨서는 곤란하다. 『중용』은 열에 하나, 백에 하나라도 그릇되지 않도록 삼가라는 뜻에서 한 말이니, 어쩌면 군자가 당연히 가야 할 길을 가고 있다는 것을 전제로 한 말이라 해도 좋다. 「권학」편에는 또 이런 말도 나온다.

화살을 백 발에서 한 발을 맞히지 못하더라도 '활을 잘 쏜다'고 하기에 부족하고, 천 리 길에서 반 걸음만 미치지 못해도 '말을 잘 탄다'고 하기에 부족하며, 인간의 도리를 꿰뚫지 못하고 어짊과 올바름을 오롯하게 갖추지 못하면 '잘 배웠다'고 하기에 부족하다.
(百發失一, 不足謂善射. 千里蹞步不至, 不足謂善御. 倫類不通, 仁義不一, 不足謂善學.)

오늘날에는 공부를 시험을 위해서 하는 것으로 안다. 그리고 일상에서 체득하는 문제와는 아무런 상관없이 그저 달달 외우기만 한다. 그리고는 시험에서 90점이나 95점을 받으면 좋아한다. 공부하는 법부터 잘못되었으니, 하나를 배워 하나를 제대로 알지 못해도 좋아하게 되었다. 이러고서는 날마다 공부를 해도 몸과 마음이 도에 가까워지지 못할 뿐만 아니라 도리어 더욱더 멀어진다. 아주 천천히 멀어지기 때문에 나이가 들어서야 뒤늦게 잘못되었음을 알아채게 되는 경우가 흔하다. 하물며 하나를 배워 둘을 알고 셋을 아는 공부를 어떻게 알겠는가? 또 열에서 하나, 백에서 하나가 그릇되어도 자신을 되돌아보고 탓하며 스스로 바로잡으려 애쓰는 공부의 그 참뜻과 그 참맛을 어찌 알겠는가?

1.3

喜怒哀樂之未發, 謂之中; 發而皆中節, 謂之和. 中也者, 天下之大本也; 和也者, 天下之達道也. 致中和, 天地位焉, 萬物育焉.

기쁨·성냄·슬픔·즐거움 따위가 아직 일어나지 않은 것을 알맞음이라 하고, 일어나서는 모두 상황에 알맞은 것을 어울림이라고 한다. 알맞음이란 천하의 큰 뿌리요, 어울림이란 천하의 온갖 것이 가야 할 길이다. 알맞음과 어울림이 이루어지면, 하늘과 땅이 제자리를 지키고 온갖 것이 잘 자란다.

注釋 발(發)은 일어나다는 뜻이다. 중(中)은 알맞음이다. 절(節)은 때, 상황을 뜻한다. 달(達)은 이르다, 두루 미치다는 뜻으로, 여기서는 "가야 한다"는 말맛이 있다. 치(致)는 지극한 데에 이르다, 이루다는 뜻이다. 위(位)는 바른 자리, 제자리를 바로 지키다는 뜻이다. 육(育)은 태어나 자라다는 뜻이다.

蛇足 감정의 문제를 직접 거론한 것은 아주 중요하다. 맹자는 이에 대해 거의 말하지 않았고, 공자는 암시하는 데서 그쳤기 때문이다. 가령 '정(情)'이란 글자를 맹자가 쓰기는 했지만, 그것은 감정이나 정서를 뜻하는 말이 아니었다. 「등문공상」에서 "저 물건들이란 똑같지 않으니, 그것이 물건의 실정이다"(夫物之不齊, 物之情也)라고 말한 것처럼 사물의 실정을 뜻하는 말로 썼을 뿐이다.

공자의 경우에는 "〈관저〉는 즐거우면서도 어지럽지 않고, 슬프면서도 마음을 쓰리게 하지 않는구나"(關雎, 樂而不淫, 哀而不傷. - 『논어』「팔일(八佾)」)라고 말했는데, 이는 사람의 감정이 자연스러운 것임을 인정하면서 지나친 것을 경계하려는 의도에서 한 말이다. 지나침뿐만 아니라 모자람도 역시 경계했으니, "상례란 잘 치르기보다 차라리 슬퍼해야 할 것이다"(喪, 與其易也, 寧戚. - 『논어』「팔일」)라고 한 말에서 그 점이 잘 드러난다. "지나침은 모자란 것과 같다"(過猶不及)고 한 말은 이렇게 감정 표현의 지나침이나 모자람에 대한 경계이기도 하다.

일어나는 감정은 자연스러운 것이지만, 다양한 관계를 맺으며 남들과 어울려서 살아갈 수밖에 없는 현실에서는 무작정 자연스러움만 따를 수가 없다. 자칫 인간관계에서 파탄이 일어날 수도 있고, 실제로도 그러하기 때문이다. 일어나는 감정을 알맞게 처리하는 것, 상황에 맞게 표현하는 것, 그것이 바로 '어울림'이다.

어울림이 이루어지면, 나에게도 상대에게도 아무런 감정의 찌꺼기가 남지 않으며, 나아가서는 서로 기꺼워하고 즐거워하게 된다. 이러한 어울림은 아무런 감정이 일어나지 않을 때의 '알맞음'과 거의 같다. 그래서 알맞음은 "천하의 크낙한 뿌리"라 하였고, 어울림은 "천하의 온갖 것이 가야 할 길"이라 하였다.

"천하의 온갖 것이 가야 할 길"인 이 어울림을 실천하고 구현해야 할 주체는 사람이다. 만물 가운데서 유일하게 인간만이 어울림을 이루려 애쓰는 까닭은 사람만이 타고난 본바탕대로 살지 못하고 있기 때문이다. 사실, 인간을 제외한 만물은 모두 어울림을 저절로 따르고 있다. 꽁꽁 언 땅이 풀리면서 싹이 돋고 꽃이 피는 것부터 여름에 울창하게 나무가 우거지고 가을에 열매가 맺고 다시 겨울에 가지들이 앙상해지는 것은 모두 본래 갖추어져 있던 알맞음을 드러내 보인 것일 뿐이다. 아무런 작위가 없이 어울림을 구현하고 있는 셈이다. 다만 인간만이 문명을 구축해 가는 과정에서 천하의 크낙한 뿌리인 알맞음을 잃어버리고서 만물과 어우러지지 못하고 있을 뿐이다. 그렇다면, 인간이 잃어버린 어울림을 회복한다면, 천지 사이의 온갖 것들은 저절로 어우러질 것이다. 그래서 "알맞음과 어울림이 이루어지면, 하늘과 땅이 제자리를 지키고 온갖 것이 잘 자란다"고 말한 것이리라.

2장

중용, 그 지극한 경지

2.1 ————————————————————— ————————

仲尼曰: "君子中庸, 小人反中庸. 君子之中庸也, 君子而時中;
小人之中庸也, 小人而無忌憚也."

중니께서 말씀하셨다.
"군자는 중용을 하고, 소인은 중용을 거스른다. 군자가 중용
을 한다고 하면, 군자답게 때에 알맞게 한다. 소인이 중용을
한다고 하면, 소인답게 거리낌 없이 함부로 한다."

注釋　중니(仲尼)는 공자(孔子)의 자다. 용(庸)은 상(常)과 같으며,
평범한 일상을 뜻한다. 시(時)는 때나 상황을 뜻한다. 기(忌)는 거리끼
다, 싫어하다는 뜻이다. 탄(憚)은 꺼림하다, 어려워하다는 뜻이다.

蛇足　중용(中庸)은 일상에서 무엇이든 알맞게 하는 것을 뜻하는데,
이를 한마디로 하면 '어울림'이다. 나와 상대, 나와 상황이 어우러지도
록 하는 것이 중용이기 때문이다. 이 중용을 어찌하여 군자는 하고 소
인은 하지 못하는가? 공자가 말했듯이, "군자는 올바름에 밝고, 소인은
잇속에 밝기"(君子喩於義, 小人喩於利. —『논어』「리인(里仁)」) 때문이다.
그러면, 왜 군자는 올바름에 밝고 소인은 잇속에 밝은가? 맹자는 대인
(大人)에 대해 말한 적이 있는데, 대인은 군자와 같은 말이다.

공도자가 물었다.
"사람은 다 똑같은데, 어떤 이는 대인이 되고 어떤 이는 소인이 되
는 까닭은 무엇입니까?"
맹자가 대답하였다.
"대체를 따르면 대인이 되고, 소체를 따르면 소인이 된다."
"사람은 다 똑같은데, 어떤 이는 대체를 따르고 어떤 이는 소체를

따르는 까닭은 무엇입니까?"

"귀나 눈 같은 기관은 생각하지 못해서 바깥 사물에 가려진다. 사물과 사물이 만나면 끌어당길 뿐이다. 마음이라는 기관은 생각을 하는데, 생각을 하면 터득하고 생각을 하지 않으면 터득하지 못한다. 이것이 하늘이 우리에게 준 것이다. 따라서 먼저 그 큰 것을 세운다면, 그 작은 것도 빼앗아갈 수 없다. 이렇게 하면 대인이 된다." - 『맹자』 「고자상(告子上)」

(公都子問曰: "鈞是人也, 或爲大人, 或爲小人, 何也?"

孟子曰: "從其大體爲大人, 從其小體爲小人."

曰: "鈞是人也, 或從其大體, 或從其小體, 何也?"

曰: "耳目之官不思, 而蔽於物. 物交物, 則引之而已矣. 心之官則思, 思則得之, 不思則不得也. 此天之所與我者. 先立乎其大者, 則其小者不能奪也. 此爲大人而已矣.")

대인과 소인은 바로 마음에서 나뉜다고 하였다. 마음이란 생각을 할 줄 안다고 했는데, 그 생각으로 이치를 터득한다. 순자도 "사람은 나면서부터 아는 능력을 가지고 있다"(人生而有知. - 『순자』 「해폐(解蔽)」)고 말하였다. 맹자는 이 마음으로써 성선(性善)을 말하였는데, 순자는 이 '아는 능력'으로써 성악(性惡)의 한계를 극복할 수 있다고 하였으므로 근본에서는 서로 통한다. 어쨌든 맹자가 볼 때, 소인은 이런 마음을 쓸 줄을 모른다. 마음을 쓰지 않으므로 바깥의 사물에 따라 휘둘리는 감각기관을 따르고, 그로 말미암아 감각적으로 좋거나 아름답거나 이롭다고 여기는 것만을 좇는다. 결국 소인은 "하늘이 우리에게 준" 그 마음을 쓰지 않기 때문에 소인이 되는 것이다.

감각기관은 멀리 있고 두루 미치는 이로움, 곧 어짊이나 올바름이 가져다줄 큰 이로움에는 둔감하다. 바로 눈앞에 있는 이로움, 당장에 감각적으로 와 닿는 이익만 느낄 뿐이다. 그러므로 올바름에 대해서는 생각조차 하지 못하게 마음의 작용을 가로막는다. 설령 상황에 따라 판단을 하고 선택을 한다고 할지라도, 그 마음은 이미 감각기관에 가로막혀서 모든 기준을 이곳에 두고 있기 때문에 올바른 판단이나 선택을 하지 못한다. 그럼에도 소인은 스스로 올바른 판단과 선택을 했다고 여기면서, 올바름만 내세우는 군자를 오히려 세상 물정 모르는 자라고 비웃는다.

물론 소인도 처음에는 중용과 반중용(反中庸)을 가릴 줄 알았을 것이다. 맹자가 말했듯이 생각을 하고 터득할 줄 아는 마음은 누구에게나 있으므로 소인도 그런 마음을 전혀 쓰지 않았을 리는 없다. 바라는 이익을 얻기 위해서라도 마음을 쓴다. 다만, 감각기관에 이끌리면서 마음의 양지양능(良知良能)이 작동하지 않게 되고, 그러면서 스스로 돌아보려는 마음이 점점 옅어졌다. 마음이 감각기관에 가로막히면서 중용을 거스르게 되고, 그렇게 중용을 거스르는 일이 거듭되면서 가랑비에 옷이 젖듯이 차츰차츰 몸에 배어들어서 저도 모르게 반중용이 버릇이 되었다. 버릇이 되면서 더욱더 자신을 돌아보는 일도 없어졌다. 마침내 누군가가 꾸지람을 하거나 야단을 치면, 이제는 합리화할 실마리를 찾으려 애쓴다. 그렇게 궁지에 몰려서 내뱉는 말이 "나도 중용한다!"는 것이다. 중용이라는 말은 군자처럼 쓰지만, 이미 그 함의는 아주 달라져 있다.

그러면 군자의 중용이란 어떤 것인가? 그것은 때에 알맞게 하는 것, 즉 시중(時中)이다. 여기서 '때'란 곧 상황을 가리킨다. 사람이 처하는 상황이란 늘 다르다. 때와 곳이 다르고, 일이 다르며, 만나는 사람이 다르다. 다름을 말한다면, 무엇 하나 똑같은 경우란 없다. 그렇게 하나하나 다른 상황 속에서 가장 이치에 합당하고 알맞은 '중(中)'을 찾는다는 것은 지극히 어렵다. '중'은 무게중심과 같은데, 문제는 산술적인 계산을 통해 찾아낼 수 있는 '중'이 아니라는 데 있다. 이 무게중심은 일상에서 끊임없이 마음을 써야만 비로소 터득하게 되는, 경험으로 터득해야 하는 중심이고 정해져 있지 않은 중심이다. 이성을 통해서가 아닌, 이성을 넘어선 직관이나 통찰로만 얻을 수 있는 중심이다. 그래서 언어로는 설명할 수도 없고 표현하기도 어려운 것이 이 중용의 경지다. 다만, 어떤 상황에서든 어그러지는 일이 없다면, 그 언행이 이치에서 벗어나지 않는다면, 모든 것들과 잘 어우러져 있다면, 참으로 알맞음의 벼리를 잡고 있다고 할 수 있으리라.

이렇게 중용은 매우 어렵다. 뒤에도 나오지만, '중용불가능(中庸不可能)'이라 할 만큼 지극히 어렵다. 따라서 두 가지 덕이 필요한데, 지혜와 어짊이 그것이다. 때마다 상황마다 알맞음을 찾아내는 것은 지혜고, 아는 대로 해서 어우러지는 것은 어짊이다. 군자는 바로 이 지혜를 갖추려 하고 어질게 되려 애쓰는 사람으로, 그렇게 하려고 길을 간다. 그 길의 끝에서 군자는 성인(聖人)의 반열에 오른다.

군자와 소인의 행동이 어떻게 다른지에 대해서는 『순자』「불구(不苟)」에서 잘 대비하여 적고 있다.

> 군자와 소인은 서로 반대다. 군자는 마음을 크게 먹으면 하늘을 지극하게 받들며 도를 따르고, 마음을 작게 먹으면 올바르지 않을까 두려워하며 알맞게 하고, 지혜로우면 밝게 꿰뚫어서 온갖 것들을 아우르고, 어리석더라도 곧고 부지런하게 법도를 따르고, 쓰이면 얌전하면서 멈출 줄을 알고, 쓰이지 못하면 삼가면서 자신을 잡도리하고, 기뻐할 때는 남들과 어우러지면서 이치에 맞고, 걱정할 때는 조용하면서도 이치에 맞고, 뜻대로 되면 덕이 있는 몸씨가 밝게 드러나고, 막히게 되면 자신을 다잡고 자세하게 살핀다. 그러나 소인은 그렇지 않아서 마음을 크게 먹으면 남을 업신여기며 건방지게 굴고, 마음을 작게 먹으면 지나친 데로 흘러 한쪽으로 기울고, 똑똑하면 남 모르게 훔치고, 어리석으면 해악을 끼치면서 어지럽히고, 쓰이면 기뻐하면서 으스대고, 쓰이지 않으면 탓하면서 비뚤어지고,

기쁘면 경박하게 들썽거리고, 걱정스러우면 풀이 죽어 부들부들 떨고, 뜻대로 되면 뽐내면서 치우치고, 막히게 되면 자포자기하여 비루해진다. 전하는 말에 "군자는 더욱 나아지고, 소인은 더욱 퇴보한다"고 하는데, 이를 두고 한 말이다.

(君子, 小人之反也. 君子大心則天而道, 小心則畏義而節, 知則明通而類, 愚則端愨而法, 見由則恭而止, 見閉則敬而齊, 喜則和而理, 憂則靜而理, 通則文而明, 窮則約而詳. 小人則不然, 大心則慢而暴, 小心則淫而傾, 知則攫盜而漸, 愚則毒賊而亂, 見由則兌而倨, 見閉則怨而險, 喜則輕而翾, 憂則挫而懾, 通則驕而偏, 窮則棄而儑. 傳曰, "君子兩進, 小人兩廢," 此之謂也.)

순자가 군자와 소인을 대비해서 한 말들을 간추리면, 공자가 말한 "군자는 때에 알맞게 하고, 소인은 거리낌 없이 함부로 한다"가 된다. 군자의 중용은 군자를 더욱 나아지게 하고, 소인의 중용은 소인을 더욱 퇴보시킨다. 서로 중용을 한다고 하지만, 결국 한쪽은 선순환(善循環)을 하고, 한쪽은 악순환(惡循環)을 한다.

물론 세상사를 보면, 당장에 소인들이 더 잘 살고 더 잘되는 게 눈에 띈다. 음흉하고 낯가죽이 두꺼운 소인들이 더욱 행세하는 것도 사실이다. 그러나 그게 과연 얼마나 가던가? 역사의 도도한 흐름 속에서 그들 소인들을 보라. 이치를 거스른 자들의 말로를 보라. 과연 떳떳하던가? 설령 떳떳하게 군다고 한들, 세상 사람들이 그것을 받아주던가? 혹시 당장에 어렵고 힘들다고 소인을 떠받들거나 그들처럼 되려 하는 자가 있다면, 부디 생각을 바꾸기를. 만약 수단과 방법을 가리지 않고 무슨 짓이라도 해서 성공을 하고 싶다면, 그래서 성공을 했다면, 부디 환갑이 되기 전에 세상을 떠나기를. 너무 오래 살다 보면, 손가락질을 받고 푸대접을 받게 되리니.

2.2

子曰: "中庸, 其至矣乎! 民鮮能久矣."

공자께서 말씀하셨다.
"중용, 그것은 지극한 경지로다! 백성들 가운데는 오래도록
그렇게 할 수 있는 이가 드물구나."

注釋　기(其)는 지시대명사로 앞의 중용을 가리키면서 동시에 "참으
로, 진실로, 그야말로" 등의 말맛이 있다. 선(鮮)은 드물다는 뜻이다. 구
(久)는 한결같이 오래도록, 오랫동안 하다는 뜻이다.

蛇足　왜 일상에서 알맞게 하는 중용을 두고 "지극한 경지"라고 했
을까? 대부분의 사람들은 일상을 "단조롭고 지루하다"고 여긴다. 이는
별다를 것이 없는 일들을 되풀이한다고 느끼기 때문이다. 말하자면, 주
목할 만한 변화가 없는 날들이 일상이라고 생각하기 때문이다. 과연 아
무런 변화가 없을까? 어제의 나와 오늘의 나는 아주 다르다. 그 다름을
모르겠거나 이해하기 어렵다면, 1년 전이나 10년 전의 나와 오늘의 나
를 견주어보라. 그러면, 대번에 변화를 읽을 수 있다.
　우리는 가까이 있는 것들에 아주 둔감하다. 오랜만에 미용실에 가서
헤어스타일을 바꾸고 기분을 전환한 아내가 바로 앞에서 아양을 떨며
알아주기를 바라는데도 전혀 못 알아채는 남편처럼 우리는 일상의 변
화를 거의 못 알아챈다. 우리 자신이 못 알아채는 것임에도 일상에 아
무런 변화가 없다고 여긴다. 사실 일상은 끊임없는 변화의 연속이다.
하루도 다르지 않은 날은 없다. 그 변화의 진폭이 너무 작기 때문에,
"보아도 잘 보이지 않고, 들어도 잘 들리지 않는" 그런 미묘한 변화들로
가득하기 때문에, 못 느끼고 못 알아챌 뿐이다. 그런 무딤에 물들면서

일상을 습관적으로 살고 있는 것이다. 그런데 바로 이 일상에 언젠가는 알아채게 될 나 자신의 변화로부터 이 사회와 나라, 세계의 변화까지 모든 변화의 씨앗이 숨쉬고 있다. 어디 다른 데에 있는 게 아니다. 달리 있을 곳도 없지 않은가. 바로 이 일상에 숨겨진 씨앗이 얼마나 우람한 거목이 될지를 느끼고 알려면, 군자의 길을 가야 한다.

일상은 되풀이되는 일로 가득하다고 여긴다면, 그는 자신이나 자신의 삶을 깊이 들여다보지 못하는 소인이다. 그런 소인은 그 자신이 느끼고 알 만한 변화가 찾아오면, 움찔하면서 물러서거나 두려워하며 어찌할 바를 모를 뿐만 아니라 심지어는 불평하기까지 한다. 왜 자신에게 그런 변화가 일어났는지, 누군가를 탓하거나 탓하려 한다. 탓할 대상이 없으면, 시대를 탓하거나 하늘을 원망한다. 소인은 이래저래 불평을 한다. 그가 불평을 하지 않을 때는 그 자신이 하고 싶은 대로 해서 이익을 얻었을 때다. 그게 이치에 맞느냐 틀리느냐에는 아예 관심이 없으며, 누군가가 괴로워하거나 말거나 또 남들이 비난하거나 말거나 상관하지 않고 제 이끗을 위하는 일이라면 대담하고 과감하다. 이를 일러 "거리낌 없이 함부로 한다"고 말한다.

"일상에서 알맞게 한다는 것"은 별다른 변화가 없을 듯한 일상에서 아주 자그마한 변화들이나 새로운 상황들을 알아챌 수 있는 감각이 살아 있어야 가능하다. 그런 감각은 "스스로 깨어 있을 때"에만 살아 있다. 깨어 있어야만 일의 기미를 알아챌 수 있고, 기미를 알아채야만 알맞게 처신할 수 있다. 바로 그렇기 때문에 '중용의 길'은 멀고도 험하고, 아무나 갈 수 있는 길이 아니다. 설령 간다고 하더라도 자칫 벗어나기 십상이다. 오랜 공부나 수행으로 그런 감각이 늘 살아 있어야만 한다는 것이 전제되기 때문이다. 그러니 한낱 이끗이나 탐하는 소인이 어찌 일상의 그 미묘한 변화의 세계를 알고서 알맞게 행동할 수 있겠는가?

일상에서 알맞게 하는 일은 이렇게 힘들다. 공자의 수제자로서 '생이지지자(生而知之者)'라는 평가를 받았던 안회(顔回) 정도라야 겨우 중용을 유지할 수 있었을 정도니까.

> 회는 그 마음이 석 달 동안 어짊에서 벗어나지 않는다. 다른 사람들
> 은 고작 하루나 한 달에 한 번 이를 뿐이다. ―『논어』「옹야(雍也)」
> (回也, 其心三月不違仁. 其餘, 則日月至焉而已矣.)

위의 말을 통해 왜 공자가 '중용'을 지극한 경지라고 말했는지 알 수 있다. 말했다시피, 중용의 길로 가는 것만이 힘든 게 아니다. 그 길이 과연 어떠한 길인지를 아는 것부터 힘들다. "알맞게 하면 되지 않느냐!"고 반문할 사람이 있을지도 모르겠다. 그러나 그런 사람은 중용에 대해 고작 머리로 이해하고 있을 뿐이고, 이해한다고 하더라도 그것은 순전히 자신의 깜냥으로 이해한 것일 뿐이다. 중용은 머리로 알 수 있는 경지가 결코 아니다. 중용은 구체적인 경험을 통해 숱한 상황들 속에 숨겨진 결을 읽어내야만 도달할 수 있는 경지이지, 관념적으로 다가갈 수 있는 경지가 결코 아니다. 만약 머리로 이해하고 만다면, 일상에서 곧바로 파탄을 경험하게 될 것이다.

"참으로 지극한 경지로다!"라는 말은 감탄일 수도 있고 탄식일 수도 있다. 공자 자신이 평생에 걸쳐 배우기를 좋아하고 실천을 거듭하면서 그런 중용을 체득하려고 했고, 결코 쉽게 되지 않는다는 것을 끊임없이 경험하였기 때문에 나온 절절한 말이기 때문이다. 오랜 노력의 결과, 공자도 마침내 그런 경지에 이르렀다. "일흔에는 마음이 시키는 대로 하여도 이치에 어긋나지 않았어"(七十而從心所欲不踰矩. ―『논어』「위정」) 라고 한 말이 바로 그것이다.

3장

가지 않는 길

子曰: "道之不行也, 我知之矣. 知者過之, 愚者不及也. 道之不
明也, 我知之矣. 賢者過之, 不肖者不及也. 人莫不飮食也, 鮮
能知味也!"

공자께서 말씀하셨다.

"그 길로 가지 못하는 까닭을 나는 알고 있다. 안다고 하는
자는 지나치고, 어리석은 자는 미치지 못하기 때문이다. 길이
밝게 드러나지 않는 까닭을 나는 알고 있다. 똑똑하다고 하
는 자는 지나치고, 못난 자는 미치지 못하기 때문이다. 마시
거나 먹지 않는 사람은 없건만, 참맛을 아는 자가 드물구나!"

注釋　　지지(知之)의 '지(之)'는 앞 구절을 받아서 그 까닭이나 이유
를 뜻한다. 현자(賢者)는 여기서는 자기가 잘났거나 똑똑하다고 여기는
자를 뜻하는 말로, 다소 비꼬는 투로 쓰였다. 불초자(不肖者)는 어버이
를 닮지 않은 자를 뜻하는데, 대개 자식이 어버이에 대해 자신을 낮추
어서 하는 말이다. 선(鮮)은 드물다는 뜻이다.

蛇足　　여기서 말하는 도(道)는 그대로 '중용의 길'이다. 공자는 사람
이 이 길로 가지 못하는 까닭을 안다면서 지자와 우자, 현자와 불초자
를 들고 있는데, 이들은 소인이 아니다. 소인은 중용을 거스르면서 아
예 중용의 길로 가려고 하지 않는 자들이므로 더 말할 게 못 된다. 앞서
소인의 중용에 대해서 이미 말했으므로 굳이 여기서 그런 자들을 다시
거론하는 것은 군더더기가 될 뿐이다. 여기서는 군자라고 자처하는 이
들이 왜 '중용의 길'로 간다고 하면서도 제대로 가지 못하는지, 그 까닭
에 대해 이야기하고 있다.

　　지자나 현자는 중용의 길을 가려는 이들, 곧 군자를 가리킨다. 다만,

다른 이들이 그 지혜나 똑똑함을 인정해준 군자라기보다는 제 스스로 지혜롭거나 똑똑하다고 여기는 자들이다. 왜 그런 사람이 그 길로 가지 못하는가? 지나치기 때문이다. 여기서 지나침은 자신이 지닌 이해의 수준을 정확하게 인지하지 못하고 실제보다 더 뛰어나다고 여기는 것을 이른다. 대개 그런 사람은 "나는 똑똑해!"라고 생각한다. 그렇게 생각하는 자는 결코 지혜롭지 못하다. 지혜로운 자라면 안다는 생각조차 하지 않는다는 사실을 모르는 것이다. 또 이런 자는 공부를 하다가도 제 스스로 충분하다면서 오롯이 이어가지 않는다.

한편, 우자나 불초자는 그 지혜의 부족으로 말미암아 '중용의 길'을 가고 싶어도 가지 못하는 자들이다. 군자의 길에 들어섰다고 해서 다 지자나 현자가 되는 것은 아니다. 얼마나 배우고 익혀야 지혜를 얻을 수 있을지 사람마다 다 다른 데다, 지혜를 얻기까지 오랜 세월이 걸리기 때문에 중도에서 그만두고 대충 만족하고 말기도 하기 때문이다.

요새 수행은 팽개치고 잡다한 일을 하면서 재물을 모으는 데 힘을 기울이는 승려들을 가끔 만난다. 그럴 때면 "왜 수행을 하지 않고, 그런 일을 하시오?" 하고 물으면, 대체로 이런 대답이 돌아온다. "나는 이번 생에 깨닫기 어렵다는 것을 알았소. 그래서 다른 수행자가 깨달음을 얻도록 뒷받침해주는 일을 하는 것으로 대신하려 하오."

참으로 어이가 없고 가소로운 답변이다. 변명이 되리라 여겨서 한 말이겠지만, 이게 도리어 자신의 무지를 드러내는 것일 뿐임을 그 자신은 전혀 모르고 있다. 어떤 수행을 얼마나 했는지는 몰라도, 이 생에는 깨닫기 어렵다는 답을 스스로 얻을 정도면 얼마든지 깨칠 수 있다. 그렇지 않겠는가? 깨칠지 못 깨칠지를 아는 것이 얼마나 대단한 지혜인데. 공자가 말하지 않았던가, "아는 것을 안다고 하고 모르는 것을 모른다고 하는 것" 그것이 앎이라고.

만약에 이 생에서 깨치지 못한다는 것을 깊이 알았다면, 스스로 승복을 벗어던지고 환속해야 옳다. 그런데 왜 환속하지 않을까? 승려로

머물러 있는 것이 훨씬 이득이 된다는 것을 알고 있기 때문이다. 바로
그런 승려들이 불법을 망친다. 어디 종로나 명동의 조폭이 불법을 망치
지 않는다. 그처럼 마음을 다하여 배우려 하지도 않고 또 자그마한 일
하나에 무슨 이치가 있느냐며 소홀히 하는 자들이 군자라 자처하는 이
들 가운데는 적지 않다. 그런 자들이 많을수록 중용의 길에는 잡초가
우거져서 더욱더 자취를 알기 어렵게 된다. 공자 제자 가운데도 이런
학인이 있었다.

> 염구가 말하였다.
> "스승의 도를 기꺼워하지 않는 건 아니지만, 저로선 힘이 부칩니다."
> 스승께서 말씀하셨다.
> "힘이 부치는 자는 하다가 도중에 그만두게 된다. 이제 너는 미리
> 선을 긋는구나." - 『논어』「옹야(雍也)」
> (冉求曰: "非不說子之道, 力不足也." 子曰: "力不足者, 中道而廢. 今女
> 劃.")

염구는 자가 자유(子有)인데, 제법 재주가 있었던 인물이다. 공자가
"구는 재주가 있으니, 정치를 함에 무슨 어려움이 있겠소?"(「옹야」)라고
말했을 정도다. 그렇게 보면, 염구는 스스로 군자의 길로 가고 있었던
게 분명하다. 문제는 그 스스로 선을 그은 데에 있다. 만약 힘이 부치는
일이라면, 저절로 그만두게 되어 있다. 구태여 해보기도 전에 "나는 이
정도밖에는 할 수 없어!"라고 선을 긋고 단정지을 필요는 없다. 비록 재
주가 있다고 하지만, 지혜는 그에 못 미침을 알 수 있다. 이런 자가 바
로 어리석은 자요 못난 자로서 '미치지 못하는 자'다. 누가 막거나 말려
서 미치지 못하는 게 아니다. 스스로 그렇게 만든 것이다. 이런 자들이
'반중용'을 하는 소인들보다 더 길을 가는 데서 장애가 된다. 길이 밝게
드러나지 못하게 하기 때문이고, 또 소인들로 하여금 이치의 길로 가지

않은 데 대한 합리화의 명분을 제공해주기 때문이다.

"마시거나 먹지 않는 사람은 없건만, 참맛을 아는 자가 드물구나!"는 누구나 길 위를 다니면서도 그 길에 대해 제대로 알고서 가는 이가 드물다는 점을 비유로써 탄식한 것이다. 특히 군자의 길을 간다고 하는 자들이 지나치거나 미치지 못하는 데 대해 탄식한 것이라고 할 수 있다. 아마도 수많은 제자들을 받아들이고 가르치면서 지자, 우자, 현자, 불초자 들을 두루 경험한 탓에 이런 탄식을 하게 된 것이리라.

3.2

子曰:"道, 其不行矣夫!"

공자께서 말씀하셨다.
"길, 그리로 가지 않는구나!"

蛇足 이 발언은 가까이로는 제자들이 중용의 길로 가지 않는 데 대한 탄식으로, 멀리로는 천하에 도가 펼쳐지지 않는 현실에 대한 탄식으로 볼 수 있다.

시대의 혼란은 곧 기존의 가치관이나 이념이 한계에 봉착했음을 의미한다. 따라서 새로운 질서를 위한 대안들이 제시되기 마련인데, 공자는 예악을 내세우면서 '중용의 길'에 대해 역설하였다. 그리고 자신의 사상을 더욱 널리 펼쳐줄 제자들을 신분에 관계없이 받아들여 가르치고 이끌었다. 꼭 자신이 아니더라도 제자들을 통해서나마 천하에 도를 펼칠 수 있다는 믿음이 있었기 때문이리라. 그러나 어찌 생각했으랴! 그가 바로잡으려 그토록 애썼던 시대의 혼란이 수 세기에 걸친 오랜 전란의 서막에 지나지 않았음을, 오래지 않아 한 치 앞도 내다볼 수 없는 혼돈이 도래하리라는 것을. 그뿐만이 아니다. 자신이 세운 유가의 사상이 제자들과 그 제자들의 제자들에 의해서 형해화(形骸化)되어 쇠락의 길을 걷고, 오히려 유가를 짓누를 수많은 학파와 사상가들이 등장하여 위세를 떨칠 것을 또 어찌 상상이나 했으랴!

그러나 그의 지극함, 그의 한결같음이 맹자와 순자를 역사의 전면으로 불러내지 않았는가. 바로 이것이 당장에는 보이지 않고 들리지 않는 그 길이 이윽고 거대한 역사적 전환을 일구어내는 힘으로 나타난다는 것을 입증한 것이 아니겠는가. 석가모니 세존이 입멸 직전에 제자 아난에게 해준 말은 그래서 더욱 울림이 크다.

> 아난이여! 내가 입멸한 뒤, 너희들은 다음과 같이 생각할지도 모른다. '이제는 선사(先師)의 말씀만 남아 있지, 우리의 큰스승은 이미 이 세상에 계시지 않는다'라고. 그러나 아난이여! 너희들은 그렇게 생각해서는 안 된다. 내가 입멸한 뒤에는 내가 지금까지 너희들에게 설해왔던 법(法)과 율(律), 이것이 너희들의 스승이 될 것이니라.
> ─『대반열반경』

그렇다! 공자도 가르침을 남김으로써 자신의 사상이 후대에 이어지도록 했다. 아니, 맹자와 순자를 통해 한층 더 새로워지고 확장되었다. 『맹자』를 읽어보라, 맹자가 천하를 어떻게 주유했는지를! 『순자』를 음미해보라, 순자가 어떻게 당대의 학문들을 통섭하면서 유가의 학문을 집대성했는지를! 예나 이제나 도가 행해지지 않는다고, 남들은 그 길로 가지 않는다고 탄식하기만 하는 자들이 많다. 탄식해도 좋다. 그러나 탄식에서 그쳐서는 안 된다. 공자처럼 스스로 그 길을 묵묵히 가야 한다. 그러면 언젠가는 자신을 알아주는 벗을 만나게 되리라! 살아서 이 몸으로 만나지 못하면, 죽어서라도 넋을 통해 만나게 되리라! 새삼 공자가 제자들에게 들려준 말이 내 심금을 울린다. 안타까움이나 슬픔만이 아니라 자기가 선택한 길에 대한 확신도 아울러 실려 있다.

> 덕이 있는 사람은 외롭지 않으니, 반드시 함께하는 이가 있다! - 『논어』「리인」
>
> (德不孤, 必有鄰!)

4장

순 임금의 지혜

子曰: "舜其大知也與! 舜好問而好察邇言, 隱惡而揚善, 執其
兩端, 用其中於民, 其斯以爲舜乎!"

공자께서 말씀하셨다.
"순은 참으로 크낙한 지혜를 지녔도다! 순은 묻기를 좋아하
고 하찮은 말도 꼼꼼하게 살폈으며, 남의 나쁜 점은 숨기고
좋은 점은 드러냈으며, 사물의 양 끝을 잡고서는 알맞은 것을
백성들에게 썼으니, 그는 이것으로써 순이라 불리었도다!"

━━━ 여(與)는 문장 끝에서 감탄을 나타내는 어조사다. 찰(察)은
자세히 살핀다는 뜻으로, 숨겨진 이치를 찾아낸다는 말맛이 있다. 이
(邇)는 가깝다는 뜻으로, 여기서는 사소하고 별 대단하지 않은 것을 이
른다. 은(隱)은 숨기다, 숨겨주다는 뜻이다. 양(揚)은 드러내주다, 칭찬
하다는 뜻이다. 집(執)은 잡다는 뜻으로, 여기서는 알다, 파악하다는 말
맛이 있다. 양단(兩端)은 과(過)와 불급(不及), 즉 지나침과 모자람을 가
리킨다. 사(斯)는 차(此)와 같으며, 이것 또는 이리하여를 뜻한다.

蛇足 어찌하여 공자는 순을 이토록 높였는가? 무엇을 근거로 순을
'크낙한 지혜'를 갖춘 사람으로 보았는가? 공자가 이토록 일컬은 까닭
을 알려면 순의 행적을 들여다볼 필요가 있는데, 순에 대해서는 『사기』
〈오제본기(五帝本紀)〉에 잘 나와 있다.

순의 아버지 고수(瞽叟)는 맹인이었다. 순의 어머니가 죽자 고수는
다시 아내를 맞이하여 아들 상(象)을 낳았다. 상은 오만하였다. 고
수는 후처가 낳은 자식을 편애하여 늘 순을 죽이려 하였기 때문에
순은 이를 피해 다녔다. 어쩌다 작은 잘못이라도 하면 바로 벌을 받

았다. 아버지와 계모 그리고 동생 모두를 잘 따르며 섬겼고, 하루도 게으름을 부리지 않으며 독실하고 부지런하였다. 순은 기주(冀州) 사람이다. 순은 역산(歷山)에서 농사를 지었고, 뇌택(雷澤)에서 물고기를 잡았으며, 황하 언저리인 하빈(河濱)에서 도자기를 구웠다. 수구(壽丘)에서는 각종 생활용품을 만들었고, 틈이 나면 부하(負夏)로 가서 장사를 하였다.

『사기』에서는 순을 황제(黃帝)의 손자인 전욱(顓頊)의 7대 후손이라고 하였는데, 이는 믿을 만하지 못하다. 전욱의 아들인 궁선부터 이미 서인이라고 하였으니, 본래부터 서인이었을 가능성이 높다. 순이 제위에 오르면서 그 조상의 계보가 고대의 제왕에 가탁되었으리라 보는 것이 타당하다. 어쨌든 서인이었기 때문에 순이 무슨 특별한 교육을 받았으리라 보기는 어렵고, 실제로 기록에서도 그 점에 대한 언급은 없다. 그렇다면 순의 지혜는 순전히 일상에서 온갖 일들을 잘 살피고 헤아리면서 터득한 것으로 볼 수 있다.

지식과 달리 지혜는 경험을 통해 얻을 수 있고, 또 그래야만 알차다. 누가 가르쳐준다고 해서 얻을 수 있는 것이 아니다. 오로지 자각(自覺)으로만 지혜로워질 수 있다. 위에서도 순은 농사를 짓고 물고기도 잡고 도자기도 굽고 장사도 하는 등 다양한 일들을 하였다고 하는데, 이런 갖가지 일들을 하면서 자신이 모르는 것에 대해서는 잘 묻고 또 허투루 듣지 않으며 깊이 헤아리고 살피면서 이치를 깨치려 했을 것이다. 그 결과, 크낙한 지혜를 갖추게 되었다고 공자는 판단했던 듯하다.

무엇보다도 순이 지혜로워진 것은 그를 죽이려 했던 아버지와 계모 그리고 동생 상 덕분이 아니었을까 여겨진다. 나중에 보게 되겠지만, 효성스러웠던 순으로서는 부모와 동생을 모진 사람으로 만들 수 없었고, 그래서 그들이 "죽이고 싶어도 죽일 수 없도록" 잘 숨어야 했다.

고수는 여전히 순을 죽이려고 그에게 창고에 올라가 벽을 바르게 하고는 아래에서 불을 질러 창고를 태웠다. 순은 삿갓 두 개를 들고 자신을 보호하며 아래로 뛰어내려 도망쳐서 죽음을 피하였다. 그 뒤 고수는 또 순에게 우물을 파게 하였다. 순은 우물을 파면서 빠져나올 수 있는 통로를 함께 팠다. 순이 우물을 깊게 파자 고수는 상과 함께 흙을 퍼부어 우물을 메워버렸다. 순은 몰래 파놓은 통로를 통하여 빠져나와 도망쳤다. 고수와 상은 순이 죽었다고 생각하여 기뻐하였다. 상이 "원래 이 일을 꾸민 사람은 저 상입니다" 하고는 부모와 함께 재산을 나누려 하였다. "순의 아내인 요의 두 딸과 거문고는 제가 가지고, 소와 양 그리고 창고는 부모님께 드리겠습니다" 하였다. 상은 곧 순의 방으로 가서 거문고를 뜯었다. 순이 집으로 와서 그 모습을 보았다. 상은 깜짝 놀라 당황하며 둘러대었다. "내가 형님을 생각하며 가슴 아파하고 있었소!" 순은 "그렇구나. 이 형을 그렇게 생각하다니!" 하였다. 순은 여전히 고수를 섬기고 동생을 아끼며 사랑하였다.

순은 우물을 파면서 빠져나올 수 있는 통로도 미리 팠다. 이는 그가 일의 전체 상황을 단번에 파악할 수 있는 능력, 즉 통찰력을 이미 지녔음을 의미한다. 그러나 그가 아무리 지혜롭다고 하더라도 어버이와 동생의 마음을 돌리게 하기는 참으로 어려웠다. 그것은 그가 어찌할 수 있는 것이 아니었기 때문이다. 그가 할 수 있는 일이라고는 견뎌내면서 지혜롭게 대처하는 것뿐이었다.

순이 죽었다고 생각하여 순의 방에 가서 거문고를 뜯고 있던 상은 순이 살아서 돌아오자 깜짝 놀라며 둘러댔다. 그런데도 순은 그 말을 믿으며 상에게 "이 형을 그렇게 생각하다니!"라고 말하였다. 이는 "남의 나쁜 점은 숨기고 좋은 점을 드러내는" 순의 행실을 여실하게 보여준 일이다. 그리고 순을 죽이려 애쓴 상이 순의 재산을 독차지하지 않고 부모에게 소와 양 그리고 창고를 드리겠다고 한 것을 보면, 상이 아주 모질고 불효막심한 자가 아님을 엿볼 수 있다. 순은 그런 상의 성품을 잘 알고 있었기 때문에 그의 거짓말을 기쁘게 받아들였던 것이리라.

끝으로, 순이 "사물의 양 끝을 잡고서는 알맞은 것을 백성들에게 쓴 일"에 대해서는 아래의 이야기로 짐작할 수 있다.

> 순이 역산에서 농사를 짓자 역산 사람들이 서로 밭의 경계를 양보하였다. 뇌택에서 물고기를 잡자 뇌택 사람들이 하나같이 자리를 양보하였다. 황하 언저리에서 그릇을 굽자 그곳 그릇은 모두 단단한 것만 생산되었다. 순이 1년을 살자 마을이 형성되었고, 2년을 살자 읍이 생겼으며, 3년을 살자 도읍이 되었다. 그러자 요는 순에게 갈포로 만든 옷을 하사하고 거문고를 내려주었다. 창고를 지어주고 소와 양도 주었다.

비록 순이 아직은 서민의 위치에 있었으나, 그가 갖가지 일을 하면서 한 행동은 그대로 다른 이들의 본보기가 되었다. 그래서 점점 사람들이 그를 따라 했고, 또 그를 흠모하는 이들이 모이면서 마을과 도읍이 형성되었다. 이는 중용(中庸), 곧 일상에서 늘 알맞게 행동을 한 결과였다. 중용을 하는 이에게는 어떤 자리에 있는지가 중요하지 않음을 보여주었다. 또 그의 중용은 그대로 백성들의 삶을 윤택하게 해주는 정치적 효용을 갖는 것이었다. 그래서 당시 제왕이었던 요 임금이 그에게 갖가지 선물을 하사하였던 것이다.

순자는 "성인이란 이는 도의 고동이다"(聖人也者, 道之管也. -『순자』「유효(儒效)」)라고 말했다. 특히 시대의 혼란이 극에 달하여 성인이나 현자의 자취조차 희미해진 때라면, 옛사람 가운데서 본보기를 찾는 수밖에 없다. 그런 본보기가 없다고 해서 길을 찾지 못하거나 가지 못할 이유는 없으나, "배움에 있어 (본보기가 될 만한) 사람을 가까이하는 것보다 편리한 것은 없다"(學莫便乎近其人)고 순자가 말했듯이 스승을 둔다면 참으로 유익하다. 공자는 순을 바로 그러한 본보기로서 거론하였다.

그런데 본보기로서 순의 지혜는 지극히 일상적인 데서 스스로 깨달아 얻은 것들이었다는 점에서 기이하거나 별다른 것이 아니었다. 그저 잘 묻고 잘 살핀 것이 지혜를 얻는 실마리였던 것이다. 거기에는 공자가 자부했던 "배우기를 좋아하는 마음"이 당연히 깔려 있었다. 그런 마음가짐이나 자세가 순에게 제왕에게 필요한 지혜를 갖추게 해주었던 것이다.

정치는 궁극적으로 세상을 태평하게 하고 모든 사람들이 제 몫의 삶을 누리도록 돕는 일이지만, 그 모든 것은 일상에서 이루어질 뿐이며 일상에서 결코 벗어나지 못한다. 그러므로 정치란 단조롭고 무미건조하게 느껴지는 일상의 사소한 일에서도 허투루 하지 않고 매순간 어느 상황에서든 '알맞음'을 찾는 공부를 하는 데서 시작된다. 그 자신이 의도하든 의도하지 않든 간에. 따라서 학인이라면 자신의 하찮은 허물조차 예사로 넘기지 말고 지극한 마음으로 고치려 애써야 한다. 그것은 그대로 자기를 바로잡는 일이면서 동시에 교화의 궁극에 이를 수 있는 발판이 된다.

5장

아는 자는
말하지 않는다

5.1

子曰: "人皆曰予知, 驅而納諸罟擭陷阱之中, 而莫之知辟也. 人皆曰予知, 擇乎中庸, 而不能期月守也."

공자께서 말씀하셨다.

"사람들은 모두 '나는 알아!'라고 말하지만, 자신을 몰아 그물이나 덫, 구덩이 속으로 빠뜨리면서도 도무지 피할 줄을 모른다. 사람들은 모두 '나는 알아!'라고 말하지만, 일상에서 알맞은 것을 가려내고서는 한 달도 채 지키지 못한다."

注釋　개(皆)는 다, 모두를 뜻한다. 여(予)는 아(我)와 같다. 구(驅)는 몰다, 다그치다는 뜻이다. 납(納)은 끌어들이다, 이끌다는 뜻으로, 여기서는 빠뜨리다는 말맛이 있다. 저(諸)는 지어(之於)를 줄인 말이다. 고(罟)는 망(網)과 같으며, 그물을 뜻한다. 획(擭)은 덫이다. 함(陷)은 빠뜨리다, 움푹 파다, 함정 등을 뜻한다. 정(阱)은 짐승을 빠뜨리기 위해 판 구덩이다. 피(辟)는 피(避)와 같다. 기월(期月)은 만 1개월을 뜻한다.

蛇足　사람은 누구나 성자나 현자가 되고 싶어 한다. 앞서 언급한 순 임금처럼 크낙한 지혜를 갖추고 싶어 한다. 그런 열망으로 배우는 이들도 꽤 많다. 그럼에도 왜 그런 지혜를 갖추지 못할까? 왜 여전히 어리석게 살까? 왜 범부라는 허물을 벗지 못할까? 그것은 나 자신을 좀먹는 병증이 내 속에 있음을 미처 모르고 있기 때문이다. 그 병증이 바로 여기서 말하고 있는 "나는 안다!"는 병이다.

　여기서 말한 "나는 안다"는 두 가지를 가리킨다. 하나는 모르면서 안다고 여기는 것인데, 앞의 "나는 안다"가 그것이다. 다른 하나는 불완전하게 알면서도 제대로 또는 완전하게 안다고 여기는 것으로, 뒤의 "나는 안다!"가 그것이다. 이 두 가지는 우리가 흔히 저지르는 착각이다.

착각인데도 착각인 줄을 모르므로 쉽사리 고치지 못하고, 고치지 못하니 성자나 현자는 제쳐두고 군자조차 못 되는 것이다. 이 두 가지 병통은 '앎' 자체에 대한 기본적인 이해가 결여된 데서 말미암은 것이다.

첫 번째 "나는 안다"는 이른바 자아도취로서 앎이다. 시쳇말로 하자면, '자뻑'이다. 왜 모르면서 안다고 여길까? 물론 이런 생각을 하는 자신은 정말로 안다고 여기고 있다. 그래서 병증이라고 하는 것이다. 그 자신을 옭아매고 때로는 그릇된 길로 이끌기도 하며, 끝내는 몰락으로 치닫게 하는 것도 이 병증 탓이다.

왜 이런 병증을 갖게 되었을까? 생각을 하는 것으로도 알게 된다고 여겼기 때문이다. 왜 생각을 하는 것으로도 안다고 여길까? 스스로 힘들여서 또는 오래도록 생각하였기 때문이다. 사실, 지혜로운 사람은 '힘들여' 생각하지도 않고 '오래' 생각하지도 않는다. 힘들여 생각한다는 것은 당장에 제 능력으로는 풀지 못하는 문제를 다루고 있음을 뜻하며, 오래 생각한다는 것은 생각이 생각을 낳으면서 실상과는 동떨어진 채로 헤매고 있음을 뜻한다. 그렇지만 그 자신은 그런 사실을 미처 모른다. 모르기 때문에 애써서 해낸 생각을 옳다고 여기고, 나아가서는 안다고 확신한다. 그러나 그 생각이나 앎은 이미 실상으로부터 8만 4천 리나 멀어진 것이다. 그런 줄을 모르기 때문에 자기 생각만으로, 스스로 안다고 여긴 그것만을 믿고서 일을 꾀한다. 그 결과, 자신이 전혀 생각지 않았고 또 바라지도 않던 상황 속으로, 이른바 그물이나 덫, 구덩이 속으로 자기를 몰아넣게 된다. 자신을 늪에 빠뜨리고 있으면서도 그 자신은 알아채지 못한다. 허우적대면서도 여전히 잘될 것이라고 여긴다. 그래서 공자가 "도무지 피할 줄을 모른다"고 말한 것이다. 이렇게 된 데에는 까닭이 있으니, 생각만 하고 배우지를 않았기 때문이다. 『논어』에도 "생각하기만 하고 배우지 않으면 아슬아슬하다"(思而不學則殆. -「위정」)는 말이 나온다. 순자도 배움이 지혜를 얻는 밑바탕이 된다는 점을 지적한 적이 있다.

내 하루 내내 생각에 잠긴 적이 있었으나, 잠깐이나마 배우는 것보다 못하였다. 내 발돋움하여 멀리 보려고 한 적이 있었으나, 높은 데 올라서 두루 보는 것만 못하였다. - 『순자』「권학」

(吾嘗終日而思矣, 不如須臾之所學也. 吾嘗跂而望矣, 不如登高之博見也.)

두 번째 "나는 안다!"는 착실하게 배우고 또 나름대로 생각을 했을 때 갖게 되는 앎이다. 이른바 '2푼' 정도 부족한 앎이다. 2푼 정도 부족한 게 무슨 대수냐고 말할지 모르겠으나, 지혜의 세계에서는 전혀 모자란 게 없어야 한다. 2푼이든 2할이든 모자란 건 모자란 것이다.

흔히 '근사하다'라는 말을 "멋지다"라는 뜻으로 쓰는데, 본래는 "거의 같다, 그런 대로 괜찮다"는 뜻이다. 그러니까 아주 좋거나 참 좋은 것, 제대로 된 것은 아니지만, 그런 대로 좋아 보이는 것을 근사하다고 하는 것이다. 굳이 따지자면, 2푼이 아닌 2할 정도 모자라도 근사하게 느껴진다는 말이다. 물건의 경우에는 근사한 것으로도 별 문제가 되지 않을 수 있다. 그러나 앎에서는 그렇지 않다. 앎에서는 근사치(近似値)라는 것이 허용되지 않는다. 단 1프로의 부족 탓에 어긋나는 것이 이치의 세계이기 때문이다.

가령, 여기에 한 점을 찍고서 그 점에서 1도의 각도 차이를 두고 두 선을 그어보라. 선을 그으면 그을수록 두 선 사이의 거리는 점점 멀어진다. 처음에는 아무런 차이가 없어 보였지만, 끝내는 태양과 지구의 거리만큼이나 멀어진다. 여기 어떤 사람이 출가를 해서 온갖 수행을 두루 하여 마침내 깨달음에 근접했으나 스스로 마음을 놓고 1프로 모자란 데서 그쳤다면, 그는 부처인가 중생인가? 안타깝게도 그는 부처가 아니다. 수행을 많이 해서 남들보다 더 높이 오르기는 했지만, 그래도 여전히 '중생'이다. 공자가 "일상에서 알맞은 것을 가려내고서는 한 달도 채 지키지 못한다"고 말한 것도 그 점을 지적한 것이다.

한 달은 비록 아주 긴 시간이지만, 그것만으로는 온전한 인자나 성자라 할 수 없다. 터럭 끝만 한 틈도 없어야만 한다. 흙을 퍼다가 산을 쌓으면서 마지막에 한 삼태기의 흙을 모자란 채로 두었다면 산을 이루었다 할 수 없고, 땅을 고르게 다지면서 마지막에 손바닥만큼 패인 곳을 평평하게 다지지 않았다면 땅을 고르게 했다고 할 수 없다. 이렇듯이 마지막까지 지극하게 해야만 비로소 '안다'고 할 수 있다. 그런 경지에 이르려 애쓰는 자는 학인이고, 애쓸 필요가 없는 자는 성인이다. 성인이 아니라면, 여전히 모자란 점이 있다. 지혜에서든 어짊에서든 한 푼이라도 모자라면 성인이 아니다.

지혜란 결코 상대적인 것이 아니다. 그것은 절대적인 것이다. 그 말과 행동이 어떠한 상황에서도 알맞고 이치에서 어긋남이 없어야만 참된 지혜를 갖추었다고 할 수 있다. 남보다 똑똑하다고 해서 지혜롭다고 할 수는 없으며, 또 남과 견주는 자는 결코 지혜에 이를 수가 없다. 지혜란 이치를 잣대로 삼아서 자기를 바로잡으려 해야만 비로소 얻을 수 있는 것이기 때문이다. 공자의 다음 말을 한번 곱씹어보기 바란다.

나는 나면서부터 아는 자가 아니었다. 옛것을 좋아하여 재바르게 구하는 사람일 뿐. - 『논어』「술이(述而)」

(我非生而知之者. 好古, 敏以求之者也.)

5.2

子曰: "回之爲人也, 擇乎中庸, 得一善, 則拳拳服膺而弗失之矣."

공자께서 말씀하셨다.

"안회는 그 사람됨이, 일상에서 알맞은 것을 가려내서 한 가
지라도 좋은 것을 얻으면 온 힘을 다하여 지키며 마음에 두고
서 잃지 않는다."

注釋　회(回)는 공자의 제자인 안연(顏淵)이다. 안연은 공자보다 서
른 살 아래였고, 공자보다 먼저 죽었다. 택(擇)은 가리다는 뜻이다. 권
권(拳拳)은 부지런히 하는 모양, 정성을 다하는 모양으로, 여기서는 지
극하고 철저하다는 말맛이 있다. 복(服)은 따르다, 좇다는 뜻이고, 응
(膺)은 가슴, 마음을 뜻한다. 따라서 복응(服膺)은 마음에 두다, 마음에
간직하다는 뜻이다.

蛇足　범부나 학인들 가운데는 스스로 배움에 열정을 쏟는다고 여
겨서 "나는 안다"고 자부하는 이들이 있다. 앞서처럼 "일상에서 알맞은
것을 가려내고서는 한 달도 채 지키지 못하는" 정도가 아니라, 고작 열
흘에 한 번이나 한 달에 한 번 알맞게 할 뿐이면서도 우쭐대며 꽤 지혜
로운 척하는 이들이 적지 않다. 착각도 그런 착각이 없다! 그래서 그런
착각의 늪에서 허우적대는 자들을 위해서 공자는 안회를 예로 들어 말
하였다.

공자의 숱한 제자들 가운데서 가장 뛰어난 자질을 갖추었으면서도
가장 꾸준히 또 한결같이 실천하려 했던 이가 안회다. 공자는 자신에
대해서는 '배워서 안 자'라고 하였으면서 안회에 대해서는 '생이지지자
(生而知之者)' 곧 '나면서부터 안 자'라고 하였다. 안회가 얼마나 뛰어난
인물인지를 짐작할 수 있다. 그러했기 때문에 안회가 마흔이 채 되기도
전에 죽었을 때, 그토록 슬퍼하였던 것이다. 그렇게 빼어난 자질을 타
고난 안회도 한 가지 좋은 것을 얻으면 온 힘을 다하여 지키려 애썼다.
온 힘을 다하지 않으면 그 좋은 것을 언제든지 잃을 수 있기 때문이다.
오롯이 내 것으로 만들기 전에는 잠시도 소홀할 수 없는 것이 군자의

길이다.

안연에 대해 공자는 또 다음과 같이 말한 적이 있다.

> 아깝구나! 나는 그가 나아가는 것은 보았어도, 멈추는 것은 본 적이
> 없다. ─『논어』「자한(子罕)」
> (惜乎! 吾見其進也, 未見其止也.)

"아깝구나"라는 탄식을 통해서 안회가 죽은 뒤에 했던 말임을 짐작할 수 있다. 이제는 그처럼 지극하게 나아가는 이를, 잠시라도 멈추지 않는 이를 볼 수 없다는 안타까움이 배어 있다. 반면에 좀 안다고 게으름을 피우는 제자에 대해서는 봐주는 법이 없이 따끔하게 지적하였다.

> 재여가 낮잠을 잤다. 스승께서 말씀하셨다.
> "썩은 나무에는 새길 수 없고, 푸석해진 담장은 흙손질할 수 없다. 재여를 무얼 가지고 꾸짖겠느냐?"
> 스승께서 말씀하셨다.
> "처음에 나는 사람에 대해서 그 말을 들으면 그 행동을 믿었다. 이제는 사람에 대해서 그 말을 들으면 그 행동을 살핀다. 재여로 말미암아 이렇게 고쳤다." ─『논어』「공야장」
> (宰予晝寢. 子曰: "朽木不可雕也, 糞土之墻不可杇也. 於予與何誅?" 子曰: "始吾於人也, 聽其言而信其行; 今吾於人也, 聽其言而觀其行. 於予與改是.")

재여는 곧 재아(宰我)다. 그는 공자 십대제자 가운데 드는 제자로서, 언어에서 뛰어났다. 그래서인지 자기 생각을 분명하게 잘 표현했는데, 문제는 그러한 능력을 과신했다는 데 있다. 자신의 말재주를 과신하여 지혜까지 뛰어나다고 여겼던 것이다. 그래서 군자의 길로 간다고

하면서도 위에서처럼 낮잠을 자면서 게으름을 피우는 데로 떨어졌다. 물론 그 자신은 낮잠을 좀 잔 게 무슨 대수냐며 항변할지 모르겠으나, 그게 문제가 된다는 것은 당장에 알 수 없다. 그게 문제가 된다는 것을 알았을 때는 이미 늦었다. 그런 언행이 습관이 되어 있을 터이므로 다시 고치기가 지극히 어려울 뿐만 아니라, 심지어는 자신에게 그런 허물이 있는 줄을 알지도 못한다. 그러나 "숨기려는 것보다 더 잘 드러나는 것이 없고, 희미한 것보다 더 잘 나타나는 것이 없다."

흥미로운 것은 정작 배움에 매진해야 할 제자는 슬렁거리면서 제 허물을 돌아보지 못하고, 이제는 더 배울 게 없어 보이는 그 스승은 제자를 통해 사람들의 말과 행동을 어떻게 받아들여야 하는지에 대한 소박한 이치를 다시금 깨달았다. 이야말로 "배움이란 그만둘 수가 없다"고 한 말을 지극한 마음으로 실천한 것이라 하겠다. 공자가 호학(好學)으로써 자부했던 이유를 분명히 알 수 있다. 불행하게도 공자와 같은 철저한 학인은 드물다. 오히려 재여와 같은 이들이 대다수다. 조금만 공부가 늘어도 아주 대단한 성취를 한 듯이 구는 경우는 예나 이제나 흔히 볼 수 있다. 그래서 수행을 하고 학문을 한다는 이들이 그토록 많아졌음에도 세상이 제자리를 잡지 못하고 있는지도 모르겠다. 이렇게 스스로 과신하는 이들로 말미암아 길은 밝게 드러나기는커녕 더욱더 어스레해지는 것이다.

6장

지극히 어려운 중용

6.1

子曰: "天下國家可均也, 爵祿可辭也, 白刃可蹈也, 中庸不可能也."

공자께서 말씀하셨다.
"천하와 나라와 집안은 고르게 다스릴 수 있다. 높은 벼슬과 녹봉은 사양할 수 있다. 시퍼런 칼날을 밟을 수는 있다. 그러나 일상에서 알맞게 하는 일은 잘 할 수 없다."

注釋　천하(天下)는 천자(天子)가 다스리는 영역이고, 국(國)은 제후(諸侯)가 다스리는 영역이며, 가(家)는 대부(大夫)가 다스리는 영역이다. 균(均)은 고르게 하다는 뜻으로, 조화롭게 하다는 말맛이 있다. 작(爵)은 벼슬이나 지위이고, 록(祿)은 녹봉이다. 백인(白刃)은 시퍼런 칼날, 곧 잘 벼린 칼날이다. 도(蹈)는 밟다, 뛰다, 춤추다는 뜻이다. 능(能)은 제대로 하다, 잘 하다는 뜻이다. 능을 "할 수 있다"로 풀면, 중용은 아예 불가능한 것이 되고 만다. 그러면 공자가 말하고자 한 의도에서 벗어나게 된다.

蛇足　여기서는 중용이 지극히 어렵다는 것을 보여주기 위해서 세 가지 일을 거론하여 견주고 있다. 첫째는 천하와 나라와 집안을 고르게 다스리는 일, 둘째는 높은 벼슬과 녹봉을 사양하는 일, 셋째는 시퍼런 칼날을 밟는 일이다. 이 세 가지에 대해서는 '가(可)'를 썼다. 누구든지 또 언제라도 할 수 있다는 뜻이다. 실제로 높은 벼슬과 녹봉을 사양한 선비는 역사 속에서 숱하게 목격된다. 또 지금도 굿판이 벌어지는 곳에 가 보면, 작두를 타는 무당을 만날 수 있다. 이들 선비나 무당이 한 것보다 더 힘든 일이 천하나 나라, 집안을 고르게 다스리는 것이다.
　'진시황(秦始皇)'은 그 칭호 그대로 중국 역사상 최초의 황제다. 아무도 그 칭호에 대해 이의를 제기하지 않는 것은 그가 참으로 위대한 업적을 남겼기 때문이다. 바로 춘추시대부터 이어져오던 제후들 간의 전쟁을 종식시키고 통일을 이루어 '제국'을 건설한 것이다. 현재의 중국은 바로 진시황의 제국에서 시작되었다. 알렉산더의 제국도, 로마 제국도, 칭기스칸의 제국도 다 사라졌으나, 진시황의 제국만은 더욱 굳건해졌다. 이렇게 진시황의 제국이 2천 년을 넘게 이어올 수 있었던 데에는 승상 이사(李斯)의 힘도 컸다.

이사는 본래 초(楚)나라 상채(上蔡) 사람이었다. 그는 젊을 때, 군에서 지위가 낮은 관리로 있었다. 어느 날, 관청 뒷간에서 쥐들이 더러운 것을 먹다가 사람이나 개가 가까이 가면 자주 놀라서 무서워하는 꼴을 보았다. 또 곳간에 들어갔다가 거기에 있는 쥐들이 곡식을 먹으면서도 사람이나 개를 안중에도 두지 않는 것을 보았다. 이에 이사는 "사람이 어질다거나 못났다고 하는 것은 비유하자면 이런 쥐와 같아서 자신이 처해 있는 환경에 달렸을 뿐이구나!"라고 탄식하였다. 그리고는 순경(荀卿) 곧 순자에게 가서 천하를 다스리는 제왕학을 배웠다. 몇 년 만에 스스로 공부를 다했다고 생각한 이사는 얼른 자신의 능력을 펴보고 싶었다. 초나라 왕은 섬길 만한 인물이 못 되고 또 여섯 나라는 모두 약소하여 공을 세울 만한 나라가 될 수 없다고 판단하여 서쪽 진나라로 들어가기로 하였다. 스승과 작별하면서 그는 이렇게 말하였다.

"저는 때를 얻으면 꾸물대지 말라는 말을 들었습니다. 지금은 만승의 제후들이 바야흐로 서로 세력을 다투고 있는 때여서 유세가들이 정치를 도맡아 하고 있습니다. 또 진나라 왕은 천하를 집어삼키고 제(帝)라고 일컬으며 다스리려 하고 있습니다. 이는 지위나 관직이 없는 선비가 능력을 펼칠 때이며 유세가의 시대가 왔음을 뜻합니다. 비천한 자리에 있으면서 아무런 계획도 세우지 않는 것은 짐승이 고기를 보고도 사람들이 자기를 쳐다본다 하여 억지로 참고 지나가는 것과 같습니다. 그러므로 가장 큰 부끄러움은 낮은 자리에 있는 것이며, 가장 큰 슬픔은 경제적으로 궁핍한 것입니다. 오랜 세월 낮은 자리와 곤궁한 처지에 있으면서 세상의 부귀를 비난하고 명리를 미워하며 스스로 아무것도 하지 않는 것은 선비의 마음이 아닐 듯합니다. 그래서 저는 서쪽 진나라 왕에게 유세하려고 합니다."

과연 이사는 진나라에 가서 승상 여불위(呂不韋)를 찾아가 그의 사인(舍人)이 되어 기회를 노렸다. 마침내 진왕을 설득하여 객경(客卿)이 되었고, 그의 계책은 받아들여졌다. 이윽고 진나라가 천하를 통일하자, 이사는 승상이 되었다. 법률과 제도를 밝히고 율령을 만들었으며, 문자와 도량형을 통일하는 것이 모두 이사의 머리에서 나왔다. 제국의 질서를 구축하는 데 공을 세운 이사는 승승장구하였으니, 아들은 모두 진나라 공주에게 장가들었고, 딸은 모두 진나라의 여러 공자에게 시집갔다.

삼천군(三川郡)의 태수가 된 맏아들 이유(李由)가 휴가를 얻어 함양으로 돌아왔을 때, 이사는 집에서 술자리를 열었다. 온갖 관직에 있는 이들이 모두 나와서 그의 장수를 기원하였는데, 그의 대문 앞과 뜰에는 수레가 수천 대나 되었다. 그런데 이사는 길게 한숨을 쉬며 말하였다.

"아아! 나는 순자가 '사물이 지나치게 강성해지는 것을 경계해야 한다'고 한 말을 들었다. 나는 상채에서 태어난 평민이며 시골 마을의 백성일 뿐인데, 주상께서는 내가 아둔하고 재능이 없는 줄도 모르고 뽑아서 오늘날 이 지위에까지 오르게 하셨다. 지금 다른 사람의 신하 된 자로서 나보다 윗자리에 있는 이가 없고 부귀도 극에 달했다고 할 만하다. 만물은 극에 이르면 쇠하거늘 내 앞날이 어떻게 될지 알 수가 없구나!"

그렇다. 이사는 한낱 평민에서 제국의 승상에까지 오른 인물이다. 그런 그가 왜 탄식했을까? 왜 앞날에 대해 걱정했을까? 그것은 그 자신이 탐욕으로 그 지위에 올랐음을 느끼고 있었기 때문이다. 탐욕스런 자는 그 탐욕으로 말미암아 자신을 몰락의 구렁텅이로 몰아넣는다는 것을 어렴풋하게나마 알고 있었기 때문이다. 실제로 그러했으니, 진시황의 급작스런 죽음을 맞아 환관 조고(趙高)의 꾐에 넘어가 조서를 거짓으로 꾸미는 일에 협조하면서 몰락의 서막은 올랐다. 결국 이사는 조고와의 권력 싸움에서 패하여 참혹한 죽음을 맞게 되었다. 조고가 이사와 그 아들 이유가 모반을 꾀했다고 꾸몄기 때문이다. 이사의 최후에 대해 『사기』〈이사열전〉에서는 이렇게 적고 있다.

> 2세 황제 2년 7월에 이사에게 오형(五刑)을 갖추어 그 죄를 논하고 함양의 시장 바닥에서 허리를 자르도록 하였다. 이사는 옥에서 나와, 함께 잡힌 둘째 아들을 돌아보며 말했다.
> "내 너와 함께 다시 한 번 누런 개를 끌고 상채 동쪽 문으로 나가 토끼 사냥을 하려고 했는데, 이제는 그렇게 할 수 없겠구나!"
> 드디어 아버지와 아들은 소리내어 울고 삼족이 모두 죽음을 당했다.

죽음에 이르러서야 이사는 아들과 함께 누런 개를 끌고 토끼 사냥을 하지 못한 일을, 또 다시는 할 수 없다는 것을 깨닫고는 후회하였다. 후회는 아무리 빨라도 늦은 법이다. 그가 비록 제국의 기반을 다지는 거대한 사업을 이루었다고는 하지만, 그것은 그다지 대단한 일이 아니었다. 오로지 탐욕과 기만으로도 그런 일은 할 수가 있다. 폭주기관차처럼 내달리기만 해도 불가능한 일은 아니다. 그러나 일상의 소박한 즐거움은 그런 탐욕을 버릴 때에만 누릴 수 있다. 이사는 바로 그 소박한 즐거움을 누리지 못했다. 언제든지 누릴 수 있었지만, 결코 누리지 못했다. 결국 승상의 지위에 올라 부귀가 극에 달했을 때, 그가 해야 했던 것은 탄식이 아니라 중용의 길을 살피는 일이었다. 그러지 못했기 때문에 그 자신뿐만 아니라 삼족이 죽음을 당하기에 이른 것이다.

그러면, 왜 이사는 승상이 되었을 때, 스스로 부귀의 극에 달했음을 알았을 때, 그리고 앞날에 대한 일말의 걱정이나 두려움이 있었을 때, 모든 것을 버려두고 소박한 삶으로 돌아가지 못했는가? 스승인 순자에게 당당하게 말했던 그 성공에 대한 열망이 탐욕으로 치닫지 않도록 제어할 수 있는 마음, 참된 군자의 마음이 없었기 때문이다. 그 마음에 대해서 말하고 있는 것이 다음 장이다.

7장

군자의 굳셈

7.1 ————————————————————————————

子路問强.

子曰: "南方之强與, 北方之强與? 抑而强與? 寬柔以敎, 不報
無道, 南方之强也; 君子居之. 衽金革, 死而不厭, 北方之强也;
而强者居之. 故君子和而不流, 强哉矯! 中立而不倚, 强哉矯!
國有道, 不變塞焉, 强哉矯! 國無道, 至死不變, 强哉矯!"

　　자로가 강함에 대해 여쭈었다. 공자가 말하였다.

　　"남방의 강함을 말하느냐, 북방의 강함을 말하느냐? 아니면
네가 생각하는 강함을 말하느냐? 너그러움과 부드러움으로
가르치고 무도한 자에게 보복하지 않는 것, 이것이 남방의 강
함이다. 군자는 여기에 머문다. 병기와 갑옷을 깔고 자면서
죽음이 닥쳐와도 피하지 않는 것, 이것이 북방의 강함이다.
너같이 강한 자는 여기에 머문다. 그러므로 군자는 어울리되
휩쓸리지 않으니, 강하고도 굳세도다! 가운데에 서서 치우치
지 아니하니, 강하고도 굳세도다! 나라에 길이 있어도 막혔을
때에 지켰던 뜻을 바꾸지 아니하니, 강하고도 굳세도다! 나라
에 길이 없을 때에는 죽음에 이르러도 그 뜻을 굽히지 아니하
니, 강하고도 굳세도다!"

注釋　　자로는 공자의 제자로, 이름은 중유(仲由)다. 공자보다 아홉
살 적었다고 한다. 억(抑)은 아니면, 그렇지 않으면을 뜻하며, 화제를
전환할 때 쓰는 말이다. 이강(而强)의 이(而)는 여(汝)와 같으며, 너를
뜻한다. 여기서는 자로를 가리킨다. 관(寬)은 너그러움이고, 유(柔)는
부드러움이다. 임(衽)은 석(席)과 같으며, 요 같은 것을 깔다, 깔고 자
는 뜻이다. 금(金)은 쇠붙이로 만든 무기고, 혁(革)은 가죽으로 만든 갑
옷이다. 염(厭)은 싫어하다는 뜻인데, 여기서는 꺼리거나 피하지 않는

다는 뜻으로 쓰였다. 류(流)는 휩쓸려가는 것이다. 교(矯)는 굳센 모습이다. 의(倚)는 치우치다는 뜻이다. 색(塞)은 벼슬길이 막혀 뜻을 펴지 못할 때를 가리킨다.

蛇足　역시 자로다운 물음을 던졌다. 야인(野人)이었던 자로는 공자를 만나 배움의 길에 들어선 뒤에도 여전히 용맹함을 좋아하여 자신의 기질을 좀체 바꾸지 못하였다. 그래서 공자가 "나의 도가 행해지지 않아서 뗏목을 타고 바다로 나갈라치면, 나를 따를 자는 유겠지?"(道不行, 乘桴浮于海, 從我者, 其由與? ‒『논어』「공야장」)라고 말한 것도 자로가 용맹을 좋아하여 어떤 위험이든 무릅쓸 것을 알았기 때문이다. 자로는 또 공자의 그 말을 듣고 기뻐하였다고 하니, 역시 자로답다고 할 밖에.

자로가 던진 물음에 대해 공자는 "남방의 강함을 말하느냐, 북방의 강함을 말하느냐? 아니면 네가 생각하는 강함을 말하느냐?"라고 되물었다. 세 가지 강함이 있다고 한 것인데, 거기에 자로가 생각하는 강함도 포함시켰다. 이는 "자로야, 네가 생각하는 그런 강함은 참된 강함이 아니다"라는 은근한 타박이 깔려 있다. 물론 북방의 강함이 자로가 생각했던 강함일 가능성은 높지만.

월왕 구천의 북방지강

'와신상담(臥薪嘗膽)'이라는 사자성어가 있다. 섶에 누워 자고 쓸개를 먹는다는 뜻으로, 온갖 어려움과 괴로움을 참고 견딘다는 것을 비유한 말이다. 그 주인공은 저 춘추시대 월나라의 왕 구천(句踐)이다.

구천은 오나라 왕 부차(夫差)가 밤낮으로 군대를 훈련시켜 월나라에 복수하려 한다는 소식을 듣고서 오나라가 군대를 일으키기 전에 선수를 치려고 하였다. 이에 신하인 범리(范蠡)가 간언하며 말렸으나, 듣지 않고 군사를 일으켰다. 그러나 정예 병사들을 동원한 부차의 군대에

패배하여 결국 회계산(會稽山)에서 신하가 되기를 자처하며 항복하기에 이르렀다. 참으로 치욕스러운 일이었지만, 어쩔 수 없었다.

부차가 구천의 항복을 받아들이고 용서하였으므로 구천은 월나라로 돌아갈 수 있었다. 돌아온 구천은 제 몸을 괴롭히며 고심하면서 자리 옆에 쓸개를 매달아놓고, 앉거나 눕거나 간에 늘 쓸개를 쳐다보았고 음식을 먹을 때도 이것을 핥아서 맛보았다. 그러면서 스스로 "너는 회계산의 치욕을 잊지 않았겠지?"라고 말하였다.

이러한 구천의 와신상담은 "병기와 갑옷을 깔고 자면서 죽음이 닥쳐와도 피하지 않는" 북방의 강함에 해당한다. 치욕을 씹으며 복수의 칼을 갈던 구천은 오나라 군대가 지치고 부차가 오만해졌을 때 정예 병사들을 보내 오나라를 쳤다. 월나라는 3년 동안 오나라를 공격하여 마침내 부차를 고소산(姑蘇山)에 가두었다. 부차가 구천에게 강화를 청하자, 구천은 받아들이려 하였다. 그때, 범리가 회계산의 치욕을 잊었느냐면서 오나라를 취해야만 후환이 없을 것이라고 하며 강화를 거절하게 하였다. 범리는 곧바로 북을 쳐서 군대를 진격시켰고, 구천은 부차에게 사람을 보내어 "나는 그대를 용동(甬東)으로 보내니, 그곳에서 1백 호의 통치자가 되시오"라고 하였다. 부차는 사절하며 "나는 이미 늙었으니, 왕을 섬길 수가 없소이다"라고 하고는 자결하였다.

오나라를 평정한 구천은 군대를 이끌고 북상하여 제나라 및 진(晉)나라 제후들과 회맹하고 주 왕실에 공물을 올렸다. 주 왕실에서는 구천에게 제사 지낸 고기를 내리고, 제후들 가운데서 우두머리로 삼았다. 이리하여 월나라가 장강 및 회하(淮河) 동쪽을 주름잡게 되자, 제후들은 구천을 패왕(覇王)이라 일컬었다. 구천의 와신상담은 이로써 결실을 맺었다.

이렇게 구천이 패업을 이루는 데에는 그 자신이 섶에서 누워 자고 쓸개를 씹어 먹으면서 의지를 다진 강함을 지녔던 탓도 있지만, 그의 곁에 계연(計然)과 범리, 그리고 책사(策士)인 대부 문종(文種) 등이 있었기 때문이다. 특히 문종은 회계산의 치욕을 겪은 뒤에 월나라를 다시 일으키는 데에 긴요한 계책들을 내놓았던 인물이다. 그러나 문종은 비극적 최후를 맞았다. 『오월춘추(吳越春秋)』에는 다음의 이야기가 나온다.

구천은 오왕 부차를 자진하게 만든 뒤, 이내 오나라 도성에 입성해 성대한 잔치를 벌였다. 군신들이 크게 기뻐했으나 구천의 얼굴에는 전혀 기뻐하는 빛이 없었다. 이때 범리는 구천이 욕심이 많아 군신들의 죽음을 애석히 여기지 않는다는 것을 곧바로 눈치챘다. 그는 구천의 곁을 떠나야겠다고 생각했다. 그러나 그는 신하로서의 예를 잃을까 걱정했다. 그리고 문종에게도 권했다.

"그대도 곧 떠나야만 하오. 월왕은 틀림없이 그대를 죽일 것이오."
문종이 듣지 않자 다음과 같은 서신을 보냈다.
"천지자연이 그렇듯이 사람도 성쇠의 변화가 있소. 지극히 현귀한 자리에 오르면 반드시 밑으로 떨어지기 마련이오. 진퇴와 존망의 변화하는 이치를 파악하는 것은 지극히 지혜로운 자만이 할 수 있소. 나는 비록 재능은 없으나, 그 이치를 분명히 알고 있소. 높이 나는 새가 흩어져 사라지면 좋은 활은 창고 속에서 묵히게 되고, 영리한 토끼가 사라지면 좋은 사냥개는 삶기게 되는 법이오. 월왕의 관상을 보면 목이 길고 입이 튀어나온 상이고 매의 눈초리에 이리의 걸음을 하고 있소. 이런 상을 한 사람은 환난은 같이할 수는 있어도 즐거움을 함께 누릴 수는 없소. 그대가 그의 곁을 떠나지 않으면 그는 장차 그대를 죽이고 말 것이오. 이는 틀림없는 일이오."
그러나 문종은 끝내 범리의 말을 듣지 않았다.

이윽고 구천 24년(기원전 471)에 범리는 월왕에게 작별을 고하고 떠났다. 그리고 범리의 스승인 계연도 미친 척하며 조정에 나아가지 않았다. 문종도 우울해하면서 조정에 나아가지 않았다. 그런데 누군가가 구천 앞에서 그를 헐뜯었다. 『오월춘추』에는 다음과 같이 적혀 있다.

이듬해인 구천 25년 1월 7일 이른 아침에 구천이 문종을 불렀다.

"내가 듣건대 '적을 알기는 쉬워도 자기편을 알기는 어렵다'고 했소. 그러니 내가 어찌 상국이 어떤 사람인지를 알 수 있겠소."

"슬픈 일입니다. 대왕은 신이 용감하다는 것만 알고 신이 어질다는 것은 모르고 있습니다. 신은 여러 차례에 걸쳐 직언을 하며 대왕의 심기를 거스른 바 있습니다. 신이 이로 인해 죄를 얻게 된 것은 당연한 일일 것입니다. 신은 이미 대왕의 속마음을 읽었습니다."

구천은 아무 대꾸도 하지 않았다. 문종은 상국부(相國府)로 돌아온 뒤 자신의 똥을 받아 상국을 상징하는 세발솥의 손잡이 부분에 칠했다. 그러자 문종의 처가 물었다.

"군은 일국의 상국 자리를 천시하니 왕이 내리는 봉록을 무시하는 것입니까? 일개 평민으로 상국의 자리에까지 올랐는데, 더 이상 무엇을 바라는 것입니까?"

문종이 대답했다.

"나는 월왕을 위해 모든 계책을 바쳤소. 그럼에도 월왕은 '적을 알기는 쉽고 자기편을 알기는 어렵다'고 했소. 불길한 징조요. 내가 장차 다시 궁에 들어가게 되면 다시 살아 나오기 어려울 것이오."

과연 얼마 뒤에 구천이 다시 문종을 불렀다.

"그대는 비밀스런 계책으로 오나라를 무너뜨렸소. 아홉 가지 계책 가운데서 지금까지 겨우 세 가지만 썼는데도 강대한 오나라를 깨뜨릴 수 있었소. 나머지 여섯 가지는 지하에서 나의 선군들을 위해 써주시오."

문종이 밖으로 나오며 탄식했다.

"아, '큰 은혜는 보답받을 수 없고, 큰 공은 보상받을 수 없다'더니,

바로 이런 상황을 두고 한 말이리라. 범리의 말을 듣지 않다가 월왕에게 죽임을 당하게 되었으니, 참으로 후회스럽다.”

구천이 문종에게 촉루검(屬鏤劍)을 내리자, 문종은 그 촉루검 위에 엎어져 자진했다. 구천은 문종을 도성의 서쪽 산에 장사지냈다.

문종이 구천에게 “대왕은 신이 용감하다는 것만 알고 신이 어질다는 것은 모르고 있습니다”라고 한 말에서 구천이 지닌 북방의 강함이 어떠한 성격의 것인지가 잘 드러나 있다. 앞서 범리가 말했듯이, 구천은 환난은 함께할 수 있어도 태평한 시절에 즐거움을 함께 누릴 수 없는 인물이었다. 원수는 반드시 갚지만, 무도한 자를 껴안을 수 없는 인물이었다. 환난을 함께했던 동지조차 죽음으로 몰아넣는데, 어찌 참된 강함을 지녔다 하겠는가. 그것을 알지 못하고 알맞게 처신하지 못한 문종은 저 이사와 똑같이 뒤늦은 후회와 함께 비극적인 죽음을 맞아야 했다.

범리의 지혜와 굳셈

그렇다면, 문종은 어떠한 강함을 지녔다고 해야 할까? 분명히 구천과 같은 북방의 강함을 지닌 건 아니다. 내가 보기에는 “너그러움과 부드러움으로 가르치고 무도한 자에게 보복하지 않는” 강함을 지녔다. 구천에 대한 의리를 저버리지 못하고서 끝까지 너그러움과 부드러움으로 일깨워주려 했던 데서, 또 구천을 탓하지 않고 그 자신의 어리석음을 나무란 데서 그가 지닌 강함이 남방의 것임을 분명히 알 수 있다. 물론 온전하게 군자의 굳셈을 지녔다고 하기에는 좀 부족하다. 그것은 그가 시세의 변화를 읽지 못하고 때에 알맞게 처신하지 못한 데서 오는 부족함이다. 그래서 범리가 그에게 충고해주었던 것이다. 바로 그 점에서 범리는 지혜를 갖춘 자, 때에 맞게 행동한 자로서 군자의 지혜와 굳셈을 지녔다고 할 만하다.

구천이 패왕이 된 뒤 범리가 사직하면서 떠나겠다고 했을 때, 구천은 범리에게 말하였다.

"나는 월나라를 둘로 나누어 그대에게 주려 하오. 그렇지 않으면, 나는 그대를 벌하겠소."

범리가 대답하였다.

"군주는 자신의 명령을 집행하고, 신하는 자신의 바람을 실행할 따름입니다."

범리는 가벼운 보물을 간단히 챙기고 집안 식구들과 함께 배를 타고 떠났다. 그 뒤의 행적에 대해서는 『사기』〈화식열전(貨殖列傳)〉에 간결하게 잘 나와 있다.

범리는 월왕 구천을 도와 회계산의 치욕을 씻고 난 뒤에 이내 한숨을 내쉬며 탄식하였다.

"계연의 일곱 가지 계책 가운데서 월나라는 다섯 가지를 써서 원하는 것을 모두 얻었다. 월나라를 위해 계책을 다 썼으니, 이제는 집안을 위해 써야겠다."

그러고는 이내 작은 배를 타고 강호를 떠다니다가 이름과 성을 바꾸고 제나라로 들어가 '치이자피(鴟夷子皮)'라 하였고 다시 도(陶) 땅에 가서는 주공(朱公)이라 하였다. 주공 범리는 도 땅이 천하의 중심에 있어서 사방의 제후국들과 통해 있고 재화가 활발하게 교역되고 있는 것을 알아챘다. 곧 재화를 잘 사고팔아서 재산을 모았으니, 시세를 잘 알고 재화를 유통시켰을 뿐이고 인위적으로 애쓴 것은 아니었다. 그래서 생업을 잘 운영하는 자는 사람을 잘 가리고 때를 잘 탄다. 19년 동안 세 번에 걸쳐서 천금을 모았다. 앞서 두 번은 가난한 벗들과 먼 형제나 친척들에게 나누어주었다. 이야말로 "부유한 자가 덕을 행하기를 좋아한다"는 것이다. 나중에 나이가 들어

노쇠해지자 자손들에게 맡겼다. 자손들 역시 사업을 잘 관리하고 불려서 수만금에 이르렀다. 그래서 모두들 부자를 말할 때면 으레 도주공(陶朱公)을 일컫는다.

월왕 구천을 도울 때도 범리는 병법가로서 군사를 책임졌다. 병법가란 천지의 변화를 잘 읽고 때에 맞게 전술과 전략을 펼치는 자다. 아마도 범리가 구천의 관상을 읽고 떠나야 할 때를 알았던 것도 그러한 능력에서 비롯된 것으로 여겨진다. 이른바 '물러날 때와 나아갈 때를 아는 자'였다. 그러했기 때문에 문종과는 달리 자신의 뜻대로 살 수 있었던 것이다. 그뿐만 아니라, 모은 재산을 홀로 독차지하지 않고 가난한 벗들과 먼 형제나 친척들에게도 나누어준 데서 그의 상도(商道) 즉 경영철학이 '더불어 사는 것'에 있음을 읽을 수 있다.

예나 이제나 사람이 떳떳하게 살려면 시세를 잘 알고 처신해야 한다. 그런데 시세는 스스로 파악해야 하는 것이지, 남들의 말을 듣고서 알 수 있는 게 아니다. 문종의 경우를 보아서도 알 수 있지만, 그 자신이 알아내야 한다. 특히 장사에서는 남을 뒤쫓는 일이 곧 패가망신의 지름길이다. 뒷북을 치는 정도가 아니라, 찢어진 뒷북을 치는 꼴이 되기 때문이다. 선견지명이 있는 장사꾼이 이미 얻을 수 있는 이익을 다 챙기고 떠난 뒤인데, 무엇을 얻을 수 있겠는가.

과연 범리는 군자의 강함과 굳셈을 지녔다고 할 수 있을까? 공자는 "군자는 어울리되 휩쓸리지 않고, 가운데에 서서 치우치지 아니하며, 나라에 길이 있어도 막혔을 때에 지켰던 뜻을 바꾸지 아니하고, 나라에 길이 없을 때에는 죽음에 이르러도 그 뜻을 굽히지 아니한다"고 했는데, 범리는 이 네 가지를 두루 실천했다고 할 만하다. 먼저 구천이 회계산의 치욕을 당했을 때, "나라를 안정시키고 백성을 따르게 하는 일은 문종이 더 뛰어나다"고 하면서 그 자신이 오나라에 가서 인질로 잡혀 있었다. 이는 죽음에 이르러도 뜻을 굽히지 않은 일이다. 또 회계산

95

의 치욕을 씻은 뒤에는 시세에 따라 움직여야 한다는 평소의 소신대로 구천의 협박과 꾐에도 아랑곳하지 않고 훌쩍 떠났다. 이는 나라에 길이 있어도 막혔을 때에 지켰던 뜻을 바꾸지 않은 것이다.

또 둘째 아들이 사람을 죽여 초나라에 갇혔을 때, "사람을 죽였으면 죽어 마땅하다. 그러나 들으니, 재력가의 아들은 처형당하지 않을 수도 있다고 한다"고 하면서 막내를 시켜 황금 1천 일(鎰)를 건네주며 자금으로 활용하게 하였다. 그런데 장남이 그 일을 맡겠다고 자청하였다. 범리는 허락하지 않았고, 장남은 반발하면서 자결하려고 하였다. 범리는 할 수 없이 장남을 보내면서 초나라의 장선생(莊先生)에게 보내는 서신을 건네주었다. 장선생은 가난하게 살고 있었지만 청렴결백해서 초나라의 군왕들과 모든 이들이 존경했던 인물이다. 그런 이가 범리의 부탁을 받아준 것은 곧 범리가 군자와 어울렸음을 의미한다. 그리고 장남이 돈을 아끼다가 동생을 죽음으로 내몰아 그 시신과 함께 돌아왔을 때, 홀로 쓸쓸하게 웃으면서 다음과 같이 말하였다고 한다.

"둘째가 죽은 것은 큰애가 동생을 사랑하지 않아서가 아니라 단지 돈을 지나치게 아낀 나머지 이를 어떻게 써야 할지 몰랐기 때문이다. 큰애는 어려서부터 나와 함께 고생을 했고, 살기 위해 고난을 겪어 함부로 돈을 쓰지 못한다. 그러나 막내는 태어나면서부터 내가 부유한 것만 보아왔기에 쉽게 돈을 쓰고 아까워하지 않았다. 막내를 보내려고 했던 것은 바로 이 때문이다. 이치가 이러하니 굳이 슬퍼할 것이 없다. 나는 밤낮으로 둘째의 시신이 도착하기를 기다렸다."(『사기』 「월왕구천세가」)

범리가 위기에 처한 둘째 아들을 위해 막내를 보내려 했던 것은 치우침이 없이 냉철하게 판단할 수 있었기 때문이다. 또 장남이 일을 그르친 데 대해서도 탓하지 않은 것은 그 모든 상황을 꿰뚫어 볼 수 있었기 때문이다. 이는 바로 "가운데에 서서 치우지지 않는" 지혜와 마음을 지녔음을 의미한다.

『맹자』를 보면, 제자 공손추(公孫丑)가 성인으로 일컬어지던 백이(伯夷)와 이윤(伊尹)에 대해 묻자 이렇게 대답한 것이 나온다. 범리를 어떻게 평가해야 할지 한번 생각해보시라.

섬길 만한 임금이 아니면 섬기지 않고 부릴 만한 백성이 아니면 부리지 않았으며 다스려지면 나아가고 어지러워지면 물러난 이는 백이다. 누구든 섬기면 임금이 아니겠는가, 누구든 부리면 백성이 아니겠는가라고 하면서 다스려져도 나아가고 어지러워져도 나아간 이는 이윤이다. 벼슬할 만하면 벼슬하고, 그만둘 만하면 그만두고, 오래 머물어야 하면 오래 머물고, 빨리 떠나야 하면 빨리 떠난 이는 공자다. 이들은 모두 옛날의 성인이시다. 이 가운데 어떤 것도 나는 아직 잘하지 못한다. 내 바라는 게 있다면 공자를 배우는 것이라네.
— 『맹자』「공손추상(公孫丑上)」

(非其君不事, 非其民不使; 治則進, 亂則退, 伯夷也. 何事非君, 何使非民; 治亦進, 亂亦進, 伊尹也. 可以仕則仕, 可以止則止, 可以久則久, 可以速則速, 孔子也. 皆古聖人也, 吾未能有行焉. 乃所願則學孔子也.)

8장

군자가 하는 일

子曰: "素隱行怪, 後世有述焉, 吾弗爲之矣. 君子遵道而行, 半
塗而廢, 吾弗能已矣. 君子依乎中庸, 遯世不見知而不悔, 唯聖
者能之."

공자께서 말씀하셨다.

"숨겨져 있는 것을 구태여 끄집어내고 괴이한 짓거리를 일삼
아도 후세에 알려지는 일이 있겠으나, 나는 그런 짓을 하지
않는다. 군자가 길을 따라 가다가 도중에 때려치우는 일이 있
어도, 나는 그만둘 수가 없다. 군자는 일상의 알맞음에 기대
므로 세상을 피해 있어 알려지지 않더라도 후회하지 않는데,
성자만이 그렇게 할 수 있다."

注釋 소(素)는 대체로 색(索)으로 보는데, 여기서도 그에 따라 풀이
하였다. 은(隱)은 숨겨져 있는 일이나 이치를 뜻한다. 술(述)은 기록이
나 구전으로 전해지는 일을 뜻한다. 준(遵)은 좇다, 가다는 뜻이다. 도
(塗)는 도(途)와 같으며, 길을 뜻한다. 폐(廢)는 그만두다는 뜻이다. 의
(依)는 기대다, 좇다는 뜻으로, 편안하게 여긴다는 말맛도 있다. 둔(遯)
은 피하다, 달아나다는 뜻이다. 견(見)은 외부의 동작을 받는 것을 나타
낸다.

蛇足 숨겨져 있는 것을 구태여 끄집어내고 괴이한 짓거리를 일삼
는 것은 자연스러움도 없고 상식적이지도 않은 행위를 가리킨다. 그런
데 그런 짓이 사람들의 이목을 끄는 데에는 또 기막힌 효용이 있다. 오
늘날에도 그런 기이한 일을 벌여서 눈길을 끌려는 자들이 적지 않은데,
'기네스북'에 이름을 올리려는 이들은 그 대표적인 사례. 기네스북에
이름을 올리려면 무엇이든 그 분야에서 최고의 기록을 세워야 하는데,

그러려면 얼마나 오래도록 노력하고 공을 들여야 하는가. 그러나 간신히 기록을 세워서 세상에 이름을 알리더라도 그뿐이다. 이내 잊혀진다! 누구도 그런 진기한 기록에 대해 두고두고 이야기하지는 않는다. 게다가 다른 누군가가 그 기록을 깨는 순간, 그의 이름은 그 명부에서 지워지고 망각 속으로 사라진다. 그가 기울인 노력에 견주면, 얼마나 허망한 일인가!

남들이 잘 알지도 못하고 알려고 하지도 않는 일을 끄집어내서 "나는 이런 것까지 안다!"고 하는 자, 괴이한 짓거리를 하면서 "너희도 이렇게 할 수 있느냐!"고 호기를 부리는 자, 그런 자들은 남들이 알아주어야만 비로소 존재감을 느낀다. 언제나 남의 시선을 의식하면서 제 삶을 꾸려가는 자들로서, 한낱 소인에 지나지 않는다. 설령 그 이름이 기록되고 그 행적이 알려진다고 한들, 식견이 있거나 지혜로운 이들은 흥밋거리로도 삼지 않으리라는 것을 꿈에도 생각하지 못할 것이다. 공자가 "나는 그런 짓을 하지 않는다"고 단박에 치지도외했듯이 말이다. 공자가 단칼로 내친 데에는 이유가 있으니, 그에 대해 순자가 자세하게 말한 바 있다.

군자는 행동을 함에 있어서는 지나치게 어려운 일을 귀하게 여기지 않고, 설명을 함에 있어서는 지나치게 살피고 따지는 것을 귀하게 여기지 않으며, 명성에 있어서는 지나치게 알려지는 것을 귀하게 여기지 않는다. 오로지 상황에 맞는 것을 귀하게 여긴다. 그러므로 돌을 짊어지고 황하에 뛰어드는 것은 대단히 어려운 일이지만, 신도적은 할 수 있었다. 그럼에도 군자가 귀하게 여기지 않는 것은 예의에 맞지 않기 때문이다. 산과 못은 평평하고 하늘과 땅은 나란하며 제(齊)나라와 진(秦)나라는 붙어 있고 귀로 들어가고 입으로 나오며 노파에게 수염이 있고 달걀에 털이 나 있다는 주장은 견지하기가 어려운 일이지만, 혜시나 등석은 할 수 있었다. 그럼에도 군자가 귀하게 여기지 않는 것은 예의에 맞지 않기 때문이다. 도척의 이름이 사람들 입에 오르내리고 그 명성이 해나 달과 같아서 요 임금이나 우 임금과 함께 전해져서 그치지 않고 있지만, 군자가 귀하게 여기지 않는 것은 예의에 맞지 않기 때문이다. 그러므로 군자는 행동을 함에 있어서는 지나치게 어려운 일을 귀하게 여기지 않고, 설명을 함에 있어서는 지나치게 살피고 따지는 것을 귀하게 여기지 않으며, 명성에 있어서는 지나치게 알려지는 것을 귀하게 여기지 않는다고 한 것이다. 시에서도 "사물들은 제각각이지만, 오로지 때에 맞을 뿐"이라고 하였으니, 이를 두고 한 말이다. - 『순자』「불구(不苟)」

(君子行不貴苟難, 說不貴苟察, 名不貴苟傳, 唯其當之爲貴. 故懷負石而赴河, 是行之難爲者也, 而申徒狄能之. 然而君子不貴者, 非禮義之中也. 山淵平, 天地比, 齊秦襲, 入乎耳, 出乎口, 鉤有須, 卵有毛, 是說之難持者也, 而惠施鄧析能之. 然而君子不貴者, 非禮義之中也. 盜跖吟口, 名聲若日月, 與舜禹俱傳而不息, 然而君子不貴者, 非禮義之中也. 故曰, 君子行不貴苟難, 說不貴苟察, 名不貴苟傳, 唯其當之爲貴. 詩曰, "物其有矣, 唯其時矣." 此之謂也.)

이렇듯이 군자는 상식에서 벗어난 말이나 행동을 하지 않는다. 그것은 이미 비일상적인 것이기 때문이다. 비일상적인 일은 오히려 하기 쉽다. 한때의 결기나 오기로도 할 수 있기 때문이고, 굳이 버티면 또 가능하기 때문이다. 그러나 군자가 가고자 하는 길, 하고자 하는 일은 한때의 일이 아니다. 이치의 길을 매순간 쉬지 않고 따라가야만 비로소 희미하게나마 드러나는 일이다. 그래서 참된 용기가 없으면 하기 어렵고, 마음을 다잡아서 해나가다가도 한순간에 주저앉기도 한다.

군자는 길에서 멈추지 않는다

순자는 "배움이란 그만둘 수가 없다"고 말하였다. 이는 배움의 길에 들어선 자들 가운데 도중에서 그만두는 자가 적지 않았기에 한 말이다. 세상에 힘든 일 아닌 게 없지만, 그 가운데서도 배움만큼 힘든 일도 드물다. 그것은 배움이란 것이 그저 새로운 지식을 들어서 아는 일이 아니라, 일상에서 자신을 되돌아보며 미처 몰랐던 허물을 알아채서 없애는 일을 쉼없이 해나가야 하는 일이기 때문이다. 그러나 배우기 때문에 사람이고, 자신을 갈고 닦기 때문에 군자인 것이다. 군자라고 하면서 배움을 소홀히 하거나 자신을 갈고 닦는 일을 그만둔다면, 그 순간 군자가 아니다. 그럼에도 도중에 그만두는 까닭은 무엇인가? 힘들고 어려우면서도 언제 끝날지 모르기 때문이다. 성인이 되어서야 더 이상 할 것이 없는데, 언제 성인이 될지 기약할 수 없기 때문이다. 그래서 공자의 제자 염구처럼 스스로 "저로선 힘이 부칩니다"라고 하면서 멈추게 되는 것이다.

그런데 배움을 쉼 없이 해나가며 자신을 바로잡는 일이 어차피 단숨에 되지 않는다는 점을 깊이 이해한다면, 천천히 더디게 가면서 차근차근 해나가는 것이 낫지 않을까? 그래서 순자도 다음과 같이 말했다.

> 그러므로 배움이란 더디게 하는 것이다. 저 목표는 멈추어 서서 나를 기다리고, 나는 거기로 향해 나아간다. 그러면 누군가는 느리고 누군가는 빠르며, 누군가는 앞서 가고 누군가는 뒤따라 가겠지만, 어찌 모두 같은 목표에 이르지 못하겠는가! 그러므로 반걸음씩 가면서 쉬지 않으면 절룩거리는 거북이도 천 리를 가고, 흙을 포개면서 쉬지 않으면 끝내 언덕과 산을 높게 할 수 있으며, 수원을 막고 봇물을 터놓으면 장강이나 황하라도 말라버리게 할 수 있으나, 앞으로 나아갔다가 뒤로 물러나고 왼쪽으로 갔다가 오른쪽으로 가면

여섯 마리 말이 이끌어도 목적지에 이르지 못한다. 저 사람의 재주
와 바탕이 서로 다르다 한들, 어찌 절룩거리는 거북의 발과 여섯 마
리 말의 발이 다른 것처럼 차이가 나겠는가! 그럼에도 절룩거리는
거북은 이르고 여섯 마리 말은 이르지 못한 까닭은 다른 게 아니다.
한쪽은 애써 하고 한쪽은 하지 않았을 뿐이다. 길이 비록 가까워도
가지 않으면 이를 수 없고, 일이 비록 작아도 하지 않으면 끝내지
못한다. 사람이 여러 날을 빈둥거리며 보낸다면, 남들보다 그다지
앞서지 못한다. –『순자』「수신(修身)」

(故學曰遲. 彼止而待我, 我行而就之. 則亦或遲或速, 或先或後, 胡爲乎
其不可以同至也! 故蹞步而不休, 跛鼈千里; 累土而不輟, 丘山崇成; 厭
其源, 開其瀆, 江河可竭; 一進一退, 一左一右, 六驥不致. 彼人之才性之
相縣也, 豈若跛鼈之與六驥足哉! 然而跛鼈致之, 六驥不致, 是無他故焉.
或爲之或不爲爾. 道雖邇, 不行不至; 事雖小, 不爲不成. 其爲人也, 多暇
日者, 其出入不遠矣.)

아무도 군자의 길이 쉽다고 말한 적 없으며, 빨리 이를 수 있다고 말
한 적도 없다. 그럼에도 스스로 쉬우리라 여기거나 빨리 이를 수 있다
고 생각한다면, 그것은 너무도 큰 착각이고 오해다. 그리고 자신의 능
력과 노력을 제대로 헤아리지 않고서 앞서 가는 이와 견준다면, 쉽게
포기하게 된다. 배움이란 자신의 리듬에 맞게 해나가야 한다. 이를 잊
어서는 안 된다. 또 배움의 길을 통해 이르러야 할 목표는 언제나 언제
까지나 나를 기다리고 있다는 사실도 잊지 말아야 한다. 그저 나아가
기만 하면 된다!

알아주지 않은들 어떠리

그런데 나를 알아주는 이가 없다면 어찌할 것인가? 뭐 별것 없다. 알

아주는 이가 있건 없건, 내가 할 일을 할 뿐이다. 그 할 일이란 무엇인가? 바로 '중용'이다. 오로지 일상에서 알맞게 하는 일만이 내 삶의 중심축이 되도록 할 뿐이다. 그렇게 함으로써 어느 한 쪽으로 기울어지지도 않고 또 치우치지도 않게 된다. 그 과정에서는 오로지 나 자신을 돌아볼 뿐이다. 남이 나를 어떻게 바라보든 그게 무슨 상관이랴. 군자라면 말이 없어도 알아볼 것이요, 소인이라면 아무리 설명을 해도 이해하지 못한다. 그런 소박한 진리 정도는 터득하고 있는 이가 군자다.

그런데 '둔세(遁世)'는 왜 하는가? 왜 세상을 피하는가? 도가 행해지지 않기 때문이다. 도가 행해지지 않는 때라고 은둔해야 하는가? 여기서 말하는 둔세는 은자(隱者)들처럼 세상을 등지는 것을 뜻하지 않는다. 자신을 쓰지 않을 것을 알고서 굳이 벼슬길로 나아가려 애쓰지 않음을 의미한다. 소인들이 득시글거리는 세상에 나서려는 자는 곧 소인이다. 소인이기 때문에 소인들의 세상이 자기에게 알맞다고 여기지만, 소인의 적은 바로 소인이다. 소인의 적은 군자가 결코 아니다. 군자는 이끗을 탐하지 않으므로 소인의 것을 뺏으려 들지 않는다. 그러나 소인이 탐내는 것은 다른 소인도 똑같이 탐낸다. 거기서 이전투구(泥田鬪狗)가 벌어진다.

"바라는 것을 보면 싫어할 만한 것은 생각하지도 않고, 이끗이 될 만한 것을 보면 해로운 것을 돌아보지 않는 자"(見其可欲也, 則不慮其可惡也者; 見其可利也, 則不顧其可害也者. - 『순자』「불구(不苟)」)인 소인은 그래서 움직였다 하면 반드시 함정에 빠지고 무얼 했다 하면 반드시 욕을 본다. 그러나 함정에 빠지고 욕을 보아도 멈출 줄을 모르고 여전히 제 깜냥대로 하면 바라는 것을 얻으리라 믿는 자가 또한 소인이다. 탐욕으로 말미암아 눈이 먼 것이다. 이런 소인은 자기를 받아주지 않으면 원망하고, 써주지 않으면 탓하며, 내쫓으면 저주한다.

소인과 달리 군자는 남이 알아주지 않아도 꽁하지 않으며 서운하게 여기는 법이 없다.『논어』첫머리에서 공자가 "남이 알아주지 않아도 성내지 않으니, 이야말로 군자가 아니겠느냐!"(人不知而不慍, 不亦君子乎!) 라고 말했듯이, 군자는 남에게 알려지기 위해서 애쓰는 자가 아니라 자신을 바로 세우는 일에 힘쓰는 자다. 자신을 돌아보며 자신을 바로 세우려 애쓰기 때문에, 남이 나를 알아주지 않는 걸 걱정하지 않는다. 다만 자신이 남을 알아보지 못할까를 걱정한다. 그러므로 남이 알아주지 않고 써주지 않아도 탓하지 않으며, 한결같이 중용의 길을 간다. 중용은 물론 성인이라야 잘 할 수 있다. 군자는 그저 묵묵히 그 길을 나아갈 뿐이다.

9장

누구나 다니지만
알지 못하는 길

君子之道, 費而隱. 夫婦之愚, 可以與知焉; 及其至也, 雖聖人
亦有所不知焉. 夫婦之不肖, 可以能行焉; 及其至也, 雖聖人亦
有所不能焉. 天地之大也, 人猶有所憾. 故君子語大, 天下莫能
載焉; 語小, 天下莫能破焉.
詩云: "鳶飛戾天, 魚躍于淵." 言其上下察也.
君子之道, 造端乎夫婦; 及其至也, 察乎天地.

군자의 길은 뭇사람들이 다니지만 감추어져 있다. 지아비와
지어미의 어리석음으로도 그 길을 알 수 있지만, 그 지극함에
이르러서는 성인이라 할지라도 역시 알지 못하는 게 있다. 지
아비와 지어미의 모자람으로도 그 길로 잘 갈 수 있지만, 그
지극함에 이르러서는 성인이라 할지라도 역시 잘 가지 못하
는 곳이 있다. 하늘과 땅이 참으로 크지만, 사람에게는 여전
히 찐덥지 않은 게 있다. 그러므로 군자가 큰 것을 말하면 천
하의 그 무엇으로도 실을 수 없고, 작은 것을 말하면 천하의
그 무엇으로도 깨뜨릴 수 없다.

시에서는 노래하였다.

"소리개는 솟구쳐 하늘에 이르고
물고기는 못에서 뛰어오르도다."

이는 저 높은 곳에 있는 것과 저 아래에 있는 것이 (군자의 길
을) 환하게 드러내고 있음을 말한 것이다.

군자의 길은 지아비와 지어미에게서 시작되지만, 그 지극함
에 이르러서는 하늘과 땅에서 환하게 드러난다.

注釋　　비(費)는 쓰다는 뜻인데, 여기서는 세상사람들 모두 도를 행
하고 있다거나 군자의 길을 뭇사람들이 가고 있음을 은유하고 있다.

주희는 "쓰임이 넓은 것"(用之廣也)으로 해석하였는데, 그것은 뒤의 '은 (隱)'을 "본체의 미묘함"(體之微也)이라고 해석한 것과 짝이 된다. 즉, 불 교의 체용론을 끌어와서 해석한 것인데, 이는 다소 지나치다고 볼 수 있다. 그저 소박하게 '군자의 길'로 뭇사람들이 두루 다니는 것을 '쓰 다'로 표현했다고 보는 것이 알맞으리라 생각한다. 이는 동시에 도가 어디에나 있다고 하는 것에 상응한다. 은(隱)은 그 실체가 감추어져 있 는 것을 뜻한다. 부부(夫婦)는 장삼이사(張三李四), 평범한 사람들을 가 리킨다. 감(憾)은 서운함이나 찐덥지 않은 느낌을 뜻한다. 시는 『시경』 「대아(大雅)」의 〈한록(旱麓)〉편에 나오는 구절이다. 연(鳶)은 솔개를 뜻 한다. 려(戾)는 이르다, 다다르다는 뜻이다. 약(躍)은 뛰어오르다는 뜻 이다. 찰(察)은 환히 드러나다는 뜻이다. 조(造)는 처음, 시작하다는 뜻 이고, 단(端)은 실마리, 첫머리를 뜻한다.

蛇足 이 『중용』의 첫머리에서 이미 "길이란 잠시도 벗어날 수 없다" 고 했다. 그 말을 여기서는 '비(費)'로 나타냈다. 그 길을 가는 이가 무 수히 많다는 것, 아니 모든 이들이 이미 그 길로 가고 있다는 것을 말하 였다. 바로 여기서 진리의 역설이 존재한다. 온 세상 어디에나 있고 누 구나 가고 있는 길, 그러나 그 길은 사람마다 때마다 곳마다 다 다르기 때문에 존재하지 않는 듯이 보인다. 실제로 그 길을 제대로 아는 이는 드물다. 그래서 '은(隱)'을 써서 "감추어져 있다"고 했다.

누구나 군자의 길로 갈 수 있고 또 실제로도 가고 있다. 다만, 평범 한 사람들은 그 길을 가려는 뜻을 지니지 않기 때문에 모든 일에서 한 결같이 그 길을 구현하지 못하고 있을 뿐이다. 또 지극히 너르면서도 감추어져 있기 때문에 "성인이라 할지라도 역시 알지 못하는 게 있으며 잘 가지 못하는 곳이 있다"고 하였다. 그러면 성인은 어떻게 해서 성인 이 되었고 또 성인으로 일컬어진 것인가? 그것은 그가 어떻게 군자의 길을 걸어왔느냐에 달렸는데, 군자는 스스로 할 수 있는 일과 할 수 없는 일, 해야 할 일과 하지 않아도 되는 일을 잘 가릴 줄 알았던 것이다.

어떤 일이든 제대로 이루어지려면 이치에 맞게 일을 해야 한다. 즉 길에서 벗어나서는 안 된다. 일상에서 이루어지는 하찮은 일조차 이치를 따른다. 농부가 농사를 잘 지으려면 때에 맞게 땅을 일구고 씨를 뿌리며 거름을 주고 잡초를 없애야 한다. 길쌈하는 아낙이 베를 잘 짜려면 실을 뽑는 일에서부터 짜는 일까지 세세한 일들을 알맞추 해야 한다. 자잘한 것 하나라도 이치에 어긋나면 일을 그르치게 된다. 이치에 닿지도 않는 짓을 했다가는 먹거리는 부족해지고 추위에 헐벗게 되기 십상이다. 이렇듯이 평범한 지아비나 지어미라도 자신의 일을 함에 있어 길에서 벗어나서는 안 된다는 사실을 잘 알고 있으며 또 알고 있는 대로 한다. 그래서 "지아비와 지어미의 어리석음으로도 그 길을 알 수 있고 할 수 있다"고 한 것이다.

한편, 아무리 성인이라도 모르는 것이 있고 하지 못하는 일이 있다. 성인은 무슨 일이나 다 알고 잘할 수 있다고 여기는 것은 큰 착각이다. 성인이 어떤 상황에도 망설임이 없고 또 걸림도 없는 것은 무엇이나 다 아는 지혜를 지녔거나 무슨 일이나 다 할 수 있는 능력을 갖추었기 때문이 아니다. 맞닥뜨린 상황마다 무엇을 해야 하고 하지 않아도 되는지, 할 수 있는 것이 무엇이며 할 수 없는 것이 무엇인지를 잘 알고 그에 따라 하기 때문에 막힘이 없는 것뿐인데, 어리석은 사람들이 그를 모르는 게 없고 못하는 게 없다고 여길 따름이다.

번지가 농사일을 배우고 싶다고 하자, 스승께서 말씀하셨다.
"나는 익달한 농부보다 못하다."
남새 가꾸는 일을 배우고 싶다고 하자, 말씀하셨다.
"나는 익달한 남새꾼보다 못하다."
번지가 나가자, 스승께서 말씀하셨다.
"소인이로구나, 번수는! 윗사람이 예의를 좋아하면 백성들은 지극히 삼가지 않을 수 없고, 윗사람이 올바름을 좋아하면 백성들은 마음 깊이 따르지 않을 수 없으며, 윗사람이 미쁨을 좋아하면 백성들은 마음을 지극하게 쓰지 않을 수 없다. 아, 이와 같이 한다면 사방의 백성들이 제 자식들을 포대기로 둘러 업고 모여들 것인데, 어찌 농사일을 하려는가!"—『논어』「자로(子路)」

(樊遲請學稼, 子曰: "吾不如老農." 請學爲圃, 曰: "吾不如老圃." 樊遲出, 子曰: "小人哉, 樊須也! 上好禮, 則民莫敢不敬; 上好義, 則民莫敢不服; 上好信, 則民莫敢不用情. 夫如是, 則四方之民襁負其子而至矣, 焉用稼!")

공자는 이처럼 농사나 남새 가꾸는 일에서는 자신보다 농부나 남새꾼이 더 잘한다는 것을 알고 있었다. 이뿐만이 아니다. 공자가 알지 못하는 것, 하지 못하는 일들은 무수히 많다. 아는 것이나 할 수 있는 것들을 열거하는 일이 더 쉽다. 이는 엄연한 진실이다. 성인도 먹어야 하고 잠을 자야 하며 똥을 누어야 한다. 먹지 않고 자지 않고 똥도 누지 않고 얼마나 견딜 수 있겠는가? 지극히 일상적인 일에서도 하지 못하는 일은 셀 수 없이 많다. 만약 공자가 농부처럼 익달한 솜씨를 지니려면, 그 역시 농사를 짓는 법을 하나하나 배우고 터득해야 한다. 그러나 그것은 공자 자신이 할 일이 아니라고 여겼기 때문에 하지 않았던 것뿐이다. 제자 번지에게도 그 점을 일러준 것이다. 아닌 게 아니라, 세상 사람들이 모두 농사꾼이 될 수는 없지 않은가.

모듬살이가 제대로 이루어지기 위해서는 갖가지 일들을 해야 하므로 그 일을 맡아서 하는 사람들이 있어야 한다. 그래서 농사를 짓는 사람도 있고 땔나무를 하는 사람도 있으며 고기 잡는 어부도 있고 그릇 굽는 장인도 있으며 온갖 물품들을 교역하는 장사꾼도 있는 것이다. 일들이 더욱 다양해지고 규모가 커지거나 인구도 늘어나고 도회가 형성되면, 그 모든 일들을 조율하고 사람들을 이끌어가는 일을 할 사람도 필요하다. 바로 군자다.

공자는 자신의 과업이 군자로서 정치하는 데 있다고 여겼고 제자들도 군자가 될 수 있도록 가르치려 애썼다. 이렇게 군자가 할 일이 버젓이 있고 그런 군자의 일을 하려는 이가 드문데, 하필이면 나에게 배우러 와서는 농사일에 대해 묻느냐는 것이 공자가 번지에게 한 말의 참뜻이다. 맹자도 일에는 대인의 일이 있고 소인의 일이 있다고 하면서 이렇게 말하였다.

> 그러므로 '어떤 이는 마음으로 애쓰고 어떤 이는 힘으로 애쓴다. 마음으로 애쓰는 자는 남을 다스리고, 힘으로 애쓰는 자는 남의 다스림을 받는다'고 하였다. 남의 다스림을 받는 자는 남을 먹이고, 남을 다스리는 자는 남에게서 얻어먹으니, 이것이 천하에 널리 통하는 이치다. ─『맹자』「등문공상(滕文公上)」
> (故曰: '或勞心, 或勞力. 勞心者治人, 勞力者治於人.' 治於人者食人, 治人者食於人, 天下之通義也.)

마음을 쓰는 자가 있고 힘을 쓰는 자가 있다고 한 말은 중세 내내 유효했고 지금의 산업사회에서도 여전히 유효하다. 시대가 달라지고 환경이 변했어도 여전히 통용되는 이치다. 비록 지금은 군자나 대인이라는 말을 쓰지 않지만, 보편적인 원리를 탐구하거나 이치를 터득하려는 이들, 그렇게 탐구하고 터득한 것을 세상에 널리 펴려는 이들 또한 여전히 존재하고 또 중요하고 긴요한 존재로 인정되고 있다. 바로 그렇게 마음을 쓰는 자, 곧 군자는 보편성을 체득하려는 존재이기 때문에 그들이 "큰 것을 말하면 천하에 그 무엇으로도 실을 수 없고, 작은 것을 말하면 천하에 그 무엇으로도 깨뜨릴 수 없는" 것이다.

군자가 말하는 '큰 것'을 옛 선왕들의 도라 하고, 또 '작은 것'을 어리석고 보잘것없는 지아비나 지어미가 알고 행하는 것이라 하기도 한다.

문맥을 고려하면, 그 또한 타당한 설명이다. 그러나 나는 좀 다르게 풀이한다. 군자가 말하는 것은 크든 작든 모두 이치를 담고 있는 것으로, 보편적이면서 구체적인 길이다. 그래서 인간세상으로부터 아득히 벗어나서 운행하고 있는 저 하늘의 해와 달, 별들도 마치 손오공이 부처님 손바닥 위에서 놀듯이 군자의 길 안에서 벗어나지 못하며, 저 거대한 바다 속 깊은 데서 자유로이 노닐고 있는 듯이 보이는 물고기도 군자의 길에서 벗어나지 못한다. 저 하늘 위에서부터 바다 깊은 데까지 군자의 길이 미치지 못하는 곳이 없는데, 그 무엇으로 군자가 말한 큰 것과 작은 것을 실을 수 있으며 또 깨뜨릴 수 있겠는가.

『중용』에서 말하는 길은 자연이면서 문명이라고 이미 말했다. 비록 군자가 문명 속에서 길을 말할지라도, 그 길은 자연의 법칙을 고스란히 담고 있다. 시세의 변화를 읽고서 재화를 유통하는 장사꾼에서부터 거대한 건축물을 쌓아서 인간 문명의 위용을 자랑하려는 건축가들에 이르기까지 누구 한 사람도 자연의 법칙을 거스르지 못한다. 소리개가 솟구쳐 올라서 하늘 저 멀리 날아가는 것처럼, 또 연못 속의 물고기가 뛰어오르는 것처럼.

우리는 소리개가 그냥 날아오른다고 여기고 물고기가 그저 뛰어오른다고 생각할지도 모른다. 물 속의 물고기를 보고서 물고기가 즐거워한다고 말했던 장자처럼, 소리개는 기뻐서 날아오르고 물고기는 즐거워서 뛰어오른다고 말하더라도, 소리개와 물고기는 마냥 놀고 있는 것이 아니다. 그 노닒과 즐거움은 자연의 이법과 함께해야만 얻을 수 있는 것이다. 날아오른 소리개가 그 즐거움에 빠져서 지상으로 내려오지 않는 것을 본 적이 있는가? 물 위로 뛰어올랐던 물고기가 그 자유로움을 만끽하려고 허공에서 멈춘 것을 본 적이 있는가?

얼어붙었던 대지가 풀리고 싹이 돋고 꽃이 피고 또 지는 일에서, 산들바람에도 춤을 추는 나뭇가지들에서, 해가 뜨고 지는 데서, 비가 내리고 맑게 개이는 변화 속에서, 우리는 그저 자연스런 움직임만을 볼

지 모르지만, 그 이면에는 그 모든 것을 움직이는 원리가 있다. 그게 도다. 그 도를 시에서는 소리개의 비상과 물고기의 도약으로 표현하고 있다. 이는 도에 대한 우리의 선입견이나 편견을 여지없이 깨뜨리는 것이다. 군자의 길은 도덕적이고 윤리적인 길이어서 고답적이고 단조로우며 권태로울 것이라는 우리의 고정관념에 일침을 가하고 있는 것이다. 군자가 일상에서 가고자 하고 또 말하는 길은 심각하고 엄중하며 조심스러운 길이 아니다. 하늘과 땅 사이를 꽉 채우는 호연(浩然)한 기운, 역동적이며 활발발한 기운으로 넘치는 길이다.

마지막 구절에서 "군자의 길은 지아비와 지어미에게서 시작된다"고 하였다. 이는 지아비와 지어미의 관계, 곧 부부관계도 저 자연의 법칙을 따르고 있음을 드러낸 말로 여겨진다. 부부는 사회를 이루는 가장 기본적인 단위로서, 이중적이다. 지극히 생물학적이면서 사회적인 관계를 이루기 때문이다. 남녀의 교합이라는 생물학적 행위를 통해서 생명을 탄생시키고, 다시 그 생명을 기르고 가르쳐서 사회적 존재로 만든다. 한마디로 자연과 문명이 절묘하게 복합되어 있는 관계가 부부관계다. 그렇기 때문에 군자의 길이 바로 이 부부관계에서 시작된다고 했는지 모르겠다.

『중용』 첫머리에서 "본바탕을 따르는 것이 길이다"고 했다. 그 길은 '저절로 그러한' 자연이면서 '사람이 해야 할' 인위이기도 한, 이중적 의미를 담고 있다고 풀이했다. 그렇다면, 지금 여기서 말하는 부부관계야말로 그러한 길을 매우 상징적으로 보여준다고 할 수 있다. 그리고 의도한 것인지는 몰라도, "그 지극함에 이르러서는 하늘과 땅에서 환하게 드러난다"고 했을 때 '하늘과 땅'도 지아비와 지어미 곧 부부의 은유로 읽을 수 있다는 점에서 의미심장하다.

10장

내가 곧 길이다

10.1

子曰: "道不遠人. 人之爲道而遠人, 不可以爲道. 詩云: '伐柯伐
柯, 其則不遠.' 執柯以伐柯, 睨而視之, 猶以爲遠. 故君子以人
治人, 改而止.

공자께서 말씀하셨다.

"길은 사람에게서 멀리 있지 않다. 사람이 길을 가면서 길이
사람에게서 멀리 있다고 여긴다면, 길을 간다고 할 수 없다.
시에서 노래하였다.

'도낏자루를 베네, 도낏자루를 베네,
그 본보기는 멀리 있지 않다네.'

도낏자루를 쥐고서 도낏자루 만들 나무를 베면서 흘끗 곁눈
으로 보기만 하고서 오히려 멀리 있다고 여기는구나. 그러므
로 군자는 사람으로써 사람을 다스리고, 그가 고치면 그만둔
다.

注釋　　원(遠)은 멀다는 뜻이다. 시는 『시경』「빈풍(豳風)」의 〈벌가(伐
柯)〉편에 나오는 구절이다. 벌(伐)은 나무를 베다는 뜻이다. 가(柯)는
도낏자루를 뜻한다. 칙(則)은 법칙, 본보기를 뜻한다. 예(睨)는 흘겨보
다, 흘끗 보다는 뜻이다.

蛇足　　유가의 사상은 정치적이고 사회적이다. 그 정치의 윤리나 사
회의 질서는 바로 '나'로부터 시작된다고 말한다. 그래서 나를 바로 세
우는 공부를 가장 중요하게 여긴다. 나를 바로 세우기 위해서는 군자
의 길을 가야 하고, 군자의 길은 바로 나에게서 잠시도 떨어져 있지 않
다. 그 길을 가기로 했다면, 바로 나 자신에게서 실마리를 찾는 것이 마
땅하다. 나를 버려두고 딴 데서 찾으려 애쓰는 것은 무지의 소치다.

공자는 길이 사람에게서 멀리 있지 않다고 했다. 그 길을 자각하고 그 길 위에서 차곡차곡 쌓아가는 것이 '어짊(仁)'이다. 그래서 『논어』에서는 "어짊이 멀리하더냐? 내가 어질고자 한다면, 그예 어짊이 오느니라"("仁遠乎哉? 我欲仁, 斯仁至矣." - 「술이」)라고 말했던 것이다. 『예기』에서 "어짊은 사람이다"(仁者, 人也.)라고 말한 것도 같은 맥락에서 이해하여야 한다. 어짊이 곧 사람이라는 말은, 내가 스스로 사람됨을 자각할 때 어질게 된다는 뜻이다. 그러니 어질게 되려는 자가 딴 데서나 다른 사람에게서 실마리를 찾으려 한다면, 하마 번지수를 잘못 짚은 것이다.

길을 가고자 한다면, 바로 나에게서 그 길을 찾아야 한다. 시에서 "그 본보기는 멀리 있지 않다"고 한 것도 그 점을 일깨워준다. 나무꾼이 제가 가진 도끼로 나무를 베어서는 도낏자루를 만들려 하면서 도낏자루가 어떻게 생겨먹었는지를 몰라서 어쩔 줄 모르고 있다면, 그보다 더 웃기는 꼴이 어디에 있겠는가. 길을 가려는 자가 사람에게서 그 길을 찾지 않는 것은 도낏자루를 쥐고서 도낏자루를 어떻게 만들어야 할지 모르는 자와 같다. 얼마나 절묘한 비유인가!

시를 인용한 까닭은 바로 정치를 말하고자 해서다. 정치란 사람들을 다스리는 일이고, 그 일은 군자의 일이다. 군자는 정치를 어떻게 하는가? 바로 사람으로써 사람을 다스린다. 사람으로써 사람을 다스린다는 말은 무엇인가? 길이 사람에게서 멀리 있지 않다고 했으니, 바로 사람의 길을 제시하여 길에서 벗어난 사람을 이끌어주거나 길을 잃고 헤매는 사람을 바로잡아주는 것이다. 말하자면, 다스림의 비결은 사람의 길에 있다.

그렇다면, 그 사람의 길은 어디에 있는가? 바로 나 자신, 군자에게 있다. 군자가 되기 위해 내가 걸어왔던 길이 바로 사람의 길이다. 달리 말하면, 군자의 길이다. 이 길이 다스림의 잣대가 된다. 잣대이므로 대상을 억지로 바로잡으려 하지 않는다. 바르게 될 길을 제시해줄 뿐이다. 길은 그 사람이 스스로 가야 한다. 남이 가도록 강요한다고 갈 수 있는 게 아니다. 앞서 말했듯이 자각하지 않으면 갈 수 없다. 군자는 다른 사람이 자각할 수 있도록 하나의 잣대가 되거나 본보기가 되어줄 뿐이다. 이를 교화라고 하는데, 유가의 정치는 바로 교화에 바탕을 두고 있다. 그래서 공자는 다음과 같이 말하기도 했다.

> 정령으로써 이끌고 형벌로써 잡도리하려고 하면, 백성들은 벗어나려고만 하고 부끄러워할 줄 몰라. 허나 덕으로써 이끌고 예의로써 잡도리하면, 부끄러워하면서 바루려 하지. - 『논어』 「위정」
> (道之以政, 齊之以刑, 民免而無恥; 道之以德, 齊之以禮, 有恥且格.)

군자를 통해 자신의 허물을 돌아보게 되면, 사람은 부끄러워한다. 나중에 "부끄러움을 아는 것은 용기에 가깝다"고 한 말이 나온다. 따라서 부끄러워한다는 것은 용기를 내어 자신을 바로잡으려 한다는 것을 의미한다. 사람이 허물이 있으면서 바로잡지 않으면, 군자는 교화를 멈추지 않는다. 그렇다고 해서 군자가 억지로 그를 바로잡으려 하지는 않는다. 군자라는 존재 자체가 교화의 작용을 할 뿐이다. 위에서는 "그가 고치면 그만둔다"고 했는데, 허물을 고친 그 사람에게서만 교화를 멈출 뿐이고, 실제로 군자의 교화는 멈추지 않는다. 허물 있는 사람이 있는 한.

10.2

忠恕違道不遠, 施諸己而不願, 亦勿施於人.

참된 마음과 헤아리는 마음은 길에서 멀리 떨어져 있지 않으니, 남이 자기에게 하기를 바라지 않는 것을 나 또한 남에게 하지 말아야 한다.

注釋　위(違)는 거리상으로 떨어지다는 뜻이다. 시(施)는 베풀다는 뜻이지만, 여기서는 남에게 행위를 가하다는 말맛이 있다. 저(諸)는 어(於)와 같다.

蛇足　『논어』에도 비슷한 말이 나온다. 공자는 제자 중궁이 '어짊'에 대해 묻자, 이렇게 대답해주었다.

문을 나서서는 큰 손님을 뵙는 듯이 하고, 백성을 부릴 때는 큰 제사를 지내는 것처럼 하라. 내가 하고 싶지 않은 것을 남에게 시키지 마라. 나랏일에서도 틀어진 사람이 없게 하고, 집안에서도 틀어진 사람이 없게 하라. ─「안연(顏淵)」
(出門如見大賓, 使民如承大祭. 己所不欲, 勿施於人. 在邦無怨, 在家無怨.)

'어짊'이 무엇이냐는 물음에 대해, "내가 하고 싶지 않은 것을 남에게 시키지 마라"고 한 것을 보면, 이는 대단히 어려운 일이고 쉽게 도달할 수 없는 경지라는 것을 짐작할 수 있다. 실제로 「공야장」편을 보면, '평생토록 간직하며 행할 만한 말 한마디'를 해주십사 하는 자공에게 공자는 똑같이 이 말을 해주고 있다.

사람들은 흔히 남들이 어떤 것을 나에게 하지 않았으면 하는 바람을 갖고 있다. 그러나 남들 또한 그런 바람을 갖고 있다는 사실은 쉽게 잊거나 전혀 모르기도 한다. 사람이란 겉모습과 이름이 다르고 사는 방식이나 환경이 제각각이기는 하지만, 기본적인 심리에서는 별로 다를 게 없다. 모두 공통된 '본바탕'을 타고 나지 않았는가. 그런데도 남도 나와 같은 마음이나 바람을 가질 수도 있다는 사실에 대해 거의 모르는 것은 그 자신에게 '참된 마음'이 없기 때문이다.

참된 마음은 남을 향해 갖는 마음이 아니라 스스로 반성하면서 그 내면을 갈고 닦고 다듬어야 가질 수 있는 마음이다. 원석을 쪼고 갈고 닦고 다듬듯이 거칠기 짝이 없는 자기 마음을 들여다보면서 숨겨진 결을 찾아내려고 애써야만 비로소 갖게 되는 마음이다. 그런 마음을 남들에게 향해 쓸 때, 그 마음을 '서(恕)'라고 한다. 그래서 '헤아리는 마음'이라 풀이하였다.

그런데 "남이 자기에게 하기를 바라지 않는 것을 나 또한 남에게 하지 말아야 한다"는 말을 하였는데, 이는 '참된 마음(忠)'에 관한 것이 아니라 '헤아리는 마음'에 관한 것이다. 왜 후자를 중시했을까? 다양한 관계를 맺으며 살아가는 데 있어 가장 긴요한 것이기 때문이다. 게다가 헤아리는 마음은 참된 마음에서 비롯되는 것이지만, 참된 마음을 지녔다고 해서 저절로 헤아리는 마음을 지니게 되는 것은 아니기 때문이다. 참된 마음을 지녔더라도 다양한 관계망 속에서 헤아리는 마음으로 확장해나가야 한다. 갖가지 갈등과 대립 속에서 화해와 조화를 꾀하고 이루려는 경험을 해야만 남을 헤아리는 마음을 확고하게 지닐 수 있다.

10.3

君子之道四, 丘未能一焉: 所求乎子以事父, 未能也; 所求乎臣以事君, 未能也; 所求乎弟以事兄, 未能也; 所求乎朋友先施之, 未能也.

군자의 길은 네 가지인데, 나는 그 가운데 하나도 아직 잘하지 못한다. 내가 자식에게 바라는 그 마음으로 어버이를 섬기는 일, 아직 잘하지 못한다. 신하에게 바라는 그 마음으로 임금을 섬기는 일, 아직 잘하지 못한다. 아우에게 바라는 그 마음으로 형을 섬기는 일, 아직 잘하지 못한다. 벗에게서 바라는 그 마음으로 먼저 베푸는 일, 아직 잘하지 못한다.

注釋　구(丘)는 공자의 이름이다. 능(能)은 잘하다, 제대로 하다는 뜻이다. 소구(所求)는 바라는 것, 바라는 마음을 뜻한다.

蛇足　앞서 10.2에서 "남이 자기에게 하기를 바라지 않는 것을 나 또한 남에게 하지 말아야 한다"고 한 말을 더욱 구체적으로 펼쳐 보였다. 군자의 길로 거론된 것은 어버이를 섬기는 일, 임금을 섬기는 일, 형을 섬기는 일, 벗과 사귀는 일 등이다. 군자가 정치적으로 또 사회적으로 맺게 되는 기본적인 관계들에 해당한다. 이 네 가지 가운데서 공자는 하나도 아직 잘하지 못한다고 했는데, 그만큼 어렵다는 뜻이다. 참된 마음을 지니는 것보다 상대의 마음을 헤아리는 일이 더욱 어려운 경지라는 뜻이기도 하다.

그런데 왜 이 네 가지에 '부부관계'는 포함되지 않은 것일까? 아마도 앞서 이미 9.1에서 "군자의 길은 지아비와 지어미에서 시작된다"고 했기 때문에 다시 거론하지 않은 것으로 생각된다. 게다가 부부는 사회를 구성하는 최소 단위이고, 생물학적이면서 사회적 관계라는 이중성을 띤다고 했다. 바로 이 관계에서 유추할 수 있는 가장 기본적인 관계들이 바로 위에서 말한 네 가지 관계다.

아비와 자식, 형과 아우의 관계는 생물학적 관계다. 반면, 임금과 신하, 벗 사이의 관계는 사회학적 관계다. 부모와 형제는 부부에게서 파생되고, 그 부모와 형제가 다시 정치적으로 군신관계를 맺고 사회적으로 붕우관계를 형성한다. 이렇게 되면, 이 관계망은 매우 중층적이고 복합적임을 알 수 있다. 이는 또 한 사람이 여러 관계 속에서 다양한 역할을 할 수밖에 없음을 의미하는 것이기도 하다. 바로 이 점이 공자로 하여금 어느 하나도 잘하지 못한다고 고백하게 만든 근본적인 이유다.

사람은 자기를 먼저 챙기는 성정(性情)을 지니고 있기 때문에 좀처럼 상대를 먼저 헤아리지 못한다. 헤아리는 마음을 강조하는 까닭도 여기에 있다. 만약 헤아리는 마음을 쉽사리 갖출 수 있다면, 그토록 강조하지는 않을 것이다.

> 이제 사람의 본바탕은 나면서부터 이익을 좋아한다. 이를 따르기 때문에 다투며 빼앗는 일이 생기고 사양하는 일은 없어진다. 나면서부터 시기하고 미워하는 마음이 있다. 이를 따르기 때문에 남을 해치는 일이 생기고 참된 마음과 미쁨은 없어진다. 나면서부터 귀와 눈이 바라는 것이 있어서 아름다운 소리와 색깔을 좋아한다. 이를 따르기 때문에 음란한 일이 생기고 예의와 올바름과 문화와 이치가 없어진다. ―『순자』「성악(性惡)」
>
> (今人之性, 生而有好利焉. 順是, 故爭奪生而辭讓亡焉. 生而有疾惡焉. 順是, 故殘賊生而忠信亡焉. 生而有耳目之欲, 有好聲色焉. 順是, 故淫亂生而禮義文理亡焉.)

순자는 사람의 본바탕이 나면서부터 이익을 좋아한다고 했다. 인간에 대한 이해가 너무 부정적인 게 아니냐고 할지 모르겠지만, 사실 무슨 근거로 이를 부정할 것인가? 성선(性善)을 주장한 맹자조차 "입이 맛있는 음식을 좋아하고 눈이 아름다운 색을 좋아하고 귀가 아름다운 소리를 좋아하고 코가 향기로운 냄새를 좋아하고 온몸이 편안함을 구하는 것은 본성이기는 하나, 얻는 데에 명이 있으므로 군자는 본성이라 하지 않는다"(口之於味也, 目之於色也, 耳之於聲也, 鼻之於臭也, 四肢於安佚也, 性也, 有命焉, 君子不謂性也. ―『맹자』「진심하(盡心下)」)고 말하였다. 사람이 감각적인 데로 쏠리는 것을 "군자는 본성이라 하지 않는다"는 말로 얼버무리고 있는 것 자체가 역설적으로 인간의 부정적 측면을 부각시키고 있다.

이렇게 사람은 나면서부터 이익을 좋아하고 나면서부터 시기하고 미워하는 마음이 있기 때문에 남에게 바라는 마음을 가지는 것을 당연하게 여기고 또 바라면서 요구한다. 반면에 남도 나에게 마찬가지로 그것을 바라고 있다는 사실에 대해서는 전혀 알아채지 못한다. 이것이 인간관계에서 생기는 모든 분란과 다툼의 원인이다.

10.4

庸德之行, 庸言之謹; 有所不足, 不敢不勉; 有餘, 不敢盡. 言顧行, 行顧言, 君子胡不慥慥爾?"

일상에서 덕을 행하고 일상에서 말을 삼가되, 부족한 게 있으면 감히 힘쓰지 않을 수 없고, 말이 지나칠 것 같으면 다 말해서는 안 되니라. 말할 때에는 행동을 돌아보고 행동할 때에는 말을 돌아보나니, 군자가 어찌 독실하지 않겠는가?"

注釋 용(庸)은 평소, 일상을 뜻한다. 근(謹)은 말을 삼가는 것이다. 면(勉)은 힘쓰다는 뜻이다. 여(餘)는 넘치는 것이다. 호(胡)는 어찌, 어찌하여라는 뜻이다. 조조(慥慥)는 말과 행동이 독실하고 착실한 것이다.

蛇足 배움을 무슨 특별한 일인 것으로 여기면, 일상에서 함부로 하게 된다. 일상 자체가 배움이 이루어지는 시간과 공간임을 간과해서는 안 된다. '용덕(庸德)'과 '용언(庸言)'은 평소에 배움을 통해 갖추려 애쓴 마음가짐과 말씨를 가리킨다. 일상에서 차곡차곡 쌓아온 마음이 아니라면, 갑작스레 쓰려고 해도 쓸 수가 없다. 늘 깊이 헤아리고 이치에 맞는 게 무엇인지 생각하지 않았다면, 갑작스레 상대에 따라 상황에 맞는 알찬 말을 할 수가 없다.

삼간다는 것도 갑자기 할 수 있는 게 아니다. 일상에서 몸에 배어 있어야 한다. 일상에서 공부를 제대로 하고 있다면, 늘 삼가는 마음이 있을 것이다. 삼가는 마음을 늘 지니고 있다면, 그것은 공부를 제대로 하고 있다는 증표다. 그래서 삼가는 사람은 자신의 과부족(過不足)을 잘 알고 있어서, 지나치다 싶으면 스스로 억누르고 모자라다 싶으면 더 채우려 애쓴다. 그렇게 해도 자칫 실수를 하는 게 사람인데, 그렇게 하지 않는다면 어찌 작은 허물을 짓는 데서 그치겠는가?

순자는 선비에 통사(通士)·공사(公士)·직사(直士)·각사(慤士) 등이 있고, 이들과 사뭇 다른 자로 소인(小人)이 있다고 말하였다. 이 가운데서 각사는 삼가면서 한결같이 흐트러짐이 없도록 애쓰는 선비로서, 일상에서 자신을 끊임없이 되돌아보는 자다.

> 평소에 말을 하면 반드시 미쁘고, 평소에 행동하면 반드시 삼가며, 유행하는 풍속을 따를까 두려워하고, 감히 제 홀로 옳다고 우기지 않는다. 이러하다면 각사라 할 만하다. 말에는 믿을 만한 구석이 없고, 행동에는 곧다고 할 만한 구석이 없으면서 이끗이 있는 데서는 온 힘을 다하지 않는 일이 없다. 이러하다면 소인이라 할 수 있다.
> ― 『순자』 「불구」
>
> (庸言必信之, 庸行必愼之, 畏法流俗, 而不敢以其所獨甚. 若是則可謂慤士矣. 言無常信, 行無常貞, 唯利所在, 無所不傾. 若是則可謂小人矣.)

각사의 말이 반드시 미쁜 것은 그가 행동할 때 삼가기 때문이다. 행동에서 삼간다는 것은 자기가 말한 대로 하는지를 스스로 돌아본다는 것이고, 말이 미쁘다는 것은 자기가 행동하는 대로 말을 하는지 스스로 살핀다는 뜻이다. 그러니 어찌 독실하지 않을 수 있겠는가? 그렇게 독실한 선비가 바로 순자가 말한 각사다.

비록 예수처럼 "내가 곧 길이요 진리요 생명이니. 나로 말미암지 않고는 누구도 아버지께 이르지 못하리라"(I am the way, the truth, and the life. No one comes to the Father except through Me. - 『신약성서』 「요한복음」 14장 6절)고 당당하게 선언할 수는 없을지라도, 각사라면 그 자신이 곧 길이라고 자부할 수 있다. 길이 멀리 있지 않다는 것을 알고, 스스로 그 길로 나아가기를 게을리하지 않기 때문에.

11장

언제나 그 자리에서

11.1 ————————————————————————————

君子, 素其位而行, 不願乎其外. 素富貴, 行乎富貴; 素貧賤, 行
乎貧賤; 素夷狄, 行乎夷狄; 素患難, 行乎患難. 君子無入而不
自得焉.

군자는 그 자리에 따라서 알맞게 행동하며, 그 밖의 것은 바
라지 않는다. 가멸지거나 귀해지면 가멸짐과 귀함 속에서 길
을 가고, 가난하거나 데데하면 가난과 데데함 속에서 길을 가
며, 오랑캐 속에 있으면 오랑캐 속에서 길을 가고, 걱정이나
재난에 맞닥뜨리면 걱정이나 재난 속에서 길을 간다. 군자는
어떠한 상황에서도 스스로 길을 얻지 못하는 일이 없다.

注釋　소(素)는 ~에 따라, ~에 맞게라는 뜻으로, 주어진 상황에 맞
게 한다는 말맛이 있다.

蛇足　앞서 군자는 "때에 알맞게 한다"고 했다. 군자라고 해서 편안
하거나 안정된 자리에만 있게 되는 건 아니다. 스스로 위태로운 일을
하지는 않으나, 그 자신이 의도한 바와 다르게 상황이 전개되는 일이
비일비재하기 때문이다. 또 군자는 자기를 잡도리하는 데 힘쓰는 사람
이지, 다른 사람이나 외부의 상황을 제 뜻대로 움직이려 하는 사람은
아니다. 자기 밖의 것을 뜻대로 하려는 짓은 어리석고 부질없는 짓임을
누구보다 잘 알고 있다. 맹자가 "해서는 안 될 것을 하지 않고 바라서
는 안 될 것을 바라지 않으니, 그저 이러할 뿐이다"(無爲其所不爲, 無欲
其所不欲, 如此而已矣. ─『맹자』「진심상(盡心上)」)라고 말한 것도 그 때
문이다. 그래서 억지로 하려 하지 않고, 늘 이치에 맞게 하려고 한다.
　흔히 군자라면 힘들거나 괴로운 상황에 처하는 일이 없다고 여긴다.
그러나 그렇지 않다. 군자도 다른 사람들과 마찬가지다. 꿈에서도 만

나고 싶어하지 않는 대상을 만날 때가 있고, 피하고 싶은 상황에 어쩔 수 없이 맞닥뜨릴 때도 당연히 있다. 그럴 때에도 자신이 주인임을 잊지 않을 뿐이다. 대상이나 상황에 휘둘리지 않고, 자기 중심을 똑바로 잡고 있을 수 있는 것뿐이다. 그것은 앞서도 나왔듯이, 세상에는 "성인이라도 알지 못하는 게 있고 하지 못하는 게 있음"을 잘 알고 있기 때문이다.

위의 짤막한 문장은 그 자체로 절묘하게 엮어져 있다. 먼저 군자는 어떻게 행동하는지에 대한 일반적인 원리를 제시하고, 이어서 가장 흔하게 봉착하게 되는 네 가지 상황을 들면서 군자라면 그 상황에서 어떻게 하는지를 말하고 있으며, 끝으로 군자가 그렇게 하는 이유나 근거를 말하면서 매조지고 있다. 흔히 말하는 서론, 본론, 결론의 논리 전개 방식을 취하고 있는 듯하지만, 그러한 형식보다는 내용상으로 짜임새를 갖추고 있다고 말하는 편이 더 적절하다.

먼저 군자는 "그 자리에 따라서 알맞게 행동하며, 그 밖의 것은 바라지 않는다"고 했다. 대개의 사람들은 바라지 않던 상황이 닥치면, 상황파악을 제대로 하기도 전에 먼저 움츠러들면서 무작정 그 상황에서 벗어나려 하거나 피하려고만 애쓴다. 그러나 그렇게 되지 않는다. 만약 그렇게 된다고 한다면, 그다지 심각한 상황은 아니니 무엇이 문제겠는가.

그러면 왜 버둥질을 해도 벗어나지 못하고 피할 수 없는 것일까? 그 자신이 그런 상황을 초래한 주요한 원인이기 때문이다. 불가에서는 '인연(因緣)'을 말하는데, 인(因)은 내적 원인이고 연(緣)은 외적 원인이다. 즉, '나'에게서 말미암은 원인과 '외부'에서 비롯된 원인이 만날 때에만 구체적인 사태가 발생한다는 말이다. 이런 인연법을 설하지 않는 종교나 철학에서도 이러한 이치에 대해 한결같이 말하고 있다. 여기 『중용』에서도 드러내놓고 말하는 것은 아니지만, 군자의 길에서 터득해야 할 이치 가운데 하나가 바로 그것임을 은근히 일깨워주고 있다.

살다 보면 부유할 때도 있고 가난할 때도 있다. 부유한 집안에서 태어나는 이도 있고, 끔찍할 정도로 가난한 집에서 태어나는 사람도 있다. 부유하게 태어난 자는 흥청망청 써도 되고, 가난한 자는 부모를 탓하면서 자포자기해야 하는가? 아니다. 공자가 말했듯이, 부유한 자는 부유한 만큼 예를 알고 예를 행하여야 한다. 그렇지 않으면, 그의 재물을 노리는 자들만 그에게 들러붙을 것이다. 파리떼가 꼬이듯이. 마찬가지로 가난하더라도 좌절할 필요도 없고 해서도 안 된다. 가난을 싫어한다면, 그 가난을 기꺼이 받아들여야 한다. 그럴 때에만 돌파구를 찾을 수 있다. 막연하게 싫어하기만 해서는 마음만 뒤틀리고 움츠러질 뿐이다. 안회처럼 한 그릇 밥과 한 바가지 물로 지저분한 거리에 살면서도 거기에 숨겨진 즐거움을 누리는 일은 힘들지라도, "범의 굴에 들어가도 정신만 차리면 된다"는 속담처럼 상황을 직시하면 바로 거기에 길이 있음을 알게 된다.

어떤 문제든 답이 있다. 답이 없는 문제는 문제가 아니며, 문제로 주어졌다면 거기에는 반드시 답이 있다. 내가 처한 상황이 어떠하든, 그 모든 일은 인간세 속에서 벌어진 것이다. 신(神)이 농간을 부리는 것이 아니라는 말이다. 내가 가난한 집에서 태어난 것도 알고 보면 부모가 만든 일이다. 사업을 하다가 망하거나 주식 투자를 하다가 패가망신한 것도 모두 내 선택이었다. 그 어느 것도 사람의 일 아닌 것이 없고, 내가 맞닥뜨린 문제치고 내가 선택하지 않은 것이 없다. 무지에서 비롯되었건 탐욕으로 말미암아 그렇게 되었건 간에 그 모든 일에는 초월적인 존재자의 개입은 전혀 없다. 내가 어쩌지 못하는 불가항력이 있었다는 것은 한낱 핑계일 뿐이다. 사람이 초래한 일은 사람이 해결할 수 있고, 내가 저지른 일은 내가 바로잡을 수 있다. 또 그렇게 해야 한다. 피한다고 벗어날 수 있는 게 아니다.

군자는 인간세상의 모든 상황들, 당장에 이해할 수 없는 상황들조차 사람들이 스스로 초래한 것임을 알고 있다. 그 자신이 참혹한 시련에 봉착하더라도 원망하거나 탓하기보다는 그것 또한 자신이 초래한 일임을 겸허하게 받아들이면서 그 속에서 길을 찾는다. 군자로서 걸어온 그 길들이 바로 눈앞의 환난이나 시련에서 벗어날 길이기도 함을 잘 알고 있기 때문이다. 그래서 "군자는 어떠한 상황에서도 스스로 길을 얻지 못하는 일이 없다"고 말한 것이다.

11.2

在上位不陵下, 在下位不援上, 正己而不求於人, 則無怨. 上不怨天, 下不尤人. 故君子居易以俟命, 小人行險以徼幸.

> 군자는 윗자리에 있으면 아랫사람을 업신여기지 않고, 아랫자리에 있으면 윗사람에게 매달리지 않으며, 자기를 바르게 하고 남에게서 구하지 않으므로 탓하는 일이 없다. 위로는 하늘에 지청구하지 않고, 아래로는 사람을 탓하지 않는다. 그러므로 군자는 편안한 데에 있으면서 천명을 기다리고, 소인은 간간한 짓을 하면서 요행수를 바란다.

注釋 릉(陵)은 가벼이 여기다, 업신여기다는 뜻이다. 원(援)은 매달리다, 붙들고 늘어지다는 뜻이다. 우(尤)는 탓하다, 나무라다는 뜻이다. 이(易)는 편안하다, 평탄하다는 뜻이다. 사(俟)는 기다리다는 뜻이다. 험(險)은 아슬아슬하다, 간간하다는 뜻이다. 요(徼)는 구하다, 바라다는 뜻이다. 행(幸)은 뜻밖의 운수를 뜻한다.

蛇足 윗자리는 앞서 나온 '부귀(富貴)'를, 아랫자리는 '빈천(貧賤)'을 가리킨다고 할 수 있다. 부귀한 사람이 빈천한 사람을 업신여긴다면, 그것은 "가멸지거나 귀해지면 가멸짐과 귀함 속에서 길을 가는" 일

이 아니다. 빈천한 사람이 부귀한 사람에게 매달린다면, 그것 또한 "가난하거나 데데하면 가난과 데데함 속에서 길을 가는" 일이 아니다.

『논어』「학이」편에 다음의 대화가 나온다.

> 자공이 스승께 여쭈었다.
> "가난하면서도 알랑거리지 않고 가멸하면서도 으스대지 않으면 어떻습니까?"
> 스승께서 말씀하셨다.
> "괜찮구나. 허나 가난하면서도 즐길 줄 알고 가멸하면서도 예를 좋아하는 것만은 못하니라."
> (子貢曰: "貧而無諂, 富而無驕, 何如?" 子曰: "可也. 未若貧而樂, 富而好禮者也.")

가난하면서 알랑거리는 짓이 "아랫자리에 있으면서 윗사람에게 매달리는" 것이고, 가멸하면서 으스대는 짓이 "윗자리에 있으면서 아랫사람을 업신여기는" 것이다. 가난해도 알랑거리지 않는 것도 쉽지 않은 일이고, 가멸하면서 으스대지 않는 것도 좋은 일이지만, 그것으로는 군자답다고 할 수 없다. "가난하면서도 즐길 줄 알고 가멸하면서도 예를 좋아해야" 군자의 길을 간다고 할 수 있다.

순자는 여기서 더 나아가 윗자리에 있으면서 잘못하는 행위와 아랫자리에 있으면서 잘못하는 행위를 구분하여 자세하게 말한 적이 있다.

> 사람에게 세 가지 좋지 못한 행동이 있다. 나이가 어리면서 어른 모시기를 탐탁치 않게 여기고, 신분이 낮으면서 높은 이 섬기기를 탐탁치 않게 여기며, 못났으면서 똑똑한 이 섬기기를 탐탁치 않게 여기는 것이니, 이것이 사람의 세 가지 좋지 못한 행동이다. 사람에게 반드시 궁지로 내모는 행동이 있다. 윗사람이 되어서 아랫사람 아

낄 줄 모르고 아랫사람이 되어서 윗사람 헐뜯기를 좋아하는 것이 궁지로 내모는 첫 번째 행동이다. 마주해서는 따르는 듯이 하다가 돌아서서는 얕보는 것이 궁지로 내모는 두 번째 행동이다. 앎이나 행동이 천박하고 가진 능력은 남보다 훨씬 못한데도 어진 이를 받들 줄 모르고 지혜로운 선비를 높일 줄 모르는 것이 궁지로 내모는 세 번째 행동이다. ―『순자』「비상(非相)」

(人有三不祥. 幼而不肯事長, 賤而不肯事貴, 不肖而不肯事賢, 是人之三不祥也. 人有三必窮, 爲上則不能愛下, 爲下則好非其上, 是人之一必窮也. 鄕則不若, 偝則謾之, 是人之二必窮也. 知行淺薄, 曲直有以相縣矣, 然而仁人不能推, 知士不能明, 是人之三必窮也.)

세 가지 좋지 못한 행동은 아랫자리에 있으면서 윗사람을 알맞게 대하지 못하는 짓이다. 이는 처지를 바꾸어 놓으면 윗자리에 있으면서 아랫사람을 알맞게 대하지 못하는 짓이 된다. 이 정도면 그래도 괜찮다. 이에서 더 막 나가면, 자신을 궁지로 내모는 짓을 한다. 그게 이어지는 세 가지 행동이다.

나이가 많든 적든, 신분이 높든 낮든, 머리가 나쁘든 똑똑하든, 잘못을 저지르는 것은 자신을 바로 세우지 않았기 때문이고 또 바로 세우려 하지 않기 때문이다. 자신을 바로 세우지 않는 사람은 자신을 돌아볼 줄 모른다. 오로지 남을 탓하고 하늘을 원망한다. 그러다 보니, 허물이 고쳐지지 않아서 같은 잘못을 되풀이한다. 악순환이다. 군자는 이와 반대다. 군자도 잘못하는 일이 있고 허물을 저지를 때가 있지만, 바로 그 순간 자기를 돌아보고 자기에게서 잘못의 원인을 찾아서 고치려 한다. 그것이 "자기를 바르게 하고 남에게서 구하지 않는 일"이니, 이렇게 하면 남을 탓하지 않고 하늘에 대고 불평하지도 않는다.

하늘에 지청구하고 남을 탓하는 것은 그게 쓸모없는 짓이고 헛된 짓임을 모르기 때문이다. 자기를 모르니 남을 어찌 알 것이며, 길에서 벗

131

어나 내달리고 있으니 어찌 하늘의 뜻을 알 것인가.

> 자기를 아는 자는 남을 탓하지 않고, 천명을 아는 자는 하늘을 탓하지 않는다. 남을 탓하는 자는 궁지에 몰리고, 하늘을 탓하는 자는 아무 것도 터득하지 못한다. 자기가 잘못하고서 남에게 탓을 돌린다면, 어찌 이치에 어두운 게 아니겠는가! - 『순자』 「영욕(榮辱)」
> (自知者不怨人, 知命者不怨天. 怨人者窮, 怨天者無志. 失之己, 反之人, 豈不迂乎哉!)

여기서도 천명은 스스로 알고 깨달아야 할 대상으로서 천명이다. 자각의 대상으로서 천명이다. 그러니 천명을 아는 자가 어찌 하늘을 탓하겠는가. 어쨌든 자기자신을 알고 천명을 아는 자는 군자다. 공자가 "군자는 자신에게서 찾고, 소인은 남에게서 찾는다"(君子求諸己, 小人求諸人. - 『논어』 「위령공」)고 말했듯이, 남을 탓하고 하늘을 탓하는 자는 소인이다. 그들은 문제의 해결책을 찾으려 하지 않고, 책임을 지지 않으려고 애쓸 뿐이다. 그러니 갈수록 이치에 대해서는 어두워질 수밖에. 이치에 어두우니, 같은 허물을 다시 저지르지 않겠는가?

소인은 이치에는 어둡지만 이끗에는 밝다. 이끗이야말로 자신의 삶을 풍요롭게 해주리라는 확신을 갖고 산다. 사람에게 탐심(貪心)이 있는 것은 당연하지 않은가 하고 여기며 항변한다. 물론, 맞는 말이다. 그러나 그 탐심을 스스로 다스릴 줄 알기 때문에 사람이고 다스려야만 제 삶이 온전해진다는 사실은 잊고 있다.

탐심에 휘둘리게 되면, 자신이 바라는 것을 얻기 위해 무슨 짓이든 서슴지 않고 한다. "소인은 간간한 짓을 하면서 요행수를 바란다"고 한 말이 그런 뜻이다. 왜 간간한 짓을 하는가? 바라는 것이 제 능력을 넘어서는 것이기 때문에 간간한 짓을 하지 않고서는 얻지 못하기 때문이다. 그러나 제 능력을 넘어서는 것이기 때문에 간간한 짓을 하고도 얻지 못하는 일이 다반사다. 간혹 바라는 것을 얻더라도 그것은 요행수일 뿐이다. 다만, 소인은 자신의 노력으로 얻은 것이라 자부하고 뽐내며, "편안한 데에 있으면서 천명을 기다리는" 군자를 오히려 멸시한다. 무능력하고 소극적이며 열정도 패기도 없다고 하면서 말이다. 그렇게 요행으로 얻은 것이 도리어 자신을 헤어나기 어려운 늪 속으로 끌어들이고 있음을 전혀 알아채지 못한 채.

> 어리석은 자는 이와 반대다. 중요한 자리에 앉아 권력을 휘두르면 제멋대로 일을 처리하기 좋아하고 어질고 유능한 자를 강샘하며, 공이 있는 자를 억누르고 죄 있는 자를 밀어 올리며, 마음은 교만으로 가득 차고 묵은 원한은 서둘러 갚으려 하며, 윗자리에 있을 때는 다랍게 굴면서 베풀지 않고 아랫자리에 있을 때는 중요한 자리에 있는 척하면서 권력을 함부로 쓰니, 비록 간간해지지 않으려 한들 어찌 그렇게 되겠는가? 이런 까닭에 소인은 자리가 높으면 반드시 간간해지고, 중요한 일을 맡으면 반드시 망치고, 총애를 입어 멋대로 굴면 반드시 곤욕을 치르는데, 이런 일이 일어나는 것은 가만서서도 기다릴 수 있으며 훅 불어도 자빠질 정도다. 어찌하여 그러한가? 그를 무너뜨리려는 자는 많고, 붙들어주려는 자는 적기 때문이다. - 『순자』「중니(仲尼)」
>
> (愚者反是. 處重擅權, 則好專事而妬賢能, 抑有功而擠有罪, 志驕盈而輕舊怨, 以吝嗇而不行施道乎上, 爲重招權於下以妨害人, 雖欲無危, 得乎哉? 是以位尊則必危, 任重則必廢, 擅寵則必辱, 可立而待也, 可炊而億也, 是何也? 則墮之者衆而持之者寡矣.)

군자가 편안한 데에 있다는 말은 도전적이지도 모험적이지도 않다는 뜻이 아니다. 오히려 군자야말로 끝도 모르고 뚜렷하지도 않은 길을 나아가는 자이니, 참으로 도전적인 정신을 지닌 모험가라 할 만하다. 이치를 따르는 일은 힘들고 고단하기만 할 뿐 아무런 이익이 없으니 재주껏 속이며 살아야 한다고 세상사람들이 말할 때에도, 군자는 "사람의 삶이란 곧은 것이니, 속이며 살아봐야 요행으로 피할 뿐이다" (人之生也直, 罔之生也幸而免. -『논어』「옹야」)라고 한 공자의 말을 깊이 이해하고 믿으며 갈 길을 간다.

군자가 편안한 데에 있으면서 천명을 기다릴 줄 아는 것은 곧 자신이 할 수 있는 일이 있고 할 수 없는 일이 있음을 잘 알기 때문이리라. 스스로 할 수 있는 일과 할 수 없는 일을 잘 알아서 행하는 자를 순자는 '성스러운 군자(誠君子)'라 하였다.

> 사군자가 할 수 있는 것과 할 수 없는 것은 이러하다. 군자는 자신이 귀해지도록 할 수는 있으나 남들에게 자기를 반드시 귀하게 대하도록 할 수는 없으며, 스스로 미쁘게 행동할 수는 있으나 남들에게 자기를 반드시 믿도록 하게 할 수는 없으며, 쓰일 수 있도록 행동할 수는 있으나 남들에게 자기를 반드시 쓰도록 하게 할 수는 없다. 그러므로 군자는 자신을 닦지 않은 것을 부끄러워하지 더럽게 여겨지는 것을 부끄러워하지 않으며, 미쁘지 않은 것을 부끄러워하지 미쁘게 보이지 않는 것을 부끄러워하지 않으며, 잘하지 못하는 것을 부끄러워하지 쓰이지 못하는 것을 부끄러워하지 않는다. 이런 까닭에 명예에 이끌리지 않고 비방을 두려워하지 않으며 도를 따라서 행하고 자기를 가지런히 바로잡으며 바깥 사물에 흔들리지 않으니, 이를 가리켜 성스러운 군자라 한다. -『순자』「비십이자(非十二子)」
>
> (士君子之所能不能爲. 君子能爲可貴, 不能使人必貴己; 能爲可信, 不能使人必信己; 能爲可用, 不能使人必用己. 故君子恥不修, 不恥見汙; 恥不信, 不恥不見信; 恥不能, 不恥不見用. 是以不誘於譽, 不恐於誹, 率道而行, 端然正己, 不爲物傾側, 夫是之謂誠君子.)

이렇듯 군자는 자기 자신을 잘 알기 때문에 제 능력에 맞게 한걸음 씩 내디디려 애쓴다. 바로 지금 할 수 있는 것만을 지극한 마음으로 다 할 뿐이며, 그 속에서 즐거움을 찾아내고 누린다. 이미 즐거움을 누리 고 있으므로 미리 결과를 헤아리지 않는다. 그것이 "천명을 기다린다" 는 말에 담긴 의미다. 설령 애쓴 만큼의 결과가 나오지 않더라도 탓하 는 마음이 없는 것은 사람이 할 수 있는 일은 그 과정에서 지극함을 다 하는 것일 뿐, 결과라는 것은 성인조차 모르는 변수가 작용해서 나오 는 것임을 알기 때문이다. 또 그 결과는 새롭게 펼쳐질 과정의 시작일 뿐이라는 것도 잘 알기 때문이다.

11.3

子曰: "射有似乎君子. 失諸正鵠, 反求諸其身."

　　공자께서 말씀하셨다.
　　"활쏘기는 군자와 비슷한 데가 있구나. 활을 쏘아 과녁을 맞 히지 못하면, 돌이켜 제 몸에서 그 이유를 찾으니."

注釋　　저(諸)는 지어(之於)와 같다. 정곡(正鵠)은 과녁의 한가운데에 있는 점으로, 정은 베로 만든 것이고, 곡은 가죽으로 만든 것이다. 반 (反)은 돌이켜 생각하다는 뜻이다. 구(求)는 원인이나 이유를 찾는다는 뜻이다.

蛇足　　공자는 "군자는 다투는 일이 없어. 굳이 다툰다고 한다면 활 쏘기 정도랄까! 허리 숙여 인사하고 발판을 오르고, 내려와서는 한 잔 들이키지. 그런 다툼이라야 군자다운 거지"(君子, 無所爭. 必也射乎! 揖讓

而升, 下而飮. 其爭也君子. - 『논어』「팔일」)라고 말한 바 있다. 군자가 다투지 않는 까닭은 지식을 탐구하지 않고 지혜를 터득하려 하기 때문이다. 지혜란 토론이나 논쟁을 통해서 터득할 수 있는 게 아니라, 그 스스로 일상에서 늘 깨어 있으면서 실천할 때에만 체득할 수 있는 것이기 때문이다. 그러니 누구와 다툴 일이 있겠는가. 소인을 만나면 소인을 통해 자신을 되돌아볼 뿐이고, 현자나 성자를 만나면 귀 기울여서 들으며 가르침을 받을 뿐이다.

활쏘기에서 "내려와서는 한 잔 들이키는 일"은 곧 과녁을 맞추지 못한 잘못이 자기에게 있음을 인정하고 반성하는 것을 행위로 표현한 것이다. "활을 쏘아 과녁을 맞히지 못하면, 돌이켜 제 몸에서 그 이유를 찾으니"라고 한 것이 벌주(罰酒)로써 표현된 것이다. 이렇듯이 늘 자신을 돌아보는 데서 후학들을 가르치고 사람들을 아우르며 정치를 펴는 능력이 자라고 갖추어진다. 그런 능력을 순자는 '겸술(兼術)'이라 하였다.

> 그러므로 군자는 자신을 헤아릴 때는 먹줄을 치듯이 하고, 남과 사귈 때는 활 도지개를 쓰듯이 한다. 자신을 헤아릴 때 먹줄을 치듯이 하므로 천하의 본보기가 되기에 넉넉하고, 남과 사귈 때 활 도지개를 쓰듯이 하므로 너그럽게 두루 껴안을 수 있으므로, 이로 말미암아 천하의 큰일을 이룰 수 있다. 따라서 군자는 현명하면서도 능력 없는 자를 껴안을 수 있고, 지혜로우면서도 어리석은 자를 껴안을 수 있으며, 너르고 크면서도 얄팍한 자를 껴안을 수 있고, 순수하면서도 잡된 자를 껴안을 수 있으니, 이를 가리켜 '아우르는 능력'이라 한다. - 『순자』「비상(非相)」
>
> (故君子之度己則以繩, 接人則用抴. 度己以繩, 故足以爲天下法則矣; 接人用抴, 故能寬容, 因求以成天下之大事矣. 故君子賢而能容罷, 知而能容愚, 博而能容淺, 粹而能容雜, 夫是之謂兼術.)

군자가 능력 없는 자나 어리석은 자, 얄팍한 자, 잡된 자 등을 껴안을 수 있는 것은 자신을 돌아볼 줄 알기 때문이다. 사람의 내면에는 사람을 이치에서 벗어나도록 끊임없이 유혹하고 자극하는 갖가지 심리가 꿈틀대고 있음을 자신을 돌아보는 과정에서 알아챘기 때문이다. 능력 없는 자, 어리석은 자, 얄팍한 자, 잡된 자 등을 군자는 오히려 껴안아서 바르게 이끌려고 하지만, 그들 자신들은 서로 싫어하며 배척한다. 자신과 똑같기 때문에 싫어하고, 스스로 돌아보지 않기 때문에 서로 배척하는 것이다. 그러면서 군자가 껴안아주거나 가까이해주면, 또 제 꼴은 모르고 거드럭거린다. 몰라도 한참 모르는 자, 소인이로다!

12장

어울림은 집안에서부터

12.1

君子之道, 辟如行遠必自邇, 辟如登高必自卑. 詩曰: "妻子好
合, 如鼓瑟琴. 兄弟旣翕, 和樂且耽. 宜爾室家, 樂爾妻帑."
子曰: "父母其順矣乎!"

> 군자의 길은 비유하자면 멀리 갈 때에 반드시 가까운 데서 시
> 작하는 것과 같고, 높이 오를 때에 반드시 낮은 데서 출발하
> 는 것과 같다. 시에서 노래하였다.
> "아내와 자식들과 잘 지내니
> 거문고를 타는 것과 같도다.
> 형과 아우가 하나가 되니
> 어울림이 흥겹고도 즐겁구나.
> 네 집안을 잘 꾸려가고
> 아내와 자식들을 즐겁게 해주라."
> 공자께서 말씀하셨다.
> "어버이가 덩달아 기뻐하시는도다!"

注釋 비(辟)는 비(譬)와 같으며, 비기다, 비유하다는 뜻이다. 자(自)
는 종(從)과 같으며, ~에서부터를 뜻한다. 이(邇)는 가깝다는 뜻이다.
비(卑)는 낮은 곳을 뜻한다. 시는 『시경』의 「소아(小雅)」 〈상체(常棣)〉편
에 나오는 구절이다. 슬금(瑟琴)은 흔히 '금슬(琴瑟)'이라 하며 소리가
서로 어우러지는 것을 뜻하는데, 부부의 사이가 좋은 것을 비유한다.
흡(翕)은 하나가 되다, 마음이 맞다는 뜻이다. 탐(耽)은 맘껏 즐기다는
뜻이다. 의(宜)는 구순하다, 고르게 하다는 뜻이다. 노(帑)는 노(孥)와
같으며, 자식, 처자를 뜻한다. 순(順)은 따라서 즐기다, 기뻐하다는 뜻
이다.

蛇足 앞서 군자는 자기를 바로잡는 일에 힘쓴다고 했는데, 그것은 군자의 길을 감에 있어 기본이 된다. 그러한 기본이 최초로 발현되는 곳이 집안이다. 아내와 자식들이 잘 지내지 못하고, 형제간의 우애가 좋지 못하다면, 그가 간다고 하는 그 길이 과연 군자의 길이라 할 수 있을까?

예나 이제나 밖에 나가서는 사람들로부터 괜찮은 사람이라느니 예의를 아는 사람이라느니 하는 평판을 얻으면서 정작 가족들에게는 미쁨을 주지 못하는 자들이 적지 않다. 제 친구들에게는 잘 해주면서 아내와 자식들에게는 인색하게 구는 자들도 있다. 저 혼자 좋아하는 일에 빠져서 처자식이 굶거나 헐벗는 것을 대수롭지 않게 여기는 자들도 있다. 그러면서 남자가 사회생활을 하면 그럴 수도 있다느니, 오히려 내조가 부실하다느니, 고생은 사서 한다느니, 이건 내가 이루고 싶은 꿈이라느니 하는 망발을 하기 일쑤다. 그야말로 영락없이 소인이다.

자신을 바로잡는 군자라면 당연히 가족들부터 챙기면서 구순하게 지내도록 애써야 한다. 물론 이는 가족이나 혈연을 중시하는 유가 사상의 특성이기는 하지만, 그것은 인간의 실존적 상황이 가족이나 혈연이라는 관계로부터 자유로울 수 없음을 인식한 데서 자연스럽게 나온 것이다. 실제로 가족이나 혈연은 사람이 태어나면서부터 맺게 되는 최초의 관계이면서, 그 속에서 정치적이거나 사회적이거나 문화적인 갖가지 관계들에 대해 경험하게 되는 공동체적 삶의 최초 지점이기도 하다.

안에서 새는 쪽박, 밖에서도 샌다

우리 속담에 "안에서 새는 쪽박, 밖에서도 샌다"는 게 있다. 물론, 안에서는 새지만 밖에서는 새는지 모를 수도 있다. 물을 담지 않으면 새는지 누가 알겠는가. 남들이 판단할 만한 거리를 주지 않으면, 나름대로 보신(保身)한다는 소리는 들을 수 있다. 그러나 그것으로 그만이다. 책잡힐 일을 하지 않아서 밑천이 드러나지는 않겠지만, 역시 아무것도 하지 않으므로 무능한 자로 낙인찍힌다. 어느 시인의 시구처럼, "불쌍하도다 나여/숨어도 가난한 옷자락 보이도다!"(「불쌍하도다」, 정현종)

『맹자』「이루하(離婁下)」에 다음의 이야기가 나온다.

> 제나라에 아내와 첩을 한 집에 두고 사는 자가 있었는데, 그 남편이 밖에 나가면 반드시 술과 고기를 배불리 먹은 뒤에 돌아오곤 하였다. 그 아내가 "누구와 이렇게 마시고 드셨는지요?" 하고 물었더니, "모두 부유하고 귀한 사람들이라네"라고 대답하였다.
>
> 아내가 첩에게 말하였다.
>
> "남편이 나가면 반드시 술과 고기를 배불리 드신 뒤에 돌아오시기에 '누구와 이렇게 마시고 드셨는지요?' 하고 여쭈었더니 모두 부유하고 귀한 사람들이라고 하였건만, 여태 그런 부귀한 사람이 찾아온 적은 없다네. 그래서 내 오늘은 남편이 가는 곳을 몰래 따라가보려 하네."
>
> 이튿날 아침, 일찍 일어난 아내는 남편이 가는 곳을 따라갔는데, 온 도성 안을 돌아다녀도 함께 서서 이야기를 나누는 자가 없었다. 마침내 동쪽 성 밖의 묘지에 이르렀는데, 제사 지내는 곳으로 가더니 남은 음식을 빌어먹었고, 모자라자 다시 여기저기 돌아보면서 딴 곳으로 갔다. 이것이 그가 배불리 먹는 방법이었다.
>
> 그 아내가 돌아와서 첩에게 알려주며 말하였다.
>
> "남편은 우리가 우러러보며 평생을 기대며 살 사람인데, 이제 그가 하는 꼴이 이렇구나!"
>
> 아내는 첩과 함께 남편을 욕하고는 마당 한가운데서 서로 부둥켜 울었다. 그때 남편은 아무것도 모른 채 흐뭇한 표정을 하고서 들어와서는 아내와 첩에게 잘난 체하였다. 군자의 눈으로 보면, 이 사람

처럼 부귀를 구하고 영달하려 한다면 그 아내와 첩이 부끄러워하면서 서로 울지 않는 일이 거의 없으리라.

(齊人有一妻一妾而處室者, 其良人出, 則必饜酒肉而後反. 其妻問所與飲食者, 則盡富貴也. 其妻告其妾曰: "良人出, 則必饜酒肉而後反, 問其與飲食者, 盡富貴也, 而未嘗有顯者來. 吾將瞯良人之所之也." 蚤起, 施從良人之所之, 徧國中無與立談者. 卒之東郭墦間, 之祭者, 乞其餘, 不足, 又顧而之他. 此其謂饜足之道也.
其妻歸, 告其妾, 曰: "良人者, 所仰望而終身也, 今若此!" 與其妾訕其良人, 而相泣於中庭, 而良人未之知也, 施施從外來, 驕其妻妾.
由君子觀之, 則人之所以求富貴利達者, 其妻妾不羞也, 而不相泣者, 幾希矣.)

왜 아내가 남편의 뒤를 따라 나섰을까? 평소 집안에서 하는 짓을 아는 아내로서는, 남편이 밖에서 부유하고 귀한 자를 만났다는 말이 믿기지 않은 것이다. 아내에게 미쁨을 준 적이 없다는 말이다. 아내에게 미쁨을 준 적이 없는데, 어디서 고상한 선비를 만날 것이며 어떻게 부귀한 자를 사귈 것인가? 아무리 밖에서 하는 일을 모른다고 하여도, 그가 안에 들어와서 하는 짓을 보면 대충 짐작할 수 있다. 다만, 그 자신만 모른다. "흐뭇한 표정을 하고서 들어와서는 아내와 첩에게 잘난 체하는" 위 이야기의 남편처럼 말이다.

煮豆燃豆其 콩을 삶으려 콩깍지 태우고
漉豉以爲汁 메주를 걸러 즙을 만드네.
其在釜下燃 콩깍지는 솥 아래서 타고
豆在釜中泣 콩은 솥 안에서 우는도다.
本是同根生 본래 같은 뿌리에서 났건만
相煎何太急 서로 지지고 볶는 게 어찌 이토록 급한가.

콩과 콩깍지는 같은 뿌리에서 나므로 콩깍지가 타면서 콩을 볶는다
는 말은 형제가 서로 핍박한다는 것을 비유한다. 『세설신어(世說新語)』
「문학(文學)」편에 실려 있는 시다. 조조(曹操)를 이어 위(魏)의 문제(文
帝)가 된 조비(曹丕)가 아우인 동아왕(東阿王) 조식(曹植)을 싫어하여
일곱 걸음만에 시를 지으라고 명하면서 만약 짓지 못하면 극형에 처하
겠다고 하였다. 그 말을 듣고 조식이 지은 시가 이것이다. 흔히 이 시를
'칠보시(七步詩)'라 부르는 이유도 여기에 있다. 정말로 조비가 그런 명
을 내렸고 조식이 또 이 시를 지었는지는 아직도 명확하지는 않다. 다
만, 조비와 조식의 사이가 좋지 않았다는 것은 역사적으로 분명하다.

조식은 열 살 남짓할 때 이미 『시경』과 『논어』를 비롯해서 사부(辭
賦) 10만 자를 암송하였고 문장을 짓는 데에도 뛰어났다고 한다. 그래
서 늘 조조에게 각별한 총애를 받았다. 그런데 조식은 그 성정이 꾸밈
이 없고 위엄을 차리려 하지 않았으며 음주에 절제가 없었다. 한마디로
제 마음대로 행동하였다. 반면, 형인 조비는 속내를 숨긴 채 조조를 받
들고 궁중 사람들과 조조 주위의 신하들을 끌어들여서 모두 자신을 위
해 좋게 말하도록 하였다. 이리하여 조식은 조조의 총애를 잃었고, 조
비는 마침내 계승자가 되었다. 조비가 왕위에 오른 뒤에 조식은 자신의
봉지(封地)로 가서 몸을 사리며 조용히 지내야 했다. 항상 걱정에 젖어
살다가 끝내 병을 얻어 죽으니, 나이 마흔한 살이었다. 타고난 재주에
걸맞은 덕을 지니지 못해서였는지, 아니면 형 조비처럼 음흉한 마음을
가지지 못한 탓이었는지, 그 둘이 어우러져서 그랬는지 알 길은 없다.
그러나 형제가 서로 도탑게 정을 나누지 못하였으니, 후대에 위의 시가
전해지게 된 것이다.

제왕의 사업이란 범부의 일과는 사뭇 달라서, 같은 잣대를 대고 동
일선상에서 평가할 수는 없다. 한 나라나 천하를 좌지우지할 권력을
다투는 입장에 서 있는 형제와 평범한 집안에서 보잘것없는 가업을 이

어갈 형제가 같을 수는 없는 법이다. 그러나 사람의 삶이란 제왕이든 농부든 다를 것이 없다. 처자를 잘 지키고 형제가 하나가 되어 어우러지지 못하면, 부모는 늘 걱정이다. 다행히 조조는 두 형제 사이가 그렇게 나쁜 줄을 몰랐다. 조식은 성품이 미워할 줄 몰랐고, 조비는 속을 감출 줄 알았기 때문이다. 그렇다고 우애 있는 형제의 모습을 본 것도 아니었다. 삼국을 통일하여 천하를 발 아래 두고자 했던 조조이지만, 집안을 잡도리하는 데 있어서는 아무래도 젬병이었다고 할 만하다. 천하 통일에 견주면 그까짓 것이 무슨 대수냐고 여겼을지도 모른다. 그러나 "어버이가 덩달아 기뻐하시도다!" 하는 그런 기쁨이 얼마나 큰지를, 온 집안 사람들이 구순하게 지내도록 하는 일이 천하를 통일하는 일에 못지 않게 기쁘고 즐거우며 고귀한 일일 수 있음을, 그는 몰랐다. 그래서 야심만만한 간웅(奸雄)이었을 뿐, 어질고 지혜로운 왕자(王者)는 못 되었던 것이다.

　그 대단한 조조가 세상을 떠나고 조비가 황제라 칭한 지 불과 30년 만에 사마의(司馬懿)가 실권을 장악하고, 그로부터 14년 뒤에 사마의의 손자인 사마염(司馬炎)이 선양을 받아 낙양에 도읍을 정하고 진(晉)을 세웠다. 이렇게 신하에게 제위를 빼앗기게 된 데에는 집안의 분란과 불화가 중요한 원인으로 작용했으리라고 볼 수도 있지 않을까?

13장

성스러운 귀신의 작용

子曰: "鬼神之爲德, 其盛矣乎! 視之而弗見, 聽之而弗聞, 體物而不可遺! 使天下之人, 齊明盛服, 以承祭祀. 洋洋乎, 如在其上, 如在其左右! 詩曰: '神之格思, 不可度思, 矧可射思!' 夫微之顯, 誠之不可揜, 如此夫!"

공자께서 말씀하셨다.

"귀신의 작용이 덕이 되니, 참으로 대단하구나! 보아도 보이지 않고 들어도 들리지 않으나, 온갖 것과 한 몸이어서 버릴 수가 없도다! 천하 사람들이 몸을 삼가 깨끗이 하고 의복을 잘 갖추어 입고서 제사를 받들게 하는구나. 넘실넘실 위에 있는 듯도 하고 곁에 있는 듯도 하구나!

시에서 노래하였다.

'신이 오시는도다!

헤아릴 수조차 없나니,

하물며 싫어할 수 있으랴!'

저 은미한 것이 드러나니, 성(誠)스러움을 가릴 수 없는 게 이와 같구나!"

注釋　귀신(鬼神)에서 귀는 죽은 사람의 넋이고, 신은 하늘이나 땅 등의 신령이다. 또 귀는 음의 신령이라면 신은 양의 신령이다. 성의호(盛矣乎)는 기운이나 기세가 넘칠 듯이 대단한 모양이다. 체(體)는 사물을 이루다, 한 몸이다는 뜻이다. 유(遺)는 버리다는 뜻으로, 여기서는 떠나다는 말맛이 있다. 제(齊)는 재(齋)와 같으며, 몸과 마음을 삼간다는 뜻이다. 명(明)은 결(潔)과 같으며, 깨끗이 하다는 뜻이다. 양양(洋洋)은 넘칠 듯이 많거나 두루 가득한 모양이다. 시는 『시경』「대아」의 〈억(抑)〉편에 나오는 구절이다. 격(格)은 래(來)와 같으며, 오다는 뜻이다.

중용 어울림의 길

사(思)는 어조사다. 탁(度)은 헤아리다는 뜻이다. 신(矧)은 황(況)과 같으며, 하물며라는 뜻이다. 역(射)은 염(厭)과 같으며, 싫어하다는 뜻이다. 엄(揜)은 덮다, 가리다는 뜻이다.

蛇足　귀신은 조상신과 천신 및 지신 등을 아울러 일컫는 말로서, 대체로 전국시대까지도 신앙의 대상으로 여겼다. 그런데 여기서는 만물의 변화와 자연의 이법을 은유하는 것으로 나온다. 말하자면, 조상신이든 곡물신이든 토지신이든 그 모든 신들은 일종의 기운의 움직임을 나타내는 것으로 인식하기 시작했다는 뜻이다. 인격적인 존재로 여겨서 섬기고 받들려는 것이 아니라, 물리적인 현상으로 이해하여 그 속에 내재한 원리나 이치를 탐구하려는 인식이 깔려 있다고 할 수 있다. "귀신의 작용이 덕이 된다"는 말에는 그러한 사유의 전환이 깔려 있다.

　귀신의 작용을 하늘과 땅, 그 사이에 존재하는 모든 것들의 변화와 운동으로 이해한다면, 이는 귀신의 작용을 도로써 이해한 것이나 다름이 없다. 『주역』「계사전」에는 공자가 했다는 말이 언급되어 있다.

　　공자가 말하였다. "변화의 도를 아는 자는 신이 하는 일을 알리라!"
　　(子曰: "知變化之道者, 其知神之所爲乎!")

　신은 이법으로서 도이며, 신이 한 일은 천지의 변화라는 것이다. 이미 "한 번 음이 되고 한 번 양이 되는 것을 도라고 한다"고 했고, 또 "음과 양을 헤아릴 수 없는 것을 신이라 한다"(陰陽不測之謂神. -「계사전」)고도 했으니, 신이 도에 의해서 대체되었음을 분명하게 읽을 수 있다. 이렇게 신을 자연에 존재하는 초월적 존재로서가 아니라 도의 상징으로서 이해하게 되면, 이제는 그러한 신의 작용 이면에 숨어 있는 도의 본질을 파악하여 체득하는 일이 군자의 과제가 된다. 그것이 이제까지 되풀이해서 말했던 '군자의 길'이다.

귀신을 섬기려 하지 않고 도의 상징으로 받아들이면 그 이법을 알고 그 이법대로 실천하는 일이 긴요한데, 그러한 과정을 통해서 체득한 것이 곧 덕이다. 그러니 그 덕이 얼마나 대단하겠는가! "참으로 대단하구나!"라는 표현은 그렇게 해서 나온 것이다. 이제까지 인간의 밖에서 인간의 삶을 좌지우지하는 것으로 여겨졌던 존재가 인간의 주체적 각성과 철저한 실천을 통해서 내재화되는 것으로 전환되었으니, 단순히 대단한 것이 아니라 파천황(破天荒)의 사태라 해도 과언은 아니다.

그러면, 어떻게 해서 귀신의 작용이 도와 같은 것으로 인식되었는가? 귀신은 보아도 보이지 않는다. 오로지 신과 소통할 수 있는 제관이나 무당만이 볼 수 있었다. 귀신의 말은 들으려 해도 들을 수 없다. 역시 제관이나 무당만이 들을 수 있었다. 그것도 제의를 통해서나 가능한 일이었다. 그러나 보아도 보이지 않는 것, 들어도 들리지 않는 것이 변화의 이치나 갖가지 작용의 원리라고 한다면, 어찌 될까? 그때는 굳이 제관이나 무당을 통할 필요가 없고 또 제의도 소용이 없다. 그저 이치를 탐구하려는 공부를 철저하게 또 한결같이 하면 된다.

그러한 공부는 어떻게 할 것인가? 온갖 것들이 귀신의 작용에서 벗어날 수 없었다는 점이 실마리가 된다. 하늘이 만물을 생겨나게 하고 자라게 하며 죽게 하고 다시 생겨나게 하는 조물주라고 한다면, 만물과 온갖 변화들이 조물주가 지배하고 통제하는 원리의 표현이 되는 셈이다. 이를『중용』에서는 "온갖 것과 한 몸이어서 버릴 수가 없도다!"라고 표현하고 있는 것이다. 만물과 신이 하나이듯이 만물이나 그 변화 또한 그대로 도와 하나다. 따라서 도를 알고 체득하려면 만물을 들여다보고 그 변화를 읽으면 된다. 다만, 보아도 보이지 않고 들어도 들리지 않는 것이 도이기 때문에 쉽사리 알 수가 없고 허투로 다가갈 수가 없다.

도를 알려면, 도를 체득하려면, 그 마음가짐부터 달라야 한다. 배움에 대한 지극함이 전제되어야 한다. 백에 하나, 만에 하나라도 빈틈이

있어서는 안 된다. 깨알처럼 작은 틈이 끝내는 거대한 구멍이 될 수 있
는 게 배움과 앎의 세계다. 여기에서는 결코 우연이나 행운을 통한 앎
을 기대해서는 안 된다. 오로지 스스로 알고 스스로 실천하고 스스로
쌓아가야 한다. 더 이상 쌓지 않아도 되는 때를 만날 때까지. 이를 두고
순자는 '적(積)'이라 표현하였다.

본바탕은 내가 어찌할 수 없는 것이지만 변화시킬 수 있는 것이다.
쌓음이란 내게 있는 것은 아니지만 할 수 있는 것이다. 마음을 오롯
이 하여 제대로 익히는 일이 본바탕을 변화시키는 토대가 되고, 온
갖 것을 하나로 아우르면서 흐트러지지 않게 하는 것이 쌓음을 이
루게 하는 바탕이 된다. 익히면 뜻을 바꾸게 되고, 그것이 편안하게
오래가면 바탕이 바뀐다. 하나로 아우르면서 흐트러지지 않게 하면
신명에 통하고 천지의 작용과 하나가 된다. 그러므로 흙을 쌓으면
산이 되고 물을 쌓으면 바다가 되며, 아침과 저녁을 쌓으면 한 해가
된다. 지극히 높은 것을 하늘이라 하고, 지극히 낮은 것을 땅이라
하며, 우주 안의 천지사방을 가리켜 육극이라 하고, 길 가는 사람이
나 백성들도 착함을 쌓아서 남김없이 다 갖추면 성인이라 한다. 구
한 뒤에야 얻게 되고, 행한 뒤에야 이루게 되며, 쌓은 뒤에야 높아지
고, 남김없이 다한 뒤에야 거룩해진다. 그러므로 성인이란 사람이
쌓아서 된 존재다. ―『순자』「유효(儒效)」

(性也者, 吾所不能爲也, 然而可化也; 積也者, 非吾所有也, 然而可爲也.
注錯習俗, 所以化性也; 幷一而不二, 所以成積也. 習俗移志, 安久ⓒ移
質. 幷一而不二, 則通於神明, 參於天地矣. 故積土而爲山, 積水而爲海,
旦暮積謂之歲. 至高謂之天, 至下謂之地, 宇中六指謂之極, 涂之人百姓,
積善而全盡謂之聖人. 彼求之而後得, 爲之而後成, 積之而後高, 盡之而
後聖. 故聖人也者, 人之所積也.)

『순자』가 배움을 당부하는 '권학(勸學)'으로 시작되는 것은 사람이 스스로 노력하면 성인이 될 수 있다는 것을 확고하게 믿은 까닭이다. 그 과정이 바로 '쌓음(積)'이다. 쌓는다고 해서 무작정 무얼 해나가는 것이 아니다. "하나로 아우르면서 흐트러지지 않게" 해야만 제대로 쌓인다. 제대로 쌓기 위해서는 스스로 구하고 쌓아가면서 남김없이 다해야 하는데, 이를 『중용』에서는 "몸을 삼가 깨끗이 하고 의복을 잘 갖추어 입고서 제사를 받드는 것"으로 표현하였다. 일상에서 쌓아가는 일이 어찌하여 제의를 지내는 과정과 같을 수 있는가 하고 반문할 수도 있는데, 그것은 제대로 쌓으면 "신명에 통하고 천지의 작용과 하나가 된다"고 한 말에서 분명하게 드러나 있다. 쌓음이란 곧 지극함을 이르는 것이기 때문이다. 바로 그 지극함이 있으므로 성인이 되는 것이다. 순자가 "성인이란 사람이 쌓아서 된 존재다"고 말한 것도 그 때문이다.

"넘실넘실 위에 있는 듯도 하고 곁에 있는 듯도 하구나!"는 곧 어디에나 귀신이 존재하듯이 도 역시 어디에나 있음을 표현한 구절이다. 있는 듯하다고 좀 불분명하게 말한 것은 보이지 않고 들리지 않기 때문이다. 이어지는 시구 역시 같은 의미를 담고 있다. "신이 오신다"는 것은 참으로 어딘가에서 신이 여기로 온다는 뜻이 아니라, 늘 여기에 있었음을 의미한다. 다만, "헤아릴 수 없기" 때문에 쉽사리 간과할 뿐이다. 도 역시 그와 같다. 늘 여기에 있음에도 내가 알아채지 못하고 있을 뿐이다. 참으로 신이 존재한다면 내가 부정하거나 싫어한다고 해서 그 존재가 사라지지 않듯이, 세상에 도라는 것은 없다고 주장하거나 꺼린다고 해서 도가 없는 것은 아니다.

도가 없음을 입증하기 위해서 패악을 저지르고 무도한 짓을 한다고, 과연 도가 없다는 증거가 될까? 당장에 자기가 한 일의 대가를 치르지 않았다고, 과연 이법이 없는 것일까? 보이지 않고 들리지 않는 은미한 데서 도는 지극하게 한결같이 작용하고 있다. 그러한 작용을 '성(誠)'이라 하였으니, 이는 곧 성(聖)과 같다. "가릴 수 없다"는 말은 아무리 부정해도 또 내가 모른다고 해도 도는 왕성하고 광대한 작용을 쉬지 않고 하고 있음을 뜻한다.

귀신에 대해 거리두기는 이미 공자로부터 시작되었던 일이다. 제자인 번지가 앎에 대해 여쭈었을 때, 공자는 "백성들이 올바라지도록 힘쓰고, 귀신을 삼가 받들면서 멀리한다면, 안다고 할 수 있다"(務民之義, 敬鬼神而遠之, 可謂知矣. ―『논어』「옹야」)고 말하였다. 신의 존재에 대해서는 이성적으로 접근할 수 없음을 은근히 드러낸 것인데, 그렇다고 해서 신을 섬기던 그 마음조차 버리라고 하지는 않았다. 그 마음을 일상으로 가져와서 일을 할 때나 다른 사람들을 대할 때 쓰라고 한 것이다. "백성들이 올바라지도록 힘쓰라"고 한 말은 곧 귀신을 대신해서 백성들을 받들어라는 뜻이다. 맹자가 "백성이 귀하다"고 한 말도 같은 맥락에서 이해할 수 있다. 민심이 천심이라는 말도 바로 이러한 사유의 표현이다.

14장

순 임금의 크낙한 효

14.1 ————————————————————————

子曰: "舜其大孝也與! 德爲聖人, 尊爲天子, 富有四海之內, 宗廟饗之, 子孫保之. 故大德必得其位, 必得其祿, 必得其名, 必得其壽. 故天之生物, 必因其材而篤焉. 故栽者培之, 傾者覆之. 詩曰: '嘉樂君子, 憲憲令德. 宜民宜人, 受祿于天. 保佑命之, 自天申之.' 故大德者, 必受命."

공자께서 말씀하셨다.

"순 임금, 그는 참으로 효성스럽구나! 덕으로는 성인이요, 귀함으로는 천자요, 부유함으로는 사해의 안이 그의 것이니, 종묘에서 그에게 제사 지내고, 자손들이 이를 지켜 갔도다. 그러므로 크낙한 덕을 지닌 자는 반드시 그에 걸맞은 자리를 얻고, 반드시 그에 걸맞은 녹봉을 받으며, 반드시 그에 걸맞은 이름을 얻고, 반드시 그에 걸맞은 수명을 누린다. 그러므로 하늘이 만물을 내심에 반드시 그 재질에 따라 도탑게 해준다. 그래서 뿌리를 내리는 것은 북돋아주고, 쓰러지려는 것은 뒤집어버린다.

시에서 노래하였다.

'기뻐하고 즐거워하는 군자여,

빼어난 덕을 드러내는구나!

백성들과 관리들에게 잘 써

하늘로부터 녹을 받는구나!

그를 지키고 돕고 명하시기를

하늘이 거듭하시도다!'

그러므로 크낙한 덕을 지닌 자는 반드시 천명을 받는다."

注釋 향(饗)은 술과 음식을 올리고 제사를 지내다는 뜻이다. 인(因)

153

은 ~에 따라서라는 뜻으로, 여기서는 ~에 알맞게라는 말맛이 있다. 독 (篤)은 도탑게 하다는 뜻이다. 재(栽)는 심다는 뜻이다. 배(培)는 북돋우 다는 뜻이다. 경(傾)은 기울다는 뜻이다. 복(覆)은 뒤집다, 넘어뜨리다 는 뜻이다. 시는 「대아(大雅)」〈가락(假樂)〉편에 나오는 구절이다. 가 (嘉)가 『시경』에서는 '가(假)'로 되어 있는데, 기뻐하다는 뜻이다. 헌헌 (憲憲)은 환한 모양이나 활기찬 모양이다. 영(令)은 착하다, 아름답다는 뜻이다. 의(宜)는 알맞게 쓰다는 뜻으로, 여기서는 자신의 덕을 잘 펼치 는 것을 이른다. 민(民)은 백성들이고, 인(人)은 벼슬아치들 또는 지배 층을 가리킨다. 우(佑)는 돕다는 뜻이다. 신(申)은 거듭하다는 뜻이다.

蛇足   순은 도의라는 것을 모르는 아버지 고수, 나쁜 말만 골라서 하는 계모, 그리고 오만방자하기 짝이 없는 동생 상 등을 잘 따르며 섬 겼고, 게으름을 부리지 않고 부지런하였다. 그 덕분에 순은 나이 스물 에 벌써 지극한 효성으로 소문이 났다. 순의 나이 서른이 되었을 때, 당 시 왕이었던 요가 순이 쓸 만한지 물었더니, 사방의 제후들이 한결같이 좋다면서 순을 추천하였다. 이에 요는 두 딸을 순에게 시집보내 그가 집안에서 어떻게 행동하는지 살폈고, 또 아홉 명의 아들을 보내어 순과 함께 살게 하여 밖에서 그가 어떻게 행동하는지도 살폈다. 순은 규예라 는 곳에 살면서 집안일을 빈틈없이 처리하였다. 순의 그러한 행실로 말 미암아 요의 두 딸도 자신들의 신분을 내세우지 않고 순의 부모와 친 척들에게 함부로 하지 않으며 부녀자의 도리를 다하였고, 요의 아홉 아 들들도 모두 이전보다 더 성실하였다. 이윽고 요는 순을 기용하기로 맘을 먹고 여러 일들을 맡겼다. 이에 대해 『사기』〈오제본기〉에서는 다 음과 같이 적고 있다.

요는 이를 마음에 들어 하며 순에게 오전(五典, 五常)으로 백성을 교화하게 하였더니, 모두가 이를 따랐다. 다시 백관을 이끌게 하였더니 백관이 제자리를 찾았다. 사방에서 오는 손님을 맞이하는 일을 맡겼더니 손님들을 기쁘게 하였다. 제후들이나 먼 곳에서 온 손님들이 모두 순을 공경하였다. 요는 순에게 산과 하천, 연못에 관한 일을 맡겼다. 폭풍이 몰아치고 천둥 번개가 치는 빗속에서도 순은 방향을 잃지 않았다. 요는 그를 성인으로 여겨 불러서 말하였다.
"그대는 무슨 일을 하든지 있는 힘을 다하였고, 한 말은 모두 성과를 냈다. 그렇게 3년이 되었으니 그대가 제위에 오르도록 하라."
순은 자신의 덕이 충분하지 않다고 사양하며 걱정하였다. 정월 초하루, 순은 문조(文祖, 요의 태조와 그 사당)에서 제위를 이어받았다.

효를 행하면서 순이 쌓은 것이 곧 덕이다. 그리고 그 덕으로 말미암아 요와 천하 사람들로부터 일컬어지면서 천자의 자리를 이어받았다. 어떻게 효를 행하는 일이 천자가 되는 요건이 될 수 있었을까? 위에서처럼 요 임금은 그에게 갖가지 일들을 맡겨서 그 능력을 시험해보고서 제위를 물려줄 결심을 했지만, 도대체 효라는 것이 어떤 것이기에 맡은 일마다 그토록 능숙하게 해냈을까? 효에 대한 오늘날의 일반적인 관념으로는 쉽게 이해되지 않을 수도 있을 것이다. 효는 결코 단순하게 이해될 수 없는 덕목이다. 겉으로는 어버이를 섬기는 일 또는 어버이의 뜻을 따르는 일 정도로 보이지만, 그 이면에는 훨씬 깊고 넓은 지혜의 세계가 깔려 있기 때문이다. 이는 『논어』 「위정(爲政)」편을 통해 잘 이해할 수 있다.
공자는 효에 대한 물음을 받았을 때, 상대가 누구냐에 따라 다르게 대답해주었다. 당시 권력자였던 맹의자가 물었을 때는 "어기지 않는 것"(無違)이라고 대답했다. 무엇을 어기지 않는 것이라 했는가? 그것은 예의다. 계씨(季氏) 집안과 함께 노나라 제후의 권력을 나누어 가진 맹손씨(孟孫氏)의 수장이었으므로 자칫 예법에 어긋나게 행동하거나 일을 처리하기가 십상이다. 『논어』 「팔일」편을 보면, 공자가 계씨를 가리켜, "계씨가 제 뜰에서 팔일무를 추게 하는데, 이런 짓을 서슴지 않고 한다면 무슨 짓인들 하지 않겠는가?"(八佾舞於庭, 是可忍也, 孰不可忍也?)라고 한 대목이 나오는데, 이는 당시 강력한 권력을 쥔 대부들이 천자나 제후의 예를 멋대로 행하였음을 의미한다. 계씨와 다름 없이 막강한 권력을 휘두르고 있던 맹의자였으니, 그도 충분히 그럴 수 있는 입장이었다. 그래서 효에 대해 물었을 때, "어기지 않는 것"이라고 대답해준 것이다.

그런데 맹의자의 아들인 맹무백(孟無伯)이 효에 대해 물었을 때는 "어버이는 오직 자식이 병들까 걱정하신다네"(父母唯其疾之憂)라고 대답해주었고, 또 자유가 물었을 때는 다음과 같이 대답하였다.

> 요즘에는 효라는 걸 그저 잘 기르는 거라고 말들 한다. 개나 말도 모두 잘 기른다. 그러니 지극하게 받들지 않는다면, 무엇으로 구별하겠느냐? - 『논어』「위정」
>
> (今之孝者, 是謂能養. 至於犬馬, 皆能有養. 不敬, 何以別乎?)

이렇게 효에 대해 각기 다른 대답을 해준 것은 효행의 구체적인 세목이 달리 규정되어 있지 않음을, 효를 행하는 이가 스스로 상황을 판단하여 그에 따라 알맞게 해야 함을 의미한다. '시중(時中)'해야만 참된 효를 행할 수 있다는 뜻이다. 물론 그 마음가짐이야 한결같이 '지극함'(敬)이겠지만, 그 구체적인 표현에서는 고정된 것이 없다. 지극함을 다한다는 것도 사실 쉬운 일이 아니다. 어버이의 마음을 잘 알아야 하고 상황도 잘 파악해야만 하니, 결국 지혜로워야만 참된 효도를 할 수 있는 것이다. 만약 지혜로운 자가 아니라면 아무리 애를 써서 효를 한다고 해도 어버이의 마음을 흐뭇하게 해드리지 못할 것이다.

그렇다고 해서 지혜를 갖추지 못하면 효자가 될 수 없다는 뜻은 아니다. 효를 행하려 한다면, 그 과정에서 지혜를 저절로 터득할 수 있다.

순이 바로 그런 인물이었다. 자신을 죽이려 했던 부모와 동생이 자신을 죽임으로써 패악하다는 악평을 듣지 않도록 하려면 재주껏 피해야만 했다. "집을 떠나버리면 간단하지 않은가?"라고 충고할 수 있겠지만, 그렇게 하는 것도 순으로서는 불효한 짓이라 여겼다. 어버이를 섬겨야 할 책무를 저버리는 것이니 말이다. 어쨌든 집에 머물면서 시시각각 자신을 옥죄는 올가미를 피해야 했다. 그러니 어찌 지혜로워지지 않을 수 있겠는가.

그런데 순의 덕이 과연 어떠하기에 천자의 지위를 얻을 수 있었던 가? 이에 대해서는 순자가 말한 바 있어 참고가 된다.

> 하늘은 뭇사람을 낳으면서 각각의 지위를 얻는 바탕을 다르게 하였다. 뜻을 지극하게 닦고 덕행을 지극히 두터이 하며 지혜가 지극히 밝은 것, 이것이 천자가 천하를 얻는 바탕이다. 정령이 법도에 맞고 일처리가 때에 맞으며 송사(訟事)를 듣고 판단하는 일이 공정하고 위로는 천자의 명을 잘 따르고 아래로는 백성을 제대로 지키는 것, 이것이 제후가 나라와 집안을 얻는 바탕이다. -『순자』「영욕」
> (夫天生蒸民, 有所以取之. 志意致修, 德行致厚, 智慮致明, 是天子之所以取天下也. 政令法, 擧措時, 聽斷公, 上則能順天子之命, 下則能保百姓, 是諸候之所以取國家也.)

천자가 천하를 얻기 위해서 갖추어야 할 덕과 제후가 나라를 얻기 위해 지녀야 할 덕은 다른 것이 당연하다. 순은 효를 통해 얻은 덕으로 요에게 발탁되었고, 요는 그에게 갖가지 일을 맡겨 시험하였다. 이는 앞서 언급한 〈오제본기〉에서 확인되는 일이다. 그런데 요가 맡긴 일로는 제후가 될 바탕을 엿볼 수 있을 뿐이었다. 그래서 요는 나이가 들어 순에게 천자의 정치를 대신하게 하고 하늘의 뜻에 부합하는지도 살폈다. 순은 천문을 관측하여 별자리를 바로잡는 일에서부터 하늘과 산천

등의 신들에게 제사 지내는 일, 제후들을 다스리고 조회를 보는 일, 천하를 시찰하는 일 등을 원만하게 해냈다. 이리하여 그에게 천자의 자질과 능력이 있음이 확실해졌고, 요가 하늘에 추천한 것도 올바른 일이었음이 입증되었다.

이렇게 순이 제위를 물려받을 수 있었던 것은 그가 일상에서 효를 행하면서 "뜻을 지극하게 닦고 덕행을 지극히 두터이 하며 지혜가 지극히 밝아졌기" 때문이다. 순은 크낙한 덕을 지녔으므로 그에 걸맞은 자리를 얻었고, 크낙한 덕을 지녔으므로 천하라는 녹봉을 얻었으며, 그 크낙한 덕으로 널리 일컬어졌고 또 수명을 다 누렸다. 물론 덕 있는 이들이 모두 순처럼 되지는 않는다. 그 덕의 크기가 다르고, 또 시대나 상황이 다르기 때문이다. 그리고 무엇보다도 순은 천자의 자리를 바라고서 그렇게 한 적이 없다는 사실이다.

순은 지위나 녹봉을 바라고 효를 행한 게 아니라 효가 사람의 길이기 때문에 그렇게 했을 뿐이다. 그게 오히려 그에게 천자의 지위를 주는 바탕이 되었지만, 천자의 지위가 그를 바꾸지는 못했다. 그는 여전히 순이었다. 이에 대해 〈오제본기〉에서는 다음과 같이 묘사하고 있다.

순이 제위에 오른 뒤, 수레에 천자의 깃발을 꽂고 아버지 고수에게 인사를 드리러 갔는데, 그 태도가 어찌나 깍듯한지 자식의 도리를 그대로 다하였다. 동생 상은 제후에 봉하였다. 순은 아들 상균(商均)이 인물이 아니라 여겨서 미리 우(禹)를 하늘에 추천하고 17년 뒤에 세상을 떠났다.

순은 아들 상균에게 천자의 지위를 넘겨줄 수 없다고 판단하여 우에게 선양하였다. 이는 요가 자신의 아들 단주(丹朱)를 제쳐두고 순에게 제위를 넘겨준 일과 똑같다. 그렇게 제위를 사사로이 여기지 않았으므로 순은 죽은 뒤에도 아들 상균과 그 후손들의 제사를 받을 수 있었다.

이것이 "자손들이 지켜 갔도다"라는 구절의 뜻이다. 이는 동시에 자손들을 지키는 일이었으면서 천하 백성들을 지키는 일이기도 하였다. 이를 기리면서 공자는 『시경』의 시를 인용하였던 것인데, 그 노랫말은 그대로 순의 덕과 행적을 표현한 것이다.

그런데 앞에서는 "크낙한 덕을 지닌 자는 반드시 그에 걸맞은 자리를 얻는다"고 했고, 말미에서는 "크낙한 덕을 지닌 자는 반드시 천명을 받는다"고 하였는데, 이 둘이 의미하는 바는 무엇인가? 그리고 공자는 왜 크낙한 덕을 지녔음에도 그에 걸맞은 자리를 얻지 못했는가?

"그에 걸맞은 자리를 얻는다"는 말은 반드시 순처럼 천자의 지위를 얻는다는 뜻이 아니다. 원문의 '기'(其)를 "그에 걸맞은"으로 풀이한 대로, 특정한 지위를 전제로 해서 쓴 말로 보아서는 곤란하다. 세상사는 끊임없이 변하고, 상황은 늘 달라진다. 정해진 것은 없다. 만약 어떤 지위를 특정한다고 할 때, 그렇다면 한 시대에 '크낙한 덕'이 있는 인물이 한둘이 아닐 경우에는 어떻게 되는가? 동시에 여럿이 천자가 될 것인가? 크낙한 덕이 무엇인지를 깊이 헤아려야 한다. 그러한 덕을 지닌 사람은 언제 어디서든 이치에 맞게 행동할 뿐이다. 천자의 지위가 주어지면 천자가 되고, 제후의 자리가 주어지면 제후가 되며, 대부의 자리가 주어지면 대부가 된다. 때가 아니어서 물러나야 하면, 그때는 물러난다. 그처럼 나아가고 물러남에 때를 알고 행동하는 이가 바로 크낙한 덕을 갖춘 사람이다. 그러니 그에게 무슨 정해진 것이 있겠는가? 정해진 것이 없음을 아는데, 정해진 자리가 있을 리가 없지 않은가. 바로 그러한 이치를 아는 것, 그것이 바로 "천명을 받는다"는 말 속에 숨어 있다. 1.1에서 이미 말했듯이 '천명'은 더 이상 초월적인 어떤 존재로부터 받는 명령이 아니라 역사를 꿰뚫어봄으로써 터득한 시대적 소명을 뜻한다. 따라서 공자처럼 크낙한 덕을 지닌 이가 천자의 지위를 누리지 못했다고 해서 기이하게 여길 것은 없다. 그는 자기 시대에 걸맞은 삶을 살았고, 그 결과 후대에 위대한 학파의 개조로서 또 스승으로서 추앙을 받고 있다. 이것이 그가 누릴 지위였다고 한다면, 허튼소리일까?
물론 공자 자신은 상상조차 못했겠지만.

15장

천명을 받은 무왕

15.1

子曰: "無憂者, 其惟文王乎! 以王季爲父, 以武王爲子. 父作之, 子述之.

공자께서 말씀하셨다.
"걱정 없는 자, 오직 문왕뿐이로다! 왕계를 아비로 두고, 무왕을 아들로 두었으니. 아비는 왕업을 일으키고, 아들은 이어갔도다.

注釋 문왕(文王)은 이름이 창(昌)이며, 서쪽 제후들의 우두머리라는 뜻으로 서백(西伯)이라고도 불리었다. 상(商) 왕조를 멸망시키고 주(周) 왕조를 연 아들 무왕(武王)에 의해서 '문왕'으로 추존되었다. 왕계(王季)는 문왕의 아버지인 계력(季歷)으로, 공계(公季)로도 불린다. 왕계는 주 왕조의 기틀을 닦은 고공단보(古公亶父)의 막내아들이었는데, 형들의 양보를 받아 단보를 계승하였다. 무왕(武王)은 이름이 발(發)이다. 작(作)은 짓다, 일으키다는 뜻으로, 여기서는 왕업에 대해서 썼다. 술(述)은 잇다, 좇다는 뜻이다.

蛇足 왜 문왕만이 걱정이 없는 자라고 하였는가? 앞서 나온 순 임금과 견주어보면, 아주 분명해진다. 순이 제위에 오른 것은 요 임금의 판단과 선택에 따른 것이었다. 이른바 요의 선양(禪讓)으로 제위에 올랐다. 요가 그에게 선양하게 된 것은 그의 덕에 말미암은 것인데, 그 덕은 순이 자신을 죽이려던 아버지 고수와 계모에게 효를 다하는 과정에서 쌓은 것이다. 비록 덕을 쌓기는 했지만, 어찌 순이 잠시라도 걱정이 없이 편안했겠는가? 순이 제위에 오른 다음에야 고수는 아들을 해치려는 마음을 접었을 것이다.
순이 비로소 아버지의 마음을 돌리기는 했지만, 아들 복도 없었다.

아들 상균이 아닌 신하인 우(禹)를 하늘에 추천한 것이 그 때문이다. 자식에 대한 애정으로는 아들 상균에게 물려주고 싶었을 것이지만, 제위란 결코 사사로운 자리가 아니기 때문에 천하 백성들을 생각하지 않을 수 없었다. 바로 이것이 순에게는 걱정거리였다. 이렇게 순은 아비와 아들에 대한 걱정이 늘 있었던 반면에, 문왕은 덕이 있는 아비를 두고 왕조를 개창할 아들을 두었으니, 무슨 걱정이 있었겠는가?

문왕 자신이 주 왕조를 개창하지는 않았지만, 부친인 공계를 이어서 창업의 기틀을 마련하였다. 이에 대해서 『사기』〈주본기〉에서는 이렇게 적고 있다.

> 고공단보가 죽고 계력이 뒤를 이었는데, 그가 바로 공계다. 공계는 고공단보가 남긴 길을 잘 닦고 올바른 행동에 힘을 쓰니 제후들이 그를 따랐다.
>
> 공계가 죽고 아들 창이 즉위하니, 그가 바로 서백(西伯)이다. 서백은 문왕이다. 서백은 후직(后稷)과 공유(公劉)의 사업을 잘 따르고 고공단보와 공계의 법도를 본받아 어진 정치에 힘쓰고 노인을 공경하며 젊은이를 아꼈다. 어진 사람에게는 자신을 낮추어 예로써 대하고, 한낮이 되도록 밥 먹을 겨를이 없이 선비들을 접대하니 많은 선비들이 그에게 귀의하였다. 백이와 숙제도 고죽(孤竹)에서 서백이 노인을 잘 모신다는 소문을 듣고는 함께 서백에게로 왔다.

후직은 주(周)의 시조인 기(棄)이며 훗날 농업의 신으로 추앙받았다. 공유 또한 주의 선조다. 그들의 사업을 잘 이은 이가 바로 서백인 문왕이다. 문왕은 상 왕조의 폭군인 주왕(紂王)의 경계를 풀기 위해서 조용히 선행을 실천하며 제후들의 신뢰를 쌓아갔다. 이를 공자는 "아비는 왕업을 일으키고"라고 표현하였다. 문왕은 그렇게 50년간 왕위에 있으면서 왕업의 기틀을 마련하는 데 애쓰다가 세상을 떠났다. 이어 태자

발이 즉위하였으니, 그가 무왕이다.

〈주본기〉에서는 "무왕이 즉위하여 태공망(太公望)을 군사(軍師)로 삼고, 주공(周公) 단(旦)을 보(輔)로 삼았다. 또 소공(召公)과 필공(畢公) 등에게 왕을 보좌하게 하면서 문왕이 실마리를 연 왕업을 본받고 닦았다"라고 적고 있다. 태공망은 강태공(姜太公)으로 알려진 여상(呂尙)으로, 상 왕조의 주왕을 쳐서 멸망시키고 주 왕조를 일으키는 데 기여한 인물이다. 그 공으로 제나라의 제후가 되었다. 주공은 문왕의 아들이자 무왕의 동생으로, 무왕을 보좌했을 뿐만 아니라 무왕이 죽고 어린 성왕(成王)이 즉위했을 때 섭정하여 왕조의 기반을 다지는 데 공헌하였다. 소공과 필공도 문왕의 아들들이다. 무왕은 이들의 보좌를 받으면서 주왕을 치고 왕조를 세웠다. 공자가 "아들은 이어갔도다"라고 한 것이 이를 두고 한 말이다.

15.2

武王, 纘大王 · 王季 · 文王之緒, 壹戎衣而有天下, 身不失天下 之顯名, 尊爲天子, 富有四海之內, 宗廟饗之, 子孫保之.

무왕은 태왕과 왕계와 문왕이 일으킨 일을 이어서 한 번 갑옷을 입고는 천하를 차지하였고, 그 몸은 천하에 빛나는 명예를 잃지 않았으니, 귀함으로는 천자요, 부유함으로는 사해의 안이 그의 것이니, 종묘에서 그에게 제사 지내고, 자손들이 이를 지켜 갔도다.

注釋　찬(纘)은 이어받다는 뜻이다. 태왕(大王)은 고공단보를 추존하여 일컬은 시호인데, 『사기』 〈주본기〉에 따르면 문왕이 그렇게 하였다. 서(緒)는 실마리가 되는 일을 뜻한다. 일(壹)은 한 번을 뜻하는데,

여기서는 한 번 입다는 말맛이 있다. 융의(戎衣)는 갑옷을 뜻한다.

蛇足 서백 문왕이 상(商)나라를 정벌하지 못하고 세상을 떠나자, 그 대업은 무왕에게로 넘어갔다. 무왕은 즉위한 뒤 9년에 군대를 사열하고 맹진(盟津)으로 가서 문왕의 뜻을 받들어 정벌하겠다는 뜻을 피력하고서 군대를 일으켰다. 그때 모인 제후가 800명에 이르렀는데, 상서롭지 못한 징조가 있어 아직 때가 아니라며 군대를 돌렸다. 그로부터 다시 2년 뒤에 상나라 주왕의 포악한 통치가 극에 달하자, 마침내 무왕은 문왕의 유훈(遺訓)을 앞세우고 전차 300대와 군사 3,000명, 갑옷으로 무장한 병사 4만 5,000명을 이끌고 상나라 정벌에 나섰다. 맹진에서 제후들의 군대와 합류한 뒤, 상나라 교외 목야(牧野)에서 상나라의 70만 군사들과 맞섰다. 이때의 상황을 〈주본기〉에서는 다음과 같이 서술하고 있다.

> 무왕은 군사 상보(尙父, 강태공)에게 100명의 용사로 싸움을 걸게 하는 한편, 주력 부대는 주왕의 군대를 향하여 돌격하게 하였다. 주왕의 군대는 수는 많았지만 하나같이 싸울 마음이 없었다. 무왕이 빨리 공격해 오기를 바라고 있던 터라 주왕의 군사들은 무기를 거꾸로 돌리고 무왕에게 길을 터주었다. 무왕이 돌격하자 주왕의 군대는 모두 무너지고 주왕에게 등을 돌렸다. 주왕은 도망치다가 되돌아와 녹대(鹿臺)에 올라가서 보석으로 치장한 옷을 뒤집어쓴 채 불에 뛰어들어 타 죽었다.

이로써 상나라는 멸망하고 새로이 주 왕조가 일어섰다. 이들 두고 "한 번 갑옷을 입고는 천하를 차지하였다"고 말한 것이다. '천하에 빛나는 명예'는 조상들이 천하 사람들에게 덕을 펴고 신뢰를 얻었던 일을 가리키는데, 마침내 천하를 얻어 천자가 되었으므로 그 명예를 잃지 않았다고 한 것이다.

15.3 ——————————————— ——————————————

武王末受命, 周公成文 · 武之德, 追王大王 · 王季, 上祀先公以
天子之禮, 斯禮也, 達乎諸侯 · 大夫及士庶人. 父爲大夫, 子爲
士; 葬以大夫, 祭以士. 父爲士, 子爲大夫; 葬以士, 祭以大夫.
期之喪, 達乎大夫; 三年之喪, 達乎天子. 父母之喪, 無貴賤一
也."

무왕이 늘그막에 천명을 받자, 주공이 문왕과 무왕의 덕을 이
루고서 태왕과 왕계를 왕으로 추존하고, 그 윗대 조상들을
모두 천자의 예로써 제사 지냈으니, 이 예는 제후와 대부, 선
비와 일반 백성에까지 미쳤다. 아비가 대부이고 자식이 선비
이면, 대부의 예로써 장사 지내고 선비의 예로써 제사 지낸다.
아비가 선비고 자식이 대부이면, 선비의 예로써 장사 지내고
대부의 예로써 제사 지낸다. 일년상은 대부까지 미치고, 삼년
상은 천자까지 미친다. 어버이를 장사 지내는 일은 신분의 귀
천이 없이 모두 한결같다."

注釋　　말(末)은 노(老)와 같으며, 늘그막을 뜻한다. 추(追)는 사후에
존호(尊號)를 올리는 추존(追尊)을 뜻한다. 사(士)는 주 왕조의 봉건제
아래서 지배층의 말단에 자리하고 있던 계층으로, 여기서는 '선비'라고
풀었다. 대부 이상은 물려받은 영지가 있었던 반면에, 사는 스스로 벼
슬하여 녹봉을 받아야만 생활할 수 있었다. 사 계층은 이렇게 상대적으
로 불안한 처지에 있었기 때문에 춘추전국시대가 되자 자신들의 역량
을 맘껏 발휘하여 역사의 주역으로 등장할 수 있었다. 장(葬)은 주검을

땅에 묻는 일인데, 여기서는 죽음과 관련하여 치르는 일련의 과정을 포함하므로 상례(喪禮)와 같은 뜻으로 쓰이고 있다. 제(祭)는 상례 이후에 계절마다 조상의 혼령을 불러서 지내는 의례다.

蛇足　여기서는 앞서 문왕이 기틀을 다진 일, 이어서 무왕이 상나라를 정벌한 일에 이어서 주공이 주 왕조의 기반을 다진 일에 대해 말하고 있다.

　먼저 무왕이 늘그막에 천명을 받았다고 했는데, 이는 무왕이 상나라를 정벌하고 주나라를 세운 일과 관련해서 한 말이다. 무왕은 문왕을 이어 즉위하였는데, 문왕의 재위 기간이 약 50년이었다. 따라서 그는 노년에 즉위한 셈이 된다. 그리고 즉위 11년에 상나라를 멸망시키고 그로부터 2년 뒤에 세상을 떠났으니, 이를 두고 "늘그막에 천명을 받았다"고 표현한 것이다. 하늘에서 무슨 명을 받은 게 노년이었다는 뜻이 아니다. 상나라 정벌과 주 왕조의 창업에 대한 일종의 합리화요 정당화로서 천명을 거론한 것일 뿐이다.

　말했듯이 늘그막에 즉위하였기 때문에 무왕은 왕업의 기반을 미처 다지기도 전에 세상을 떠났다. 그를 이어 태자 송(誦)이 즉위하였는데, 바로 성왕(成王)이다. 그런데 성왕은 어렸다. 무왕이 천명만 늘그막에 받은 게 아니었던 모양이다. 어쨌든 성왕은 어리고 천하는 아직 안정되지 않은 상황이었으므로 주공은 제후들이 배반할까 두려웠다. 그래서 그가 섭정하여 국정을 맡았다. 그러자 상나라 유민들을 감시하던 관숙(管叔)과 채숙(蔡叔) 등 동생들이 주공을 의심하여 상나라 주왕의 아들인 무경(武庚)과 손을 잡고 반란을 일으켰다. 주공은 직접 나서서 무경과 관숙을 죽이고 채숙을 추방하였다. 주공은 섭정한 지 7년 만에 장성한 성왕에게 정권을 돌려주고 자신은 다시 신하의 자리로 돌아갔다.

　주공이 이룬 일 가운데서 가장 높이 일컬어질 만한 것은 아마도 주왕조의 통치 질서를 공고히 한 일이라 할 것인데, 이에 대해서는『상서

(尙書)』「주서(周書)」의 〈대고(大誥)〉, 〈강고(康誥)〉, 〈주고(酒誥)〉, 〈자재
(梓材)〉, 〈소고(召誥)〉, 〈낙고(洛誥)〉, 〈다사(多士)〉, 〈무일(無逸)〉, 〈다방
(多方)〉, 〈입정(立政)〉, 〈주관(周官)〉 등을 통해 엿볼 수 있다. 동생 강숙
(康叔)을 위(衛)에 봉하면서 발포한 〈강고〉편에서는 일련의 정책 원칙
을 강론하면서 모두 문왕과 무왕을 계승한다고 말하였고, 〈주고〉를 통
해서는 주나라 사람들이 술독에 빠지는 것을 금지하면서 "사람은 물
을 거울로 삼아야 할 것이 아니라 백성을 거울로 삼아야 한다"고 말하
였다. 특히 정책이나 제도의 입안 등에 대해서는 〈입정〉과 〈주관〉에 기
록되어 있다. 동생들의 의심을 받으면서까지 어린 조카를 대신해 섭정
을 하였던 주공은 오로지 주나라를 강력한 왕조로 만드는 일에만 관심
을 쏟았고, 실제로 그 일을 해냈다. 그리고 「주서」의 글들에서도 자신
이 한 일은 모두 선대의 업을 따르고 이은 것임을 거듭 밝혔다. "문왕과
무왕의 덕을 이루었다"고 한 것은 이를 두고 한 말이다.

삼년상과 상례의 본질

위에서 장례와 제례에 대해 언급한 것은 주 왕조가 예악(禮樂)을 중
시했음을 드러낸다. 공자가 주공을 높이 일컬으면서 그를 계승하고자
한 까닭도 여기에 있다.

장례에서는 죽은 이의 작위를 따르고, 제례에서는 산 자의 작위를
따른다. 산 자는 곧 제사를 지내는 사람이다. 왜 장례와 제례에서 따르
는 작위가 각기 다른가? 장례는 죽은 자를 중심으로 하기 때문이다. 죽
음이라는 생물학적 사건으로 말미암아 장례가 행해지기 때문이다. 반
면에 제례는 죽은 이를 추모하는 의미를 갖는데, 추모의 주체가 바로
산 자다. 그래서 산 자의 작위가 중시되는 것이다.

또 일년상과 삼년상에 대해서도 언급되어 있는데, 특히 삼년상은 오
래도록 논란거리가 되었다. 『논어』에도 이에 대해 심각하게 주고받은

대화가 기록되어 있다.

재아가 여쭈었다.

"삼년상은 기간이 너무 깁니다. 군자가 3년 동안 예법을 행하지 않
으면 예법은 반드시 무너지고, 3년 동안 음악을 하지 않으면 음악
은 반드시 어지러워집니다. 묵은 벼가 바닥나고 새 벼가 다 자랐으
며, 부싯돌로 불을 바꾸었으니, 1년에 끝내도 됩니다."

스승께서 말씀하셨다.

"저 쌀밥을 먹고 비단옷을 입는 게 너한테는 편안하냐?"

"편안합니다."

"네가 편안하다면, 그렇게 하거라! 저 군자는 상을 입으면 맛난 것
을 먹어도 달지 않고 음악을 들어도 즐겁지 않고 집에 있어도 편안
하지 않기 때문에 그렇게 하지 않는다. 이제 너는 편안하다면 그렇
게 하거라!"

재아가 나가자, 스승께서 말씀하셨다.

"여는 어질지 않구나! 자식이 태어나면 3년이 지나서야 부모의 품
에서 벗어난다. 저 삼년상이란 천하에 두루 쓰이는 상례. 여도 3
년 동안 어버이로부터 사랑을 받았을 텐데!" ─ 『논어』「양화(陽貨)」
(宰我問: "三年之喪, 期已久矣. 君子三年不爲禮, 禮必壞; 三年不爲樂,
樂必崩. 舊穀旣沒, 新穀旣升, 鑽燧改火, 期可已矣." 子曰: "食夫稻, 衣夫
錦, 於女安乎?"曰: "安." "女安, 則爲之! 夫君子之居喪, 食旨不甘, 聞樂
不樂, 居處不安, 故不爲也. 今女安, 則爲之!"宰我出. 子曰: "予之不仁
也! 子生三年, 然後免於父母之懷. 夫三年之喪, 天下之通喪也. 予也有
三年之愛於其父母乎!")

삼년상이 너무 길다고 말한 재아의 주장은 꽤 현실적이어서 일리가
있다. 특히 자연의 운행이 1년을 주기로 한다는 점을 거론한 것은 타당

한 논거다. 그러나 공자가 삼년상을 주장한 것이 그 복상(服喪) 기간을 중시해서가 아님을 미처 몰랐다. 이미 예악이 무너지고 있던 때, 어버이를 그리워하고 어버이의 삶을 마음에 두는 일의 가치를 잃어버린 때에 다시금 삼년상을 강조함으로써 상례와 제례의 본뜻을 일깨워주고자 함을 몰랐다.

사실 왕이 죽었다고 삼년상, 아버지가 죽었다고 삼년상, 아내와 맏아들이 죽었다고 삼년상을 지내고, 백부나 숙부, 형제, 아들들이 죽었다고 일년상을 지낸다면, 도대체 일상의 삶을 영위한다는 것이 불가능해진다. 그럼에도 이처럼 삼년상이나 일년상을 강조하고 중시하는 것은 상례가 예법의 핵심을 담고 있기 때문이다. 『순자』의 「예론(禮論)」편에 이 점이 잘 서술되어 있다.

> 예란 태어남과 죽음을 다스림에 있어 삼가는 일이다. 태어남은 인생의 시작이고, 죽음은 인생의 끝이다. 끝과 시작을 다 좋게 해야만 사람의 길이 제대로 마무리된다. 그러므로 군자는 시작을 지극하게 하고 그 끝을 삼간다. 끝과 시작을 한결같이 하는 것, 이것이 군자의 길이고 예의와 올바름의 무늬다.
> (禮者, 謹於治生死者也. 生, 人之始也; 死, 人之終也. 終始俱善, 人道畢矣. 故君子敬始而愼終. 終始如一, 是君子之道, 禮義之文也.)

인생이란 시작과 끝이 있으므로 그에 걸맞은 의례도 필요하고 긴요하다는 것이다. 그렇다고 단순히 형식으로서 예법을 갖추자는 것이 아니다. 형식은 얼마든지 바뀔 수 있는 것이고, 상복을 입는 기간 또한 길게 늘이거나 줄일 수도 있다. 순자가 강조한 것은 지극함과 삼가는 마음이었다. 그래서 "예란 길면 자르고 짧으면 이으며 남으면 덜고 모자라면 보태어 애정과 경외의 마음을 두루 드러내어 올바름을 행하는 아름다움을 멋들어지게 이루자는 것이다"(禮者, 斷長續短, 損有餘益不足,

達愛敬之文, 而滋成行義之美者也. -「예론」)라고 말했던 것이다. 논란이
되던 삼년상에 대해서도 다음과 같이 말하였다.

> 삼년상이란 무엇인가? 일어나는 감정에 맞게 형식을 세워서 모듬
> 살이를 꾸미는 것이고, 가까움과 버성김, 귀함과 천함을 알맞게 구
> 별하여 더하지도 덜하지도 않게 하는 것이다. 그러므로 비길 데 없
> 고 바꿀 수도 없는 법도다. 상처가 크면 오래가고, 아픔이 심하면
> 낫는 게 더디다. 삼년상이란 일어나는 감정에 맞게 형식을 세운 것
> 이니, 지극한 슬픔의 고통 때문이다. -「예론」
> (三年之喪, 何也? 曰, 稱情而立文, 因以飾羣, 別親疏貴賤之節, 而不可益
> 損也. 故曰, 無適不易之術也. 創巨者其日久, 痛甚者其愈遲. 三年之喪,
> 稱情而立文, 所以爲至痛極也.)

누구나 감정이 있다. 이는 타고난 것이다. 감정을 표현하는 일도 마
찬가지로 자연스러운 것이다. 문제는 그 표현을 적절하게 하지 못하는
데 있다. 기쁨이나 즐거움을 과도하게 드러내면서도 슬픔이나 괴로움
은 잘 드러내지 못한다. 특히 모듬살이에서는 자신도 모르게 감정의 표
현을 자제하게 되는데, 이것이 때로 그 사람을 극단적인 데로 내몰기도
한다. 그래서 마련된 장치가 바로 예법이다.

예법이란 속내나 감정을 적절하게 몸으로 표현하게 한 것이니, 시쳇
말로 '공인된 퍼포먼스'라 할 수 있다. 바로 이러한 퍼포먼스가 모듬살
이를 더 푸근하게 또 조화롭게 만든다. 그러나 예의의 본질에 대한 이
해가 결여되어서는 한낱 허례허식이 된다. 공자와 순자가 똑같이 강조
한 것도 이것이다.

16장

무왕과 주공의
지극한 효

16.1

子曰: "武王・周公, 其達孝矣乎! 夫孝者, 善繼人之志, 善述人
之事者也. 春秋修其祖廟, 陳其宗器, 設其裳衣, 薦其時食.

공자께서 말씀하셨다.
"무왕과 주공은 지극한 효자로구나! 대저 효라는 것은 선조
의 뜻을 잘 이어가고, 선조의 일을 잘 따라 행하는 것이다. 봄
과 가을에는 조상의 사당을 고치고 조상이 쓰던 그릇들을 벌
여놓고 조상의 의복을 펼쳐놓고 제철 음식을 올린다.

注釋 달(達)은 궁극에 이르다, 곧 지극하다는 뜻이다. 인(人)은 선
인(先人)으로, 선조나 조상을 뜻한다. 묘(廟)는 조상의 신주를 모신 곳,
사당을 뜻한다. 진(陳)은 늘어놓다, 벌여놓다는 뜻이다. 종기(宗器)는
조상 때부터 쓰던 제사 그릇을 뜻한다. 설(設)은 펼치다는 뜻이다. 상의
(裳衣)는 조상이 남긴 의복이다. 천(薦)은 제사 음식을 올리다는 뜻이
다. 시식(時食)은 네 계절의 제사 때에 각각 올리는 제철 음식이다.

蛇足 무왕과 주공이 한 일에 대해서는 앞서 다루었다. 그들은 왕업
을 이루고 천하를 안정시키는 큰일을 했다. 특히 주공은 예제(禮制)를
마련하여 무왕의 일을 제도적 측면에서 매듭지었다. 이러한 일은 선조
들이 남기고 선친인 문왕이 하려 했던 사업을 마무리한 것이므로 효를
다하였다고 보아서 '지극한 효자'라 일컬은 것이다. 효가 단순히 어버
이를 섬기는 일에서 그치지 않고, 크게는 조상들의 뜻을 잘 잇고 그들
이 남긴 일을 잘 따라 행하는 것임을 알 수 있다.
  또 여기서 사당을 고치고 제기를 벌여놓고 음식을 올리며 지내는 제
사는 조상들을 기리는 데에만 그 의의가 있지 않다. 이 제사는 천자가
지내는 것이다. 천자의 제사는 그 상징적인 의미가 실로 크다. 특히 주

왕조에서 조상신에게 지내는 제사는 통치 제도와 밀접한 관련이 있다.

앞서 15.3에서는 주공이 윗대 조상들을 모두 천자의 예로써 제사 지냈을 뿐 아니라 그 예를 일반 백성에까지 미치게 했다고 하였다. 이는 예로써 천하를 아우르려 한 것인데, 이른바 종법제(宗法制)라는 것이다. 종법제란 왕과 동성(同姓)의 제후, 제후와 경(卿)·대부(大夫)의 관계를 친소(親疏)를 기준으로 종족 내의 신분을 규정한 것이다. 이 종법제를 바탕으로 왕은 제후에게 일정한 영지를 주어서 나라를 이루어 다스리게 하였는데, 이것이 바로 봉건제(封建制)다. 봉건이란 '봉토건국(封土建國)'을 줄인 말이다. 『사기』〈주본기〉를 보면, 무왕이 상나라를 멸망시킨 뒤에 제후들을 봉한 일에 대해 이렇게 적고 있다.

> 무왕은 거룩한 선조들을 추모하는 뜻에서 신농(神農)의 후손을 초(焦)에, 황제(黃帝)의 후손을 축(祝)에, 요의 후손을 계(薊)에, 순의 후손을 진(陳)에, 우의 후손을 기(杞)에 각각 포상하여 봉하였다. 이어 공신과 모사(謀士)를 봉하였는데, 군사 상보(尙父, 강태공)가 가장 먼저 봉하여졌다. 군사 상보를 영구(營丘)에 봉하고 제(齊)라 불렀으며, 동생 주공 단을 곡부(曲阜)에 봉하고 노(魯)라 불렀다. 소공 석(奭)은 연(燕)에 봉하였고, 동생 숙선(叔鮮, 관숙)은 관(管)에 봉하였으며, 동생 숙탁(叔度, 채숙)은 채(蔡)에 봉하였다. 나머지도 각각 차례대로 봉하였다.

이 제도 아래에서 제후는 다시 동성의 가신(家臣)에게 영지를 사여(賜與)하여 가문을 이루게 하였으니, 그들이 경·대부다. 이는 기본적으로 혈연적 친소에 따라 권력과 부를 차등적으로 분배한 것으로, 주 왕조가 천하를 효과적으로 통합하고 다스리기 위해 고안한 제도다. 봉건제의 이면에는 모든 토지가 왕의 땅이고 모든 인민이 왕의 신하라는 이념이 자리하고 있다.

주 왕조의 토대였던 종법제와 봉건제는 춘추시대에 들어서 흔들리기 시작하였는데, 공자가 예악을 다시 정립하고자 애썼던 것도 그 때문이다. 그러나 갈수록 심각해지는 예악의 붕괴와 더욱더 빈번해지는 하극상은 그러한 제도가 다시는 회복될 수 없는 것임을 여실하게 보여주었다. 그리하여 마침내 종법제와 봉건제는 전국시대가 되면서 완전히 무너졌다.

16.2

宗廟之禮, 所以序昭穆也. 序爵, 所以辨貴賤也; 序事, 所以辨賢也. 旅酬, 下爲上, 所以逮賤也. 燕毛, 所以序齒也.

> 종묘의 예에서는 위패의 차례를 정하는 것이 바탕이다. 신분으로써 차례를 매기는 것은 귀함과 천함을 가리기 위함이고, 일로써 차례를 매기는 것은 현명함을 가리기 위함이다. 제사 말미에 술잔을 돌릴 때 아랫사람이 윗사람이 되는 것은 미천한 사람에게도 미치도록 하려는 것이다. 제사 뒤의 잔치에서 머리털 색깔을 따지는 것은 나이의 순서를 정하기 위해서다.

注釋　서(序)는 차례를 매기다는 뜻이다. 소목(昭穆)은 조상의 신주를 사당에 모시는 차례를 뜻한다. 천자는 7대의 신주를 모시고, 제후는 5대의 신주를 모시며, 대부는 3대의 신주를 모신다. 천자의 경우, 북쪽에 남향하여 시조를 모시고, 왼쪽(동쪽)에는 2세·4세·6세의 신주를 차례로 모시는데 이를 소라 하고, 오른쪽(서쪽)에 3세·5세·7세의 신주를 차례로 모시는데 이를 목이라 한다. 작(爵)은 신분의 위계로서, 공(公)·경(卿)·대부(大夫)·사(士) 등을 가리킨다. 사(事)는 제사 음식을 올리는 일을 뜻한다. 려(旅)는 여러 사람, 많은 사람을 뜻한다. 수(酬)는

제사 말미에 술잔을 돌리는 일인데, 흔히 말하는 음복(飮福)이다. 체 (逮)는 미치다, 이르다는 뜻인데, 여기서는 제사에 참여시키다는 말맛 이 있다. 연(燕)은 제사 지낸 뒤의 잔치를 뜻한다. 모(毛)는 머리털의 색 깔을 뜻한다. 치(齒)는 나이를 뜻한다.

蛇足 종묘의 예는 천자가 주관하는 제사다. 여기서는 이 제사가 진 행되는 과정을 차례대로 말하고 있다. 사당에 모시는 신주의 차례를 정 하는 소목이 가장 먼저 할 일이다. 이어서 공과 경, 대부 등을 신분에 따라 차례를 매겨서 제사를 돕게 한다. 앞서 종법제가 봉건제의 토대가 된다고 했는데, 바로 여기서 그 점을 확인할 수 있다. 천자가 중심이 되 고 제후들과 경·대부들이 천자를 에워싸고 제사를 지내는 것은 천자 가 제후들에게 영지를 하사하고 권력을 분배하여 다스리게 하는 것과 다르지 않다. 공자가 "정치는 덕으로써 하는 것이니, 비유하자면 북극 성은 제 자리를 지키고 있는데 뭇별들이 그를 에워싸고 도는 것과 같 다"(爲政以德, 譬如北辰居其所而衆星共之. -「위정」)라고 말한 것도 이러 한 맥락에서 이해하면 그 뜻을 쉽게 알 수 있다.

"일로써 차례를 매긴다"는 것은 제사 음식을 올리는 순서를 정한다 는 뜻이다. 이는 신분에 따라 하는 것이 아니라 현명함을 판단 기준으 로 삼아서 한다. 덕과 지혜를 갖추었을 때 현명하다고 한다. 따라서 신 분이 높다고 반드시 현명한 것이 아니고, 신분이 낮아도 현명한 이가 있다. 왜 현명한 이가 제사를 지내는 일에서 중요한지는 『예기』「제통 (祭統)」에서 말한 바 있다.

현자가 제사를 지내면 반드시 합당한 복을 받는다. 그것은 세상사 람들이 말하는 복이 아니다. 복이란 갖추어짐이고, 갖추어짐이란 온갖 일들이 순조로운 것을 이른다. 순조롭지 않음이 없는 것을 갖 추어짐이라 하니, 이는 안으로 나에게서 남김없이 다하여 밖으로

도를 따르는 것이다. 참된 신하가 그 임금을 섬기고 효자가 그 어버이를 섬기는 일은 그 근본이 하나다. 위로는 귀신을 따르고 밖으로는 임금과 어른을 따르며 안으로는 어버이에게 효도하니, 이와 같이 하는 것을 갖추어짐이라 한다. 오로지 현자라야 갖추어지게 할 수 있으니, 갖추어진 뒤에야 제사를 지낼 수 있다.

(賢者之祭也, 必受其福. 非世所謂福也. 福者, 備也. 備者, 百順之名也. 無所不順者謂之備, 言內盡於己而外順於道也. 忠臣以事其君, 孝子以事其親, 其本一也. 上則順於鬼神, 外則順於君長, 內則以孝於親, 如此之謂備. 唯賢者能備, 能備然後能祭.)

현명한 이로 하여금 제사를 지내게 하는 데에는 또 다른 의미가 숨겨져 있다. 앞서 종법제가 봉건제의 토대가 된다고 했던 것처럼 제사 또한 정치나 통치에 대한 일종의 상징으로 간주된다. 말하자면, 현자를 쓰지 않으면 제사가 원활하게 진행되지 못하고 또 알맞은 복을 받을 수 없는 것처럼 현실 정치에서도 현자를 기용하지 않으면 나랏일이 제대로 돌아가지 않는다는 것이다. 수많은 왕조의 역사를 통해 드러나듯이 현명하지 못한데 신분이 높은 이들이 정치를 도맡아서 하면 그 나라는 혼란에 빠져 간간해진다. 그러므로 반드시 현명한 이를 써야만 나랏일이 원활하게 돌아가서 나라와 백성들이 간간해지는 지경으로 떨어지지 않는다. 그것이 "일로써 차례를 매긴다"는 말에 숨겨진 뜻이다.

이렇게 제사가 진행되어 끝에 이르면, 음복(飮福)을 하게 된다. 오늘날에도 제사의 끝에 하는 음복은 그 기원이 여기에 있다. 이 음복에서는 제사를 지낼 때에 참여하지 못한 이, 즉 제사를 지내는 과정에서 아무런 역할도 하지 못한 이를 먼저 배려한다. 그래서 자칫 느낄 수 있는 소외감을 없애주고, 제례에 참여했다는 영광을 함께 누리도록 해준다. 그까짓 것이 무슨 대수냐고 여길지 모르겠으나, 옛 사람들은 분명히 아주 특별하게 여겼다. 가령, 『사기』를 편찬한 사마천의 부친 사마

담(司馬談)은 천자가 태산에 올라 제사를 올리는 봉선(封禪) 의식에 참여하지 못한 일로 화병을 얻어서 그만 쓰러졌다.(『사기』권130, 〈태사공자서〉) 그만큼 옛사람들에게 제례는 각별한 것이었다. 제례는 매우 특별한 행사로서 의미를 가졌다. 특히 천자가 주관하는 제례는 더욱더 그러하다. 오늘날 4년에 한 번 전 세계인을 축제로 몰아넣는 올림픽이나 월드컵은 고대의 제례와 거의 똑같은 의의를 갖는다. 이 축제의 개막식이나 폐막식에 참석하려고 얼마나 많은 이들이 애쓰는가? 관중석에 앉아서 응원을 하고 환호를 보내는 일조차 대단하게 여기지 않는가. 이는 비록 선수로 뛰지는 못해도 거기에 참석했다는 감흥이 실로 크기 때문이다. 결국 제례의 공간에 있으면서도 제사 과정에서는 아무런 역할을 하지 못하는 이가 있을 수 있으므로 그런 사람에게도 참여의 영광을 누리게 해주려는 뜻에서 "제사 말미에 술잔을 돌릴 때 아랫사람이 윗사람이 되게" 하는 것이다.

그리고 음복을 하나의 상징으로 보자면, 역시 정치와 관련해서 말할 수 있다. 앞서 현자가 제사 지내는 일이 곧 정치에 현자를 기용하는 것을 상징한다고 했듯이, 음복에서 아랫사람을 먼저 배려하는 것은 곧 정치가 백성들에게 은혜를 베푸는 일이어야 함을 은근히 드러낸 것이라 할 수 있다. 실제로 제사가 행해지는 사당은 그대로 국내(國內)를 상징한다고 할 수 있다. 그래서 『예기』「제통」에서도 "제사는 임금의 덕택이 크다는 것을 나타낸다. 이런 까닭에 윗사람에게 크나큰 덕택이 있으면 그 은혜는 반드시 아랫사람(백성)에게 미친다"(祭者, 澤之大者也. 是故, 上有大澤, 則惠必及下.)라고 한 것이다.

제사가 끝난 뒤에는 잔치가 벌어진다. 이 잔치는 제사와 달리 비공식적인 행사이기 때문에 신분이나 현명함으로 차례를 매기지 않는다. 순수하게 나이로써 순서를 따지는데, 그것을 "제사 뒤의 잔치에서 머리털 색깔을 따진다"고 한 것이다. 이는 공적인 일과 사적인 일에서 무엇을 기준으로 행동하고 또 서로 대접해야 하는가 하는 점에서 오늘날에도 음미해볼 만한 내용이다.

소목의 의미와 의의

여기서 소목에 대해 잠시 살펴보자. 소목은 사당에서 조상을 모실 때 그 위패의 차례를 정하는 일이다. 제례에서 이렇게 소목을 두는 까닭에 대해서는 『예기』「제통」에서 말한 바 있다.

> 제사에는 소목이 있는데, 소목이란 아비와 자식, (시간적으로) 먼 사람과 가까운 사람, 나이 많은 이와 어린 사람, (사이가) 가까운 사람과 버성긴 사람 등의 차례를 구별하여 질서를 어지럽히지 않게 하려는 것이다. 이런 까닭에 태묘에서 제사를 지내면 소 계통과 목 계통이 모두 모여서 그 차례를 잃지 않게 되니, 이를 가까움과 버성김의 거리를 줄인다고 한다.
> (夫祭有昭穆. 昭穆者, 所以別父子遠近長幼親疏之序, 而無亂也. 是故, 有事於大廟, 則羣昭羣穆咸在, 而不失其倫. 此之謂親疏之殺也.)

우선은 조상들의 계보를 정리한다는 의미가 강하다는 것을 알 수 있다. 부자, 원근, 장유, 친소 등은 모두 혈연 안에서 따진 것이다. 그런데 이렇게 죽은 조상들의 차례를 매긴다는 것이 일상에서 어떤 의미를 가지는가? 이에 대해서도 『예기』를 참조할 만한데, 「대전(大傳)」에서 다음과 같이 말하였다.

> 위로 할아버지와 아버지가 있으니, 높은 이를 높이는 것이다. 아래로 아들과 손자가 있으니, 가까운 이를 가깝게 하는 것이다. 곁으로는 형제와 종형제의 관계를 바로잡아야 한다. 온 친족이 모여서 식사를 할 때, 소목의 차례를 지키고 예법과 올바름으로써 구별한다

면, 사람의 길을 다한 것이다.

(上治祖禰, 尊尊也. 下治子孫, 親親也. 旁治昆弟. 合族以食, 序以昭繆, 別之以禮義, 人道竭矣.)

사당에서 제사를 지낼 때의 소목은 단순히 조상들의 차례를 매기는 데서 그치는 것이 아니라, 일상에서 친족 관계를 바로잡는 데로 이어짐을 알 수 있다. 옛날에는 대가족이 모여 살거나 한 씨족이 마을을 이루며 살았기 때문에 복잡한 혈연 관계를 바로잡는 일이 매우 중요했다. 그것을 일상에서 만날 때마다 일일이 따지며 바로잡을 수는 없는 일이었으므로 제례라는 공적인 행사를 통해서 한차례 바로잡는 것은 간단하고도 긴요한 일이었다. 따라서 그저 조상을 섬기는 종교적인 의례가 아니라, 일상에서 사람의 길을 다하기 위한 한 방편이었던 것이다.

그런데 이러한 소목이 오늘날에 무슨 소용이 있느냐고 반문하는 이가 있을 것이다. 물론 오늘날에는 옛날과 달리 소가족 단위로 생활하고 또 친족들이 곳곳에 흩어져 살기 때문에 일상에서 서로 만날 일도 드물다. 그러나 이는 혈연관계가 소원해진 것이지, 인간관계가 덜 복잡해진 것을 의미하지 않는다. 혈연으로 따질 수 없는 이들과 어우러져야 한다는 점에서 오히려 더욱 복잡해진 관계망 속에서 산다고 해야 할 것이다. 바로 그 때문에 어디서든 인간관계로 말미암은 괴로움을 호소하고 있다. 왜 괴로운가? 어떻게 처신해야 할지 몰라서다. 왜 모르는가? 나와 상대의 관계를 어떻게 보아야 할지에 대한 최소한의 이해나 판단 기준이 결여되어 있어서다. 평소에 그런 문제를 중요하게 생각하지 않은 탓이다.

혈연관계를 축으로 세운 예법이라도 거기에는 인간관계의 기본적인 원리가 담겨 있다. 그러한 원리를 이해함으로써 일상의 갖가지 관계들을 적실하게 파악하여 적절하게 행동할 수 있다. 예라는 것이 일상에서 알맞게 하는 행동거지를 이른다는 사실을 잊지 않고 있다면, 그저 옛날의 예법이라고 치지도외할 수 없다는 것도 알게 될 것이다.

16.3 ————————————————————

踐其位, 行其禮, 奏其樂, 敬其所尊, 愛其所親. 事死如事生, 事
亡如事存, 孝之至也.

> 그 자리에 나아가 그 예를 행하고 그 음악을 연주하며, 조
> 상이 높였던 분에게 지극히 하고 조상이 가까이하셨던 분을
> 아낀다. 돌아가신 분을 마치 살아 계신 듯이 섬기고, 계시지
> 않은 분을 마치 앞에 계신 듯이 섬기는 것, 이것이 지극한
> 효도다.

注釋　천(踐)은 어떤 자리에 오르다, 나아가다는 뜻이다. 기(其)는
선조 또는 조상을 가리킨다. 주(奏)는 음악을 울리다는 뜻이다. 망(亡)
은 무(無)와 같다.

蛇足　'그 자리'는 선조의 자리, 곧 선조가 제의를 지내던 자리를 가
리킨다. 임금은 예복을 갖추어 입고 예관(禮冠)을 쓰고서 선조의 자리
로 나아간다. 그런 뒤에 선조들이 행하던 예를 행한다. 술을 떠서 땅에
뿌리는 행위 따위가 그런 것이다. 음악도 선조들이 연주하던 것인데,
아래에서 언급되는 체(禘) 제사와 상(嘗) 제사의 경우에는 다음과 같이
음악을 사용했다고 한다.

> 대상과 대체에서는 악사들이 당으로 올라가서는 청묘(淸廟)를 노
> 래하고, 당 아래에서는 피리로 상무(象武)를 연주하며, 무인(舞人)
> 은 붉은 방패와 큰 도끼를 들고 대무(大武)를 추며, 팔일무(八佾舞)

로써 대하(大夏)를 춤추니, 이는 천자가 제사에서 쓰는 음악이다. -
『예기』「제통」

(夫大嘗禘, 升歌淸廟, 下而管象, 朱干玉戚以舞大武, 八佾以舞大夏, 此
天子之樂也.)

이렇게 제례에서 음악을 연주하는 것은 음악을 통해 제사 지내는 이
들의 마음이 선조에게 미치고 신령과도 통한다고 여겼기 때문이다. 여
기에서 그치지 않는다. 이렇게 종묘에서 제사 지내면서 연주하는 음악
은 정치와 사회의 조화를 이루고자 하는 열망과 의지의 표현이기도 하
다. 이에 대해 순자는 「악론(樂論)」에서 다음과 같이 말하였다.

그러므로 음악이 종묘 안에서 연주될 때 임금과 신하, 위와 아래의
사람들이 함께 들으면 서로 어우러지면서 지극해지지 않음이 없게
된다. 집안에서 연주될 때 아비와 자식, 형과 아우 들이 함께 들으면
서로 어우러지면서 가까워지지 않음이 없게 된다. 마을의 회합이나
씨족의 모임에서 연주될 때, 어른들과 젊은이들이 함께 들으면 서
로 어우러지면서 따르지 않음이 없게 된다.

(故樂在宗廟之中, 君臣上下同聽之, 則莫不和敬; 闔門之內, 父子兄弟同
聽之, 則莫不和親; 鄕里族長之中, 長少同聽之, 則莫不和順.)

가락을 띠어야 음악이다. 높거나 낮은 소리, 강하거나 약한 소리, 길
거나 짧은 소리 들이 제각각 자기 자리를 잡고 있으면서 서로 어우러져
나오는 것이 가락이다. 음악의 본령이 어울림일 수밖에 없는 이유가 여
기에 있다. 인간사회는 다양한 신분과 지위, 연령 등에서 비롯되는 갖
가지 갈등과 대립으로 항상 몸살을 앓고 있는데, 그것은 획일화로써 통
일이나 통합을 이루려 하기 때문이다. 획일화는 다양성을 인정하지 않
는 전제적인 억압이다. 획일화로는 결코 조화를 이룰 수 없다. 그 점을

음악이 잘 일깨워준다. 공자가 예의와 더불어 음악을 강조한 것은 고대의 성왕들이 남겼기 때문만은 아니다. 그것이 정치적으로나 사회적으로 융화를 이끌어내는 바탕이 되기 때문이다.

일상에서 생각과 말과 행동이 가락을 띠면, 그것이 바로 중용이다.

16.4

郊社之禮, 所以事上帝也; 宗廟之禮, 所以祀乎其先也. 明乎郊社之禮·禘嘗之義, 治國其如示諸掌乎!"

> 하늘에 지내는 제사와 땅에 지내는 제사의 예는 상제를 섬기는 것이요, 종묘의 예는 그 조상을 제사 지내는 것이다. 하늘과 땅에 제사 지내는 예와 조상에게 제사 지내고 가을에 제사 지내는 뜻을 환히 안다면, 나라를 다스리는 일은 손바닥을 보는 것과 같으리라!"

注釋 교(郊)는 하늘의 은덕에 보답하는 제사고, 사(社)는 토지신에게 지내는 제사다. 체(禘)는 봄에 지내는 제사이며, 상(嘗)은 가을에 지내는 제사다. 저(諸)는 지어(之於)와 같다.

蛇足 왜 이토록 제사를 중시하는가? 어떻게 제사의 뜻을 알면 나라를 다스리는 일이 손바닥 뒤집는 일처럼 쉬워지는 것일까?

> 제사를 자주 지내려 해서는 안 된다. 자주 지내면 성가시게 되고, 성가시게 되면 지극해지지 않는다. 그렇다고 제사를 띄엄띄엄해서도 안 된다. 띄엄띄엄하면 데면데면해지고, 데면데면해지면 지극함을 잊는다. -『예기』「제의(祭義)」

(祭不欲數, 數則煩, 煩則不敬. 祭不欲疏, 疏則怠, 怠則忘.)

공자 사상의 핵심은 신이 아니라 인간을 삶과 정치의 중심에 놓았다는 데에 있다. 이른바 '인문주의'다. 앎이란 무엇이냐는 물음에 대해 공자가 "백성들이 올바라지도록 힘쓰고, 귀신을 삼가 받들면서 멀리한다면, 안다고 할 수 있다"(『논어』「옹야」)라고 한 말은 그런 인문주의를 단적으로 드러낸 것이다. 그럼에도 왜 제사에 대해 강조하는가? 그것은 제사를 지내는 마음, 즉 '지극한 마음'이 현실 정치에서나 인간 관계에 그대로 적용될 수 있고 또 조화를 이루는 데에 가장 근본이 되기 때문이다. 이에 대해서도 『예기』「제통」에서 자세하게 들려준다.

옛날에 체 제사 때에는 신하에게 작위와 의복을 내렸으니, 이는 양의 뜻을 따른 것이다. 상 제사 때에는 영지에서 사냥을 하고 형벌을 처리하게 하였으니, 이는 음의 뜻을 따른 것이다. 그러므로 옛 기록에, "상제(嘗祭)를 지내는 날에는 공실(公室)의 곳간을 열어 사람들에게 상을 내린다"고 하였다. 풀을 벨 때가 되면 묵형을 행하는데, 형벌을 처리하라는 명이 내리지 않으면 백성들이 감히 풀을 베지 못했다. 그래서 "체 제사와 상 제사의 뜻은 매우 크다. 그것은 나라를 다스리는 근본이니, 몰라서는 안 된다"고 하는 것이다. 제사의 뜻을 환히 아는 자는 임금이고, 제사를 잘 돕는 자는 신하다. 그 뜻을 환히 알지 못하면 오롯한 임금이 되지 못하고, 그 일을 제대로 돕지 못하면 오롯한 신하가 되지 못한다.
(古者於禘也, 發爵賜服, 順陽義也. 於嘗也, 出田邑, 發秋政, 順陰義也. 故記曰, "嘗之日, 發公室, 示嘗也." 莫艾則墨, 未發秋政, 則民弗敢草也. 故曰"禘嘗之義大矣, 治國之本也, 不可不知也." 明其義者, 君也, 能其事者, 臣也. 不明其義, 君人不全. 不能其事, 爲臣不全.)

제사는 천지의 운행에 맞게 지낸다. 체 제사는 봄에, 상 제사는 가을에 지내는데, 이는 자연의 법칙을 따른 것이다. 양의 뜻을 따른다거나 음의 뜻을 따른다고 한 말이 그것이다. 이는 농사를 짓는 일과 긴밀한 관계가 있다. 뿐만 아니라, 계절에 따라 형벌을 처리하는 것도 달랐다. 봄에는 비교적 가벼운 형벌을 처리했고, 가을에는 무거운 형벌을 처리했다. 가을은 차가워지는 계절이니, 엄정하게 형법을 적용할 시기로 여겨졌던 것이다. 또 가을걷이를 한 뒤에는 사냥을 통한 군사훈련을 하였다. 이 모두 계절의 변화와 관련이 있다.

일상의 작은 변화에 견주면, 계절의 변화는 큰 단위에서 이루어지는 것이다. 그러나 변화에 따라 해야 할 일이 있고, 그 일을 알맞게 처리해야 한다는 점에서는 다르지 않다. 결국 일상에서 해야 할 중용을 나라를 다스리는 데서도 역시 해야 한다는 것을 제사를 통해 일깨워주고 있는 셈이다. 제사를 하늘에 지내든 땅에 지내든, 조상에게 지내든, 제사에는 인간이 살아가면서 벗어날 수 없는 '길' 즉 다스림의 법칙, 어울림의 이치가 담겨 있기 때문에 결국 제사의 예와 뜻을 환히 알면 나라나 천하를 다스릴 수 있다고 한 것이다.

17장

정치는 사람을 얻는 데 달렸다

17.1

哀公問政.

子曰: "文武之政, 布在方策. 其人存, 則其政舉; 其人亡, 則其政息." 人道敏政, 地道敏樹. 夫政也者, 蒲盧也.

> 애공이 정치에 대해 물었다. 공자가 대답하였다.
>
> "문왕과 무왕의 정치에 대해서는 목판과 대쪽에 잘 씌어져 있습니다. 그 사람이 있으면 그 정치가 행해지고, 그 사람이 없으면 그 정치는 그칩니다."
>
> 사람의 길은 정치를 북돋아주고, 땅의 길은 나무를 북돋아준다. 대저 정치란 갈대와 같다.

注釋 포(布)는 펴다, 벌이다는 뜻으로, 여기서는 글이 쓰인 것을 가리킨다. 방(方)은 목판을 뜻하고, 책(策)은 대쪽을 뜻한다. 둘 다 고대에 글씨를 쓰던 재료다. 기인(其人)은 현자를 가리킨다. 거(舉)는 실행하다, 실행되다는 뜻이다. 민(敏)은 힘쓰다는 뜻으로, 여기서는 북돋다는 말맛이 있다. 포로(蒲盧)는 포로(蒲蘆)와 같으며, 흔히 갈대를 뜻하는 포위(蒲葦)로 풀이한다.

蛇足 공자는 애공이 정치란 어떤 것이냐고 묻자, 문왕과 무왕을 대뜸 거론하였다. 그리고 그들의 정치는 기록으로 전한다고 하면서 자세한 것은 기록을 참조하라고 하였다. 그러면서 그 기록을 통해 엿볼 수 있는 정치의 요체가 무엇인지 간결하게 표현하였으니, 바로 "그 사람이 있으면 그 정치가 행해지고, 그 사람이 없으면 그 정치는 그칩니다"라는 것이었다. 이는 결국 사람을 잘 쓰는 것이 정치의 요체라는 말이다.

『논어』에도 애공이 공자와 문답을 나눈 게 있다.

187

애공이 물었다.

"어떻게 해야 백성들이 따릅니까?"

공 스승께서 대답하셨다.

"곧은 자를 들어 굽은 자 위에 두면 백성들은 따르오. 허나 굽은 자를 들어 곧은 자 위에 두면 백성들은 따르지 않소." - 『논어』 「위정」
(哀公問曰: "何爲則民服?" 孔子對曰: "擧直錯諸枉, 則民服; 擧枉錯諸直, 則民不服.")

애공이 공자에게 물은 속뜻은 손쉽게 백성들이 자신의 명령을 따르도록 할 방도가 있느냐는 것이었다. 그런데 공자는 사람 쓰는 일을 말해주었다. 곧은 자와 굽은 자를 어떻게 쓰느냐는 것이 관건이라고 했는데, 이는 애공 자신이 사사로움을 버리고 지혜로워야 한다는 뜻으로 말한 것이다. 사사로움이 있는 사람은 자신과 얼마나 가까우냐로 남을 판단할 뿐, 지혜나 덕으로써 판단하지 않는다. 그래서 사람을 잘 쓰려고 하지만, 결국은 굽은 자를 써서 일을 그르친다.

정치에서 사람을 중요하게 여기는 것은 유가 학파의 특성이다. 법가에서는 사람의 자질이나 현우(賢愚)가 한결같을 수 없으므로 오로지 법과 형벌로 다스려야 한다고 주장한다. 그런데 법가의 주장 또한 간과한 것이 있다. 바로 법을 시행하고 형벌을 행하는 것도 사람에게 달려 있다는 사실 말이다. 또 법가에서는 시세의 변화에 따라 법을 고치고 형벌도 변화시켜야 한다고 주장하는데, 그 일은 대체 누가 하는가? 역시 사람이다. 아무리 제도가 정교하고 법과 형벌이 치밀하다고 하더라도 그것을 만들고 시행하는 것은 결국 사람의 몫이다. 그러니 정치에서 사람을 빼고 무엇을 말할 수 있겠는가? 그 점에서 유가는 그 소박한 이치를 바탕으로 정치를 해나가야 한다고 주장한다.

공자가 말한 곧은 자는 현자를 가리킨다. 공자가 현자를 말한 것은 그 존재 자체가 하나의 본보기가 될 수 있기 때문이다. 현자를 쓰면 사람들을 감화시키는 언행을 보여주므로 굳이 법이나 형벌을 통해 강제할 필요가 없다. 그런 현자의 언행이 어떠한지에 대해서는 『순자』「애공(哀公)」편에 자세하게 나와 있다. 『순자』에서 이 편은 순자 자신이 직접 쓴 것이 아니라 그의 사후에 덧붙여진 것으로 간주되기도 하지만, 그래도 참조할 만하다.

> 애공이 물었다. "좋소! 어떠한 사람이라야 현인이라 할 수 있겠소?"
> 공자가 대답하였다. "이른바 현인이란, 행동은 그림자나 먹줄처럼 알맞으면서도 본바탕을 다치지 않게 하고, 말은 천하에 본보기가 되기에 넉넉하면서 제 몸을 다치지 않게 하며, 가멸져서 천하를 가진다 해도 재물을 쌓아두지 않고, 천하 사람들에게 두루 베풀면서 가난해질까 걱정하지 않는 사람입니다. 이와 같다면 현인이라 할 만합니다."
> (哀公曰: "善! 敢問何如斯可謂賢人矣?" 孔子對曰: "所謂賢人者, 行中規繩而不傷於本, 言足法於天下而不傷於身, 富有天下而無怨財, 布施天下而不病貧. 如此則可謂賢人矣.")

행동은 법도에 어긋나지 않고, 해야 할 때 할 말을 알맞게 하며, 재물은 남들과 함께 쓰려는 사람, 이런 사람에게는 사사로움이 없다. 사사로움이 없으므로 백성들을 다스리는 일에 적임자다. 제 뱃속을 채우려는 자는 부모나 처자식도 돌보지 않으려 할 터인데, 어찌 백성들을 다스리랴.

이 『중용』에서는 줄곧 군자의 길에 대해 이야기하고 있는데, 현자는 군자의 길을 가면서 무르익힌 사람이라 할 수 있다. 현자가 있으면 정치가 행해진다는 것은 그가 이미 군자의 길, 사람의 길을 깊이 체득했기 때문이다. 그래서 현자의 정치는 그대로 백성들을 살리는 일이 된다. 이를 땅이 초목을 북돋아주는 것과 같다고 해서 "사람의 길은 정치를 북돋운다"고 말한 것이다. 우리말에 "새우젓은 곰삭아야 제맛이 난다"고 했는데, 현자는 바로 군자의 길을 제 몸으로 곰삭힌 사람이다.

　그런데 "정치는 갈대와 같다"는 표현은 무엇인가? 갈대는 습지나 물가에서 쉽게 자라는 식물이다. 그렇듯이 정치라는 것도 현자를 쓰면 습지나 물가에서 갈대가 쉽게 자라듯이 백성들을 위한 정치가 쉽게 행해진다는 뜻이다. 백성이 갈대라면, 현자의 정치는 습지나 물가와 같다는 말이다.

17.2

故爲政在人, 取人以身, 修身以道, 修道以仁. 仁者, 人也, 親親
爲大; 義者, 宜也, 尊賢爲大. 親親之殺, 尊賢之等, 禮所生也.
【在下位, 不獲乎上, 民不可得而治矣.】

　　그러므로 정치를 함은 사람을 얻는 데 달렸으니, 제 몸을 가
　　지고 사람을 얻고, 길을 따라서 몸을 닦으며, 어짊으로써 길
　　을 닦는다. 어짊이란 사람이니, 가까운 이를 가까이하는 것
　　이 가장 큰 일이다. 올바름이란 마땅함이니, 현명한 이를 높
　　이는 것이 가장 큰 일이다. 가까운 이를 가까이하는 일은 줄
　　이고 현명한 이를 높이는 일은 (가까운 이를 가까이하는 것
　　과) 가지런하게 하는 데서 예의가 생긴다. 【아랫자리에 있으
　　면서 윗사람에게 믿음을 얻지 못하면 백성들을 다스릴 수 없
　　다.】

注釋　　재(在)는 얻는다는 뜻으로 쓰였으며, 뒤의 취(取)와 같다. 이신(以身), 이도(以道), 이인(以仁) 등의 이(以)는 근거나 잣대, 방편을 뜻한다. 쇄(殺)는 덜다, 줄이다는 뜻이다. 등(等)은 가지런히 하다는 뜻으로,

여기서는 앞에 나오는 '친친(親親)'에 견주어서 해석해야 한다. 즉, 올바른 정치를 펴기 위해서는 현명한 이를 피붙이를 가까이하는 것처럼 가까이해서 높여야 한다는 뜻이다.【 】안의 구절은 22.2에도 나오는데, 여기에 있는 것은 적절하지 못하다.

蛇足　이 글의 주체는 군주다. 나라나 천하를 맡은 군주로서 올바른 정치를 해나가기 위해서는 먼저 무엇을 해야 하는지에 대해 자세하게 언급하고 있다.

어른들이 자기 자식에게 흔히 하는 말에 "좋은 친구를 사귀어라"는 게 있다. 그런데 얼핏 들으면 이치에 닿는 말 같지만, 곱씹어보면 전혀 그렇지 않다. 유유상종(類類相從)이라는 말처럼 사람들은 서로 비슷한 부류끼리 모이거나 사귀는 법이다. 나와 같지 않은 사람을 사귀는 일은 매우 드물다. 있더라도 잠깐이다. 그렇다면, 내가 좋은 사람이 아니면 좋은 친구를 얻을 수 없는 것이 아닌가. 내가 이미 좋은 친구라면 굳이 애쓰지 않아도 좋은 친구를 사귀게 된다. 이는 자연스런 일이다. 만약 나 자신이 좋지 못하다면, 어떻게 좋은 친구를 얻을 수 있겠는가. 아니, 좋은 친구는 어디 눈이 멀어서 좋지 못한 나를 사귄다는 말인가? 그러니 "좋은 친구를 사귀어라"고 할 게 아니라, "네가 좋은 친구가 되어라"고 가르쳐야 하지 않을까? 정치에서도 마찬가지다.

"제 몸으로써 사람을 얻는다"는 말은 군주 자신이 바로 사람들의 마음을 얻는 기준이 되어야 한다는 것이다. 어떤 군주든지 현명한 사람을 얻고 싶어한다. 그러나 얻고 싶어한다고 해서 얻어지는 건 아니다. 현명한 사람은 어진 군주를 가까이한다. 어진 군주라야 자신을 써줄 것을 알기 때문이다. 어질지 못한 군주가 있으면, 결코 나서지 않는다. 어질지 못한 군주가 권력으로 현자를 부른다면, 그를 억지로 끌고 갈 수는 있어도 그의 마음을 얻지는 못한다. 공자가 말하지 않았던가, "삼군에서 그 장수를 빼앗을 수는 있다. 그러나 하찮은 사내라도 그 뜻을 빼앗을 수는 없다"(三軍可奪帥也. 匹夫不可奪志也. - 『논어』「자한(子罕)」)
고. 하찮은 사내의 뜻도 함부로 할 수 없는데, 하물며 현자의 뜻을 어떻
게 굽힐 수 있겠는가. 결국 군주가 먼저 자신을 바로잡고 바로 세워야
만 현명한 사람을 얻어서 올바른 정치를 두루 행할 수 있다는 말이다.

> 성인은 어찌하여 속지 않는가? 말하기를, "성인은 자신을 헤아림의
> 기준으로 삼기 때문이다"라고 한다. 그러므로 사람으로써 사람을
> 헤아리고, 실정으로써 실정을 헤아리며, 같은 부류로써 부류를 헤
> 아리고, 설득력으로써 성금을 헤아리며, 도로써 남김없이 다 살피
> 니, 이는 예나 이제나 하나다. - 『순자』「비상(非相)」
> (聖人何以不欺? 曰: "聖人者, 以己度者也." 故以人度人, 以情度情, 以類
> 度類, 以說度功, 以道觀盡, 古今一度也.)

현명한 이를 신하로 두려는 군주라면 역시 성인을 자신의 본보기로
삼아야 한다. 『중용』에서 거듭 언급했던 순 임금이나 문왕과 무왕, 주
공 등이 바로 그런 본보기다. 그들이 어떻게 해서 후세에도 일컬어졌는
가는 이미 자세하게 이야기하였는데, 그것을 순자는 위와 같이 간략하
게 정리하였다.

성인은 무릇 모든 판단의 기준을 자신으로 삼는다. 자신이 모든 사
람의 시작이고 출발점이기 때문이다. 그로부터 사람을 헤아리고, 온갖
사물들의 실정을 헤아리며, 갖가지 부류들을 헤아리므로 이윽고 그
말을 들으면 그가 이룬 일을 헤아릴 수 있다. 그러나 이렇게 헤아린 것
이 어긋나지 않고 적실하기 위해서는 "도로써 남김없이 다 살펴야" 한
다. 궁극적으로는 도가 기준이 되고, 그렇기 때문에 흔들림이 없고 속
는 일도 없는 것이다. 이를 『중용』에서는 "길을 따라서 몸을 닦는다"고
하였다.

그렇다면, 길은 어떻게 알 수 있는가? 길을 알고 가지는 않는다. 다

만, 그 길이 사람으로부터 멀리 있지 않음을 안다. 바로 사람 안에서 길을 찾을 수 있고 또 찾아야 한다. 그래서 어짊을 말했고, 그 어짊은 곧 사람이라고 하였다. 물론 사람에는 다양한 부류가 있다. 그 가운데서도 먼저 가까운 사람들을 가까이할 줄 아는 것이 가장 긴요하고 또 큰일이다.

가까운 이를 가까이하는 것이 큰일인 이유는 피붙이들을 먼저 아끼고 헤아리는 일이 자연스러운 일이기는 하지만, 가깝기 때문에 지극하게 대하는 것이 또한 어려운 일이기 때문이다. 무엇보다도 군주의 입장에서는 가깝다고 해서 무턱대고 중요한 자리에 기용할 수도 없고, 또 무조건 정치에서 배제하려다가는 도리어 원망을 사거나 분란을 조장할 수도 있다. 어짊이 사람을 아끼는 일이고 가까운 사람을 아끼는 데서부터 출발하지만, 그것만으로는 한계가 있다. 그래서 올바름을 내세운 것이다. 어짊이 자연스런 감정에 기초한 것이라면, 올바름은 냉철한 이성에 바탕을 둔 판단이어서 서로 보완된다.

이런 어진 마음과 올바른 판단을 아울러 지니고 천하를 다스렸던 이가 바로 요와 순이다. 요가 순을 기용하여 일찌감치 자신을 대신하게 했던 것은 아들이 없어서가 아니었다. 아들보다 순이 더 현명하다는 것을 알았기 때문이다. 그리하여 요는 자신의 아들 단주(丹朱)를 제쳐두고 순에게 제위를 선양하였다. 순 또한 마찬가지였다. 그도 자신의 아들 상균(商均)이 모자라다고 여겨서 우에게 제위를 넘겨주었다. 이렇게 하여 천하가 계속 태평할 수 있었다. 요와 순은 어질면서 올발랐고 올바르면서 어질었으니, 이것이 바로 참된 어짊이다. 맹자는 이런 어짊에 대해 다음과 같이 말하였다.

요는 순을 얻지 못하는 것이 자신의 걱정이었고, 순은 우와 고요를 얻지 못하는 것이 자기 걱정이었는데, 100무의 밭을 다스리지 못하는 것이 걱정인 자는 농부다. 재물을 남에게 나누어주는 것을 은혜라 하고, 착함을 남에게 가르치는 것을 참된 마음이라 하며, 천하를 위해 사람을 얻는 것을 어짊이라 한다. 이런 까닭에 천하를 남에게 주는 것은 쉬우나, 천하를 위해 사람을 얻는 것은 어렵다. -『맹자』「등문공상」

(堯以不得舜爲己憂, 舜以不得禹皐陶爲己憂, 夫以百畝之不易爲己憂者, 農夫也. 分人以財謂之惠, 敎人以善謂之忠, 爲天下得人者謂之仁. 是故以天下與人易, 爲天下得人難.)

가까운 이를 지나치게 가까이하면 작게는 둘 사이에 파탄이 생기고 크게는 정치를 그르칠 수 있다. 또 현명한 이가 있음을 알아도 피붙이가 아니라면 가까이하는 일이 썩 내키지 않아서 높이 받들어 쓰지 못하여 정치를 어렵게 하거나 천하를 어지럽히기도 한다. 따라서 가까운 이라도 알맞게 거리를 둘 필요가 있고, 올바른 판단으로써 현명한 이를 높여 천하를 위한 정치에 모자람이 없게 할 수 있어야 한다. 이렇게 지나침도 없고 모자람도 없도록 하는 것, 이것이 바로 예의다. 그래서 이를 두고 "가까운 이를 가까이하는 일은 줄이고 현명한 이를 높이는 일은 (가까운 이를 가까이하는 것과) 가지런하게 하는 데서 예의가 생긴다"고 하였다.

이렇게『중용』에서는 예의가 생긴 까닭을 정치적인 관점에서 이야기하면서 감정과 이성의 조율이 필요했기 때문이라 하였는데, 순자는 심리적으로 해석하면서 인간의 본래적인 욕구나 욕망을 잡도리할 필요에서 예의가 비롯되었다고 해석하였다.

예의란 어디에서 일어났는가? 사람은 나면서부터 바라는 것이 있는데, 바라면서도 얻지 못하면 구하지 않을 수 없고, 구하면서 일정한 기준이나 한계가 없으면 다투지 않을 수 없다. 다투면 어지러워지고, 어지러워지면 막다른 데 이른다. 선왕들은 그런 어지러움을 싫어하였기 때문에 예의와 올바른 기준을 세워서 잘 나누었으니, 이로써 사람들의 바람을 알맞게 길러주고 사람들이 구하는 것을 대주어서 그 바람이 결코 물건에서 막히지 않고 또 물건이 그 바람 때문에 다하지 않도록 하여 그 둘이 서로 잘 받쳐주며 자라도록 하였다. 이것이 예의가 일어난 이유다. -『순자』「예론(禮論)」

(禮起於何也? 曰: 人生而有欲, 欲而不得, 則不能無求; 求而無度量分界, 則不能不爭. 爭則亂, 亂則窮. 先王惡其亂也, 故制禮義以分之, 以養人之欲, 給人之求, 使欲必不窮乎物, 物必不屈於欲, 兩者相持而長. 是禮之所起也.)

17.3

故君子不可以不修身. 思修身, 不可以不事親; 思事親, 不可以不知人; 思知人, 不可以不知天.

그러므로 군자라면 몸을 닦지 않을 수 없다. 몸을 닦기로 하면, 어버이를 섬기지 않을 수 없다. 어버이를 섬기려 하면, 사람을 알지 않을 수 없다. 사람을 알려고 하면, 하늘을 알지 않을 수 없다.

蛇足 앞서 군주의 입장에서 제 몸을 닦는 일에 대해 이야기하였는데, 군주가 제 몸을 닦으면서 현명한 이를 높이고 쓴다면 당연히 천하의 선비들은 현명해지려고 애쓸 것이다. 그래서 맹자도 "현명한 이를 높이고 능력 있는 자를 부려서 빼어난 자들이 벼슬자리에 있으면 천하의 선비들이 모두 기뻐하며 그 조정에 서려고 할 것이다"(尊賢使能, 俊傑在位, 則天下之士皆悅, 而願立於其朝矣. -『맹자』「공손추상」)라고 말하였다. 여기서 군자가 몸을 닦는 일에 대해서 말하고 있는 것도 그러한

맥락에서 이해할 수 있다.

그런데 몸을 닦는 일에서 하늘을 아는 것까지 순차적으로 언급하기는 했지만, 이를 하나의 과정으로 여겨서는 안 된다. 어버이를 섬기는 일은 몸을 닦는 일에 힘쓰다 보면 절로 행하게 된다. 제 몸을 닦다가 자연스럽게 자신의 존재에 대해 눈을 돌리기 때문이다. 이른바 출생의 비밀에 눈을 뜨게 되면서 어버이로 말미암아 내가 태어나고 자랐다는 그 사실을 깊이 느끼고 동시에 어버이에 대한 사랑과 존경이 한없이 깊어지는 것이다. 그리고 이와 동시에 어버이 또한 다양하고 복잡한 인간관계의 그물망 속에서 존재하고 있음을 깨닫게 된다. 말하자면, 어버이는 나와 생물학적인 관계로만 이어져 있는 것이 아니라 정치적으로나 사회적으로도 미묘하게 이어져 있음을 알게 되는 것이다. 그리하여 사람에 대해서도 차츰차츰 알게 되는데, 사람에 대해 아는 것이 곧 어버이에 대한 섬김을 더욱 도탑게 해주는 구실을 하기도 한다. 또 사람을 알면 알수록 하늘에 대해서도 더욱 깊이 알게 되는데, 이때의 하늘은 만물의 생장과 소멸의 원리이며 이법이다. 말하자면, 만물 자체에 내재한 이치라 할 수 있다. 그렇기 때문에 몸을 닦는 일이 궁극적으로 하늘을 아는 데에 이르게 되는 것이다.

『중용』첫머리에서 "하늘이 내려준 것을 본바탕이라 하고, 본바탕을 따르는 것을 길이라 한다"고 했다. 그리고 그 길은 어디에나 존재하며 사람이 결코 떠날 수 없는 것이라 했다. 그래서 몸을 닦는 일에서도 길에서 벗어나지 못하고, 어버이를 섬기는 일에서도 길에서 벗어나지 못하며, 사람을 아는 일에서도 길에서 벗어나지 못하므로 자연스럽게 이치로서의 하늘에 대해서도 알게 되는 것이다.

결국 몸을 닦는 수신(修身)에서 하늘을 아는 지천(知天)까지 그 모든 행위는 길을 통해 이어져 있으면서 수신에서 지천까지가 하나의 흐름이나 과정이 아니라 동시적인 것임을 말하고 있다. 수신과 동시에 사친(事親)하고, 사친함과 동시에 지인(知人)하며, 지인함과 동시에 지천하며, 지천함과 동시에 수신이 되는 것이다. 이러한 피드백을 계속함으로써 군자는 차츰차츰 성인의 경지에 다가간다. 전인적(全人的) 차원에서 성인을 말한다면, 군자가 이러한 피드백을 거쳐야 함도 당연하다.

18장

이르러야 할 길과 갖추어야 할 덕

18.1

天下之達道五, 所以行之者三. 曰, 君臣也, 父子也, 夫婦也, 昆弟也, 朋友之交也. 五者, 天下之達道也. 知仁勇三者, 天下之達德也. 所以行之者一也.

세상에서 이르러야 할 길이 다섯이며, 그 길을 가면서 갖추어
야 할 것이 셋이다. 말하자면, 임금과 신하, 아비와 자식, 지아
비와 지어미, 형과 아우, 벗끼리의 사귐이다. 이 다섯은 세상
에서 이르러야 할 길이다. 앎과 어짊과 용기, 이 셋은 세상에
서 갖추어야 할 덕이다. 길을 가고 덕을 행하게 하는 바탕은
하나다."

注釋 달(達)은 시간과 공간에 구애되지 않고 늘 이르러야 하는 것,
즉 늘 해야만 하는 것을 뜻한다. 곤(昆)은 형(兄)과 같다. 소이(所以)는
바탕, 근거를 뜻한다. 행지(行之)의 지(之)는 앞의 달도(達道)와 달덕(達
德)을 아울러 가리키는 것이다.

蛇足 앞서 17장에서는 정치에 있어 사람을 얻는 일에 대해 말하였
다. 사람을 얻기 위해서는 먼저 제 몸을 닦아야 한다고도 하였다. 여기
서는 몸을 닦는 과정에서 가장 중시해야 할 기본적인 인간관계 다섯
가지를 열거하고, 그 다섯 가지 관계를 원만하게 유지하는 데 있어 가
장 긴요한 세 가지 덕목에 대해 말하고 있다.

군신에서 붕우지교까지 다섯 가지 관계에 대해서는 이미 맹자도 말
한 적이 있다.

사람에게는 가야 할 길이 있으니, 배불리 먹고 따뜻하게 입으며 편
안하게 살면서 가르침을 받지 못하면 짐승과 가까워진다. 성인은

이를 걱정하여 설(契)을 사도(司徒)로 삼아서 모듬살이에서 지켜야 할 도리[人倫]를 가르쳤으니, 아비와 자식 사이에는 가까움이 있고, 임금과 신하 사이에는 올바름이 있고, 지아비와 지어미 사이에는 다름이 있고, 어른과 아이 사이에는 차례가 있고, 벗들 사이에는 미쁨이 있다. – 『맹자』「등문공상」

(人之有道也, 飽食煖衣, 逸居而無敎, 則近於禽獸. 聖人有憂之, 使契爲 司徒, 敎以人倫, 父子有親, 君臣有義, 夫婦有別, 長幼有序, 朋友有信.)

『중용』에서는 "세상에서 이르러야 할 길"이라고 한 것을 맹자는 "사람에게는 가야 할 길이 있다"고 표현하고 있다. 둘 다 길을 "모듬살이에서 지켜야 할 도리"라는 뜻으로 쓰고 있으므로 서로 다르지 않고, 세부적으로 다섯 가지를 든 것도 같다. 다만, 맹자는 각각의 관계마다 그에 해당하는 덕목을 언급하였는데, 이것이 『중용』과 다르다.

맹자는 가까움과 올바름, 다름, 차례, 미쁨 다섯 가지를 들었다. 맹자가 든 다섯 가지 가운데서 『중용』의 앎에 해당하는 것은 올바름이고 어짊에 해당하는 것은 가까움이라 할 수 있으나, 용기에 해당하는 것은 따로 없다. 이는 맹자가 각 관계에서 중시되는 점을 언급한 데 비해서 『중용』에서는 각각의 관계에서 중시되는 것보다는 다섯 가지 이르러야 할 길에서 공통적으로 긴요한 덕목을 제시하려고 했기 때문이다.

앎이 없으면 세상에서 이르러야 할 길이 무엇인지를 알 수 없다. 그리고 앎이 있더라도 그 길을 편안하게 여기지 못하면 도중에서 그만두게 되므로 어짊을 말했다. 공자가 "어질지 않은 자는 간소함에 오래 머물지 못하고 즐거움에 길이 머물지 못하지. 어진 자는 어짊을 편안하게 여기고, 아는 자는 어짊을 이롭게 여긴다네"(不仁者, 不可以久處約, 不可以長處樂. 仁者, 安仁; 知者, 利仁. – 『논어』「리인(里仁)」)라고 말한 것도 그 때문이다. 어질면서도 용기가 있어야 길을 끝까지 가서 성취할 수 있으므로 용기를 말했다.

앎과 어짊과 용기, 이 세 가지에 대해서 『논어』에서는 "아는 자는 헷갈리지 않고, 어진 자는 걱정하지 않으며, 굳센 자는 두려워하지 않는다"(知者不惑, 仁者不憂, 勇者不懼. -『논어』「자한」)고 말한 바 있는데, 숨겨진 뜻은 다르지 않다. 이렇게 『중용』에서도 『논어』에서도 앎을 먼저 들며 말했는데, 물론 군자의 길을 가는 자가 반드시 이 순서대로 덕을 갖추어야 한다는 것은 아니다. 이 셋을 아울러 지녀야만 한결같이 길을 갈 수 있다. 그러나 대부분의 범부들은 용기가 없어서 군자의 길, 이치의 길로 선뜻 나서지 못하고, 가다가도 털썩 주저앉는 경우가 흔하므로 어쩌면 먼저 용기를 갖추는 것이 필요하다고 말할 수 있다. 그러나 용기에 대해서도 오해의 소지가 많다. 맹자가 말했듯이 "칼을 어루만지며 노려보면서, '저 놈이 어찌 감히 나를 당해내리오?'"라고 하는 그런 필부의 용기로는 군자의 길을 가기 어렵다. 그러면 어떤 용기를 지녀야 하는가? 이에 대해 순자가 말한 바 있다.

상치의 용기가 있고, 중치의 용기가 있으며, 하치의 용기가 있다. 천하에 중용이 행해지면 과감하게 제 몸을 바르게 하고, 선왕의 도가 행해지면 과감하게 제 뜻을 실행하며, 위로는 세상을 어지럽히는 군주를 따르지 않고, 아래로는 세상을 어지럽히는 백성과 어울리지 않으며, 어짊이 있는 곳에서는 빈궁도 마다하지 않고, 어짊이 없는 곳에서는 부귀 따위를 바라지 않으며, 천하 사람들이 알아주면 천하 사람들과 함께 괴로워하거나 즐거워하려 하고, 천하 사람들이 알아주지 않으면 천지 사이에 홀로 떳떳하게 서서 두려워하지 않는 것, 이것이 상치의 용기다. 예의를 갖추어 의젓하면서 뜻은 야무지고, 참됨과 미쁨을 중히 여기면서 재물을 가벼이 여기며, 현명한 이는 감히 추천하면서 받들고 어리석은 자는 과감히 끌어내려서 내쫓으니, 이것이 중치의 용기다. 제 몸은 가벼이 하면서 재화를 중히 여기고, 재난을 아무렇지도 않게 여기면서 온갖 평계를 늘어놓으며

구차하게 벗어나려 하고, 옳고 그름이나 그러함과 그렇지 않음의
실정을 따지지 않고 남을 이기는 것만 마음에 두는 것, 이것이 하치
의 용기다. - 『순자』「성악(性惡)」

(有上勇者, 有中勇者, 有下勇者. 天下有中, 敢直其身; 先王有道, 敢行其
意; 上不循於亂世之君, 下不俗於亂世之民; 仁之所在無貧窮, 仁之所亡
無富貴; 天下知之, 則欲與天下同苦樂之; 天下不知之, 則傀然獨立天地
之間而不畏, 是上勇也. 禮恭而意儉, 大齊信焉而輕貨財; 賢者敢推而尙
之, 不肖者敢援而廢之, 是中勇也. 輕身而重貨, 恬禍而廣解苟免; 不卹是
非·然不然之情, 以期勝人爲意, 是下勇也.)

"길을 가고 덕을 행하게 하는 바탕은 하나다"는 매우 의미심장한 구
절이다. 여기서 말하는 '하나'는 과연 무엇을 의미하는가? 이미 앎과 어
짊, 용기 따위 덕목에 대해 말했으므로 그와 비슷한 것은 아님이 분명
하다. 그렇다면 『중용』다운 어떤 함의가 있으리라 짐작할 수 있는데,
그렇게 본다면 뒤에 나올 '성(誠)'으로 보는 것이 적절하다. 성에 대한
자세한 논의는 뒤에서 하겠다.

19장

앎과
행함은
하나
다

19.1

或生而知之, 或學而知之, 或困而知之, 及其知之, 一也. 或安而行之, 或利而行之, 或勉强而行之, 及其成功, 一也.

어떤 사람은 나면서부터 그것을 알고, 어떤 사람은 배워서 알고, 어떤 사람은 매우 힘들게 알지만, 그 앎에 이르러서는 하나다. 어떤 사람은 힘들이지 않고 그것을 행하고, 어떤 사람은 이롭게 여겨서 행하고, 어떤 사람은 억지로 애써서 행하지만, 성금을 세움에 이르러서는 하나다.

注釋 지지(知之)의 지(之)는 앞서 언급한 '천하지달도(天下之達道)'를 가리키고, 행지(行之)의 지(之)는 '천하지달덕(天下之達德)'을 가리킨다. 안(安)은 편안하다는 뜻으로, 여기서는 억지로 애쓰지 않는다는 말맛이 있다. 뒤의 '면강(勉强)'과 상대되는 말이다.

蛇足 여기서는 이치를 아는 것과 이치대로 행하는 것에 대해 말하고 있다. 먼저 앎에 대해서는 세 가지 경우를 들고 있는데, 『논어』에서는 조금 다르다.

나면서부터 아는 자는 으뜸이요, 배워서 아는 자는 버금이며, 시달려서야 배우는 자는 다시 그 버금이다. 시달리면서도 배우지 않으니 백성들은 이리하여 가장 아래가 된다. —『논어』 「계씨(季氏)」
(生而知之者, 上也; 學而知之者, 次也; 困而學之, 又其次也. 困而不學, 民斯爲下矣.)

『논어』에서는 앎에 초점이 맞추어져 있지 않고 배움에 초점이 맞추어져 있다. 나면서부터 아는 자는 당연히 배움이 문제가 되지 않을 터이지만, 그렇지 못한 자는 어떻게 배우느냐에 따라서 달라진다. 배워서 아는 자는 그 다음이라 하였는데, 공자는 여기에 해당된다. 그 다음은 시달려서야 배우는 자로, 배움에 있어서는 가장 하치다. 그런데 고대와 중세에 배울 기회조차 없었던 이들이 있었으니, 백성들이다. 그들은 그 처지 때문에 시달리면서도 배울 수 없었다. 이렇게 『논어』에서는 지배층과 피지배층을 배움의 여부로 가르고 있다. 그러나 『중용』에서는 궁극의 지혜를 얻는 과정에 대해서 말하고 있다.

공자의 제자 안연과 같은 경우는 '생이지지자'라 할 수 있고, 공자는 그 자신이 스스로 "나는 나면서부터 아는 자가 아니었다. 옛것을 좋아하여 재바르게 구하는 사람일 뿐"이라고 말하였으니 '학이지지자'라 할 수 있다. 안연이나 공자와 같은 이들은 어느 시대에나 적다. 대부분의 사람들은 힘들게 아는 '곤이지지자'다. 물론 궁극의 앎에 이르는 경우는 어느 경우에나 드물다. 그래서 "그 앎에 이르러서는 하나다"라고 하였던 것이다.

그런데 앎에 이르는 과정이 다르듯이 공부하는 단계마다 앎의 수준도 다르다. 순자는 앎의 수준을 넷으로 나누어서 다음과 같이 말하였다.

성인의 앎이 있고, 사군자의 앎이 있으며, 소인의 앎이 있고, 하인의 앎이 있다. 말을 많이 하면서도 우아하고 조리가 있으며, 하루 내내 논거를 펴면서 갖가지 다채롭게 이야기를 해도 잘 아울러서 하나로 꿰고 있으니, 이는 성인의 앎이다. 말을 적게 하면서도 곧고 간결하며, 논리정연하면서 법도에 맞아 마치 먹줄을 친 듯하니, 이는 사군자의 앎이다. 그 말은 알랑거리고 그 행동은 어그러지며, 하는 일마다 후회를 하니, 이는 소인의 앎이다. 재빨리 대답하며 거침없이 말하지만 조리가 없고, 갖가지 재주가 있으며 두루 배웠으나 쓸모가 없고, 단호하고 빠르며 자세하게 익혔으나 절실하지 않고, 옳으냐

그르냐를 따지지 않고 굽으냐 곧으냐를 논하지 않으면서 남을 이
길 마음만 먹으니, 이는 하인의 앎이다. - 『순자』 「성악」
(有聖人之知者, 有士君子之知者, 有小人之知者, 有役夫之知者. 多言則
文而類, 終日議其所以, 言之千擧萬變, 其統類一也, 是聖人之知也. 少言
則徑而省, 論而法, 若佚之以繩, 是士君子之知也. 其言也詔, 其行也悖,
其擧事多悔, 是小人之知也. 齊給便敏而無類, 雜能旁魄而無用, 析速粹
孰而不急, 不恤是非, 不論曲直, 以期勝人爲意, 是役夫之知也.)

　순자는 네 부류의 사람이 보여주는 앎의 구체적인 양상에 대해 서
술하고 있는데, 크게는 둘로 나눌 수 있다. 성인의 앎과 사군자의 앎은
군자의 길을 가면서 얻게 되는 앎이고, 소인의 앎과 하인의 앎은 소인
의 길로 가면서 빠지게 되는 앎이다. 군자의 길에서 얻은 앎과 소인의
길에서 얻는 앎의 가장 큰 차이는 바로 '실천'에 있다. 소인도 처음에
는 배우고 알면서 행하려 했겠으나, 사사로움이나 탐욕으로 말미암아
실천하는 일을 제쳐두어 조리가 없고 부실한 앎에 머물고 말았다고 할
수 있다.

　위에서도 행하는 일에 대해 세 가지를 들며 말하고 있는데, 그 자질
이나 앎의 수준에 따라서 다를 수는 있어도 결국에는 그 행함으로 이
루는 성금은 다르지 않다고 하였다. 힘들이지 않고 행하는 자는 '생이
지지자'요, 이롭게 여겨서 행하는 자는 '학이지지자'며, 억지로 애써
서 행하는 자는 '곤이지지자'다. 곤이지지자로서 애써 행한 자에는 자
로(子路)를 꼽을 수 있다. 자로는 배운 것을 아직 제대로 익히지 못했으
면 새로 배우는 것을 두려워했던 인물이다. 이렇게 행하는 일에도 소인
은 끼어들 여지가 없다. 오로지 군자의 길로 가는 이만이 이 셋 가운데
하나에 해당된다.

　그런데 여기서 앎과 행함을 따로 말하고 있지만, 기실은 둘이 아니
라 하나다. 행하면서 알려고 해야 헛됨이 없고 빈틈도 없으며, 아는 대

로 행하여야 어그러지는 법이 없다. 『중용』에서 최종적으로 하나가 된다고 하는 앎이나 성금은 곧 성인의 앎이고 성인의 성금이다. 이는 곧 앎과 행함의 목표가 성인이어야 궁극의 앎에 이르고 성금을 세운다는 말이다.

> 듣지 않음은 듣는 것만 못하고, 듣는 것은 보는 것만 못하며, 보는 것은 아는 것만 못하고, 아는 것은 행하는 것만 못하다. 배운 것은 오롯하게 행해야만 지극함에 이른다. 행하면 밝게 알고, 밝게 알면 성인이 된다. 성인이란 어짊과 올바름을 근본으로 삼고 옳음과 그름을 잘 가리며 말과 행동이 일치하여 털끝만치도 어긋나지 않으니, 다른 방도가 있는 것이 아니라 행하고 나서야 그치기 때문이다. 그러므로 듣기만 하고 보지 못하면 비록 두루 배웠다고 하더라도 반드시 어긋날 것이고, 보기만 하고 알지 못하면 비록 외운다고 하더라도 반드시 허망할 것이며, 알기만 하고 행하지 못하면 비록 도탑게 알더라도 반드시 괴로울 것이다. 듣지도 않고 보지도 않으면 어쩌다 알맞게 하더라도 어짊이 아니니, 그래서는 백 번을 해봐야 백 번 실패한다. - 『순자』 「유효(儒效)」
>
> (不聞不若聞之, 聞之不若見之, 見之不若知之, 知之不若行之. 學至於行之而止矣. 行之, 明也, 明之爲聖人. 聖人也者, 本仁義, 當是非, 齊言行, 不失豪釐, 無他道焉, 已乎行之矣. 故聞之而不見, 雖博必謬; 見之而不知, 雖識必妄; 知之而不行, 雖敦必困. 不聞不見, 則雖當, 非仁也, 其道百擧而百陷也.)

20장

다스림의 길

子曰: "好學, 近乎知; 力行, 近乎仁; 知恥, 近乎勇. 知斯三者,
則知所以修身; 知所以修身, 則知所以治人; 知所以治人, 則知
所以治天下國家矣."

공자께서 말씀하셨다.

"배우기를 좋아하면 앎에 가까워지고, 힘써 실천하면 어짊에
가까워지며, 부끄러움을 알면 용기에 가까워진다. 이 세 가
지를 알게 되면 어떻게 몸을 닦아야 하는지를 알게 되고, 어
떻게 몸을 닦아야 하는지를 알게 되면 어떻게 남을 다스려야
하는지를 알게 되며, 어떻게 남을 다스려야 하는지를 알게
되면 어떻게 천하와 나라와 집안을 다스리려야 하는지를 알
게 된다."

蛇足　　앞서 언급한 앎과 어짊, 용기를 다시 한 번 더 거론하면서 이
세 가지가 정치의 요체요 바탕임을 분명히 하고 있다.

'호학(好學)'은 공자가 "열 가구가 사는 작은 마을에도 나만큼 참되
고 미쁨을 주는 자가 반드시 있겠지만, 나만큼 배우기를 좋아하지는
않을 것이다"(十室之邑, 必有忠信如丘者焉, 不如丘之好學也. - 『논어』「공
야장」)라고 말할 만큼 자부했던 바다. 이 호학을 통해서 공자는 궁극의
앎에 다가갈 수 있었고, 마침내 일흔의 나이에 마음이 시키는 대로 해
도 법도에서 어긋나는 일이 없었다. 여기서는 '호학'을 하면 "앎에 가까
워진다"고 표현하고 있는데, '가까워진다'는 것은 단박에 지고한 데에
이르는 것은 아님을 은근히 드러낸 것일 뿐이다. 이어지는 '역행(力行)'
이나 '지치(知恥)'에서도 마찬가지다.

그런데 부끄러움을 아는 것이 어떻게 용기와 연결되는가? 부끄러움
을 안다는 것은 그저 제 허물이 무엇인지를 안다는 뜻이 아니다. 그 허

물을 남이 알든 모르든 스스로 부끄럽게 여겨서 없애려는 것이 참된 부끄러움이다. 그렇게 허물을 없애려 할 때, 그때 필요한 것이 바로 용기다. 만약 허물을 고치려 하지 않는다면, 그것은 용기가 없는 것이다. 또 허물은 대부분 단번에 고치기 어려운데, 고치다가 스스로 물러서거나 그만두지 않는 것 또한 용기다. 공자가 "허물이 있는데도 고치지 않는 것, 이것을 허물이라 한다"(過而不改, 是謂過矣. - 『논어』 「위령공(衛靈公)」)고 했을 때의 나중 허물은 용기 없음에서 비롯된 큰 허물이다. 용기가 없으면, 같은 허물을 되풀이할 뿐만 아니라 더 큰 허물을 저지르게 되기 때문이다.

이 호학과 역행, 지치는 수행의 단계가 아니다. 끊임없이 자신을 되돌아보면서 피드백을 거듭해야 하는 과정일 뿐이다. 그 과정에서 몸을 닦는 일이 무엇이며, 어떻게 해야 하는지를 환히 알게 된다. 자신에게 있는 허물이 무엇인지를 아는 일, 그 허물을 일상에서 고치는 일, 같은 허물을 또 저지르면서 느끼는 부끄러움, 그런 것들이 남들을 이해하는 데 있어서는 특히 긴요한 구실을 한다. 사람의 본바탕은 서로 비슷하여 저지르는 잘못이나 허물도 크게 다르지 않기 때문이다. 그러나 남을 다스리는 일은 결코 쉽지 않다. 아니, 호학과 역행, 지치를 통해 몸을 닦은 군자라면, 남을 다스리려 하지 않는다. 자신을 잡도리하는 것조차 이토록 힘들다는 것을 깊이 경험하고 깨달은 이라면, 함부로 남을 내 마음대로 이끌거나 다스리려 하지 않는다. 군자의 길을 묵묵히 가는 것 자체가 천하가 다스려지도록 하는 일임을 잘 알기 때문이다. 그래서 맹자가 "저 군자는 그가 지나는 곳은 교화시키고, 그가 머무는 곳에서는 신묘한 일을 한다. 위로는 하늘, 아래로는 땅과 더불어 함께 흘러가니, 그가 세상에 보탬이 되는 것이 어찌 작다고 하겠는가?"(夫君子所過者化, 所存者神, 上下與天地同流, 豈曰小補之哉? - 『맹자』 「진심상」)라고 말했던 것이다.

그렇다면, 위에서 말한 다스림의 길은 결국 '무위지치(無爲之治)'라고 말할 수도 있으리라.

공자가 동쪽으로 흐르는 물을 한참 바라보고 있었다. 자공이 공자
에게 여쭈었다.
"군자가 큰 강물을 볼 때 반드시 한참 바라보게 되는 까닭은 무엇
입니까?"
공자가 대답하였다.
"아, 저 물이 크면, 온갖 생물들에게 두루 흘러가면서도 억지로 하
는 게 없으니, 이는 덕과 비슷하다. 흐를 때는 낮은 곳으로 가지만
물길이 곧든 구부러졌든 반드시 그 결을 따르니, 이는 올바름과 같
다. 출렁출렁 넘칠 듯 다함이 없으니, 이는 도와 비슷하다. 만약 막
힌 데를 터서 흐르게 하면 그예 커다란 소리를 울리면서 내달려 백
길이나 되는 골짜기도 두려워하지 않으니, 이는 용기와 비슷하다.
움푹한 곳으로 흘러들면 반드시 평평해지니, 이는 법과 비슷하다.
가득 채운 뒤에는 평미레를 필요로 하지 않으니, 이는 바름과 비슷
하다. 부드러우면서도 잡도리하며 어디에나 스며드니, 이는 살핌과
비슷하다. 들락날락하면서 무엇이든 맑고 깨끗하게 하니, 이는 교
화를 잘 하는 것과 비슷하다. 아무리 구불구불하고 이리저리 꺾여
도 반드시 동쪽으로 향하니, 이는 뜻을 지님과 비슷하다. 이런 까닭
에 군자가 큰 강물을 볼 때는 반드시 한참 바라보게 되는 것이다."

— 『순자』「유좌(宥坐)」

(孔子觀於東流之水. 子貢問於孔子曰: "君子之所以見大水必觀焉者, 是
何?" 孔子曰: "夫水大, 徧與諸生而無爲也, 似德; 其流也埤下, 裾拘必循
其理, 似義; 其洸洸乎不淈盡, 似道; 若有決行之, 其應佚若聲響, 其赴百
仞之谷不懼, 似勇; 主量必平, 似法; 盈不求槪, 似正; 淖約微達, 似察; 以
出以入, 以就鮮絜, 似善化; 其萬折也必東, 似志. 是故君子見大水必觀
焉.")

「유좌」편도 순자가 직접 쓴 것은 아니라고 간주되지만,『중용』에서 말하고자 하는 다스림의 요체와 통한다. 공자가 바라보았던 강물은 황하였음이 분명하다. 예부터 황하는 중원을 가로지르면서 인간과 온갖 짐승들과 초목들 등 뭇 생명들을 길렀다. 공자를 비롯한 유자들의 정치는 바로 생명을 기르는 정치임을 여실하게 보여준다.『중용』첫머리에서 "알맞음과 어울림이 이루어지면, 하늘과 땅이 제자리를 지키고 온갖 것이 잘 자란다"고 한 것도 이런 뜻을 담고 있다. 그 알맞음과 어울림을 이루는 일을 맡은 이가 바로 군자 아닌가! 그리고 그 알맞음과 어울림은 억지로 해서 되는 것이 아니라 이치를 따를 때에야 구현되는 것이 아닌가? 그러니 '무위지치'가 아니고 무엇이겠는가!

그런데 여기서 말하는 호학과 역행, 치치 세 가지와 수신, 치인, 치천하국가 세 가지는『대학』의 '격물치지, 성의정심(格物致知誠意正心)'과 '수신제가치국평천하(修身齊家治國平天下)'를 떠오르게 한다. 아울러 생각해보면, 그 접점을 찾을 수 있으리라.

21장

다스림을 위한
아홉가지 날줄

21.1 —————————————————————————

凡爲天下國家有九經, 曰: 修身也, 尊賢也, 親親也, 敬大臣也,
體群臣也, 子庶民也, 來百工也, 柔遠人也, 懷諸候也. 修身則
道立, 尊賢則不惑, 親親則諸父昆弟不怨, 敬大臣則不眩, 體群
臣則士之報禮重, 子庶民則百姓勸, 來百工則財用足, 柔遠人
則四方歸之, 懷諸侯則天下畏之.

대저 천하와 나라와 집안을 다스리는 데에는 아홉 가지 날줄
이 있으니, 말하자면 몸을 닦는 것, 현명한 이를 높이는 것, 가
까운 이를 가까이하는 것, 대신을 지극한 마음으로 대하는
것, 뭇 신하들을 제 몸처럼 여기는 것, 뭇 백성들을 자식처럼
아끼는 것, 모든 장인들을 오게 하는 것, 먼 데 사람들을 어루
만지는 것, 제후들을 껴안는 것 등이다. 몸을 닦으면 길이 바
로 서고, 현명한 이를 높이면 헷갈리지 않고, 가까운 이를 가
까이하면 어버이의 형제들이나 제 형제들이 탓하지 않고, 대
신을 지극한 마음으로 대하면 속는 일이 없고, 뭇 신하들을
제 몸처럼 여기면 선비들이 갑절로 보답하고, 뭇 백성들을 자
식처럼 아끼면 백성들이 기꺼이 힘쓰고, 모든 장인들을 오게
하면 재물과 씀씀이가 넉넉해지고, 먼 데 사람들을 어루만지
면 사방에서 백성들이 찾아오고, 제후들을 껴안으면 천하가
두려워하며 공경한다.

注釋　위(爲)는 다스리다는 뜻이다. 경(經)은 변함없는 원리를 뜻한
다. 체(體)는 한 몸으로 여기다는 뜻이다. 자(子)는 자식처럼 아끼다는
뜻이다. 원인(遠人)은 공간적으로 중앙에서 멀리 떨어져 있는 사람들을
가리키는데, 사방의 오랑캐들까지 포함한다고 볼 수 있다. 혹(惑)은 헷
갈리다, 어정쩡하다는 뜻이다. 현(眩)은 홀리다, 어둡다는 뜻으로, 여기

서는 내가 잘 몰라서 속는다는 말맛이 있다. 보례(報禮)는 임금의 은혜에 보답하는 것을 뜻한다. 귀(歸)는 가야 할 곳으로 가는 것이다.

蛇足 앞에서 호학(好學)과 역행(力行), 지치(知恥) 세 가지가 수신의 바탕이며 이를 확장하면 천하와 나라와 집안을 다스리는 데까지 이른다고 하였는데, 여기서는 수신에서 천하를 다스리는 일에 이르기까지 구체적인 일들을 정치적 관점에서 말하고 있다.

"현명한 이를 높이는 것"은 천하에 도가 행해진다는 것을 분명하게 보여주는 일이므로 가장 먼저 해야 할 일이다. 현명한 이를 높일 줄 알아야 천하의 인재를 모을 수 있기 때문이다. 인재를 모으면 그 능력과 덕성에 따라 벼슬을 주어야 한다. 그러나 벼슬을 주었다고 해서 군림해서는 안 된다. "대신을 지극한 마음으로 대한다"고 한 '경(敬)'은 본래 하늘에 제사를 지낼 때 지녔던 경건한 마음, 지극히 삼가는 마음이었다. 이를 자신이 발탁하거나 기용한 대신을 향해 지녀야 하는 것은 그것이 바로 현명하고 능력이 있는 신하를 대하는 예의이기 때문이다. 노나라 정공(定公)이 신하를 부리는 일에 대해 묻자, 공자가 "임금은 예의로써 신하를 부리고, 신하는 참된 마음으로 임금을 섬깁니다"(君使臣以禮, 臣事君以忠. -『논어』「팔일(八佾)」)라고 말했던 것도 그 때문이다. 대신을 지극한 마음으로 대할 때, 그 대신도 참된 마음으로 군주를 섬긴다. 대신보다 아래에 있는 신하들을 대할 때 "제 몸처럼 여겨야 한다"고 말한 것도 같은 의미를 갖는다.

임금이 신하를 손과 발처럼 여기면 신하도 임금을 배와 심장처럼 여기고, 임금이 신하를 개나 말처럼 여기면 신하도 임금을 남처럼 여기고, 임금이 신하를 흙이나 풀처럼 여기면 신하도 임금을 도둑이나 원수처럼 여긴다. -『맹자』「이루하」
(君之視臣如手足, 則臣視君如腹心; 君之視臣如犬馬, 則臣視君如國人;

215

君之視臣如土芥, 則臣視君如寇讐.)

맹자가 제나라 선왕(宣王)을 만났을 때 해준 말이다. 임금과 신하는 혈연 관계가 아니라 일종의 계약으로 맺어진 관계나 다름이 없다. 비록 임금이 고용하고 신하는 피고용자의 입장에 있기는 하지만, 벼슬과 녹봉만이 문제가 되지 않는다. 벼슬이나 녹봉만을 문제 삼는 자는 소인이다. 군자는 예의를 다하는가 그렇지 못한가를 더 중요하게 여긴다. 따라서 임금이 먼저 신하에게 예의를 다해야 한다. 그래야만 신하들이 속이는 일이 없을 뿐만 아니라, 자신의 책무를 갑절로 다하게 되는 것이다.

이렇게 가까이 있는 신하를 예의에 맞게 대하여 그 마음을 얻는다면, 천하 사람들을 다스리는 일도 그만큼 쉬워진다. 임금을 참된 마음으로 섬기고 자신이 맡은 일을 다하는 신하를 '동량지신(棟樑之臣)'이라 한다. 그들이 천하를 다스리는 중책을 맡으니, 어찌 다스려지지 않는 일이 있겠는가.

"윗물이 맑아야 아랫물이 맑다"고 한 것처럼 임금의 지극한 신뢰를 얻은 신하는 자신의 아랫사람과 백성들에게 역시 지극한 마음으로 대한다. 그리하여 백성들이 기꺼이 힘쓰게 되고, 천하의 장인들이 모여들어서 제 실력을 한껏 뽐내어 산업을 일으키며, 그러한 소문을 들은 먼 곳의 백성들도 그 정치의 은택을 입기 위해서 한달음에 달려오는 것은 당연하다.

21.2

齊明盛服, 非禮不動, 所以修身也. 去讒遠色, 賤貨而貴德, 所以勸賢也. 尊其位, 重其祿, 同其好惡, 所以勸親親也. 官盛任使, 所以勸大臣也. 忠信重祿, 所以勸士也. 時使薄斂, 所以勸百姓也. 日省月試, 旣稟稱事, 所以勸百工也. 送往迎來, 嘉善而矜不能, 所以柔遠人也. 繼絕世, 擧廢國, 治亂持危, 朝聘以時, 厚往而薄來, 所以懷諸侯也. 凡爲天下國家有九經, 所以行之者一也.

몸과 마음을 깨끗하게 하고 옷을 잘 차려입고서 예의가 아니면 움직이지 않는 것이 몸을 닦는 길이다. 헐뜯는 말을 물리치고 여색을 멀리하며 재화는 하찮게 여기고 덕을 귀하게 여기는 것이 어진 이를 힘쓰게 하는 길이다. 그 지위를 높여주고 그 녹봉을 두텁게 해주며 좋아함과 싫어함을 함께하는 것이 가까운 이를 가까이하게 하는 길이다. 아랫자리를 많이 두어 일을 맡기고 부리도록 하는 것이 대신을 힘쓰게 하는 길이다. 참된 마음으로 믿으며 녹봉을 두터이 주는 것이 선비들을 힘쓰게 하는 길이다. 때에 맞게 부리고 구실을 적게 거두는 것이 백성들을 힘쓰게 하는 길이다. 날마다 살피고 달마다 시험하여 이룬 일에 걸맞게 봉급을 지급하는 일이 모든 장인을 힘쓰게 하는 길이다. 가는 사람 잘 보내고 오는 사람 잘 맞아들이며 잘한 일은 기리고 잘하지 못한 일은 가엾게 여기는 것이 먼 데 사람들을 어루만지는 길이다. 끊어진 세대를 이어주고 쇠퇴한 나라를 일으켜주며 혼란한 나라를 바로잡아주고 간간한 나라를 붙들어주면서 때에 맞게 조정에 찾아오도록 하여 두텁게 주어 보내고 가볍게 오도록 하는 것이 제후들을 껴안는 길이다. 대저 천하와 나라와 집안을 다스리는 데에는 아홉 가지 날줄이 있으나, 그것을 행하는 바탕은 하나다.

注釋 제(齊)는 재(齋)와 같으며, 제의를 앞두고 몸과 마음을 깨끗하게 하는 일이다. 참(讒)은 헐뜯다, 하리놀다는 뜻이다. 관성(官盛)은 관

직을 넉넉하게 두는 일이다. 임사(任使)는 아랫사람들에게 일을 맡겨서
처리하게 하는 것이다. 렴(斂)은 구실을 거두다는 뜻이다. 일성월시(日
省月試)는 날마다 그 하는 일의 과정을 살피고 달마다 그 일의 진척 상
황을 조사하는 일이다. 기(旣)는 희(餼)와 같으며, 녹봉으로 주는 쌀이
다. 름(稟)은 름(廩)으로 쓴 경우도 있는데, 같은 뜻이다. 역시 녹봉으로
주는 쌀을 뜻한다. 칭사(稱事)는 일을 저울질하듯이 따지고 헤아려서
그 공과를 분명하게 하는 일이다. 가(嘉)는 기리다, 기뻐하다는 뜻이다.
긍(矜)은 가엾게 여기다는 뜻이다. 조빙(朝聘)은 제후가 천자의 조정에
나아가 뵙는 일이다.

蛇足　21.1에서 거론한 것을 더욱 구체적으로 서술하고 있다.

"몸과 마음을 깨끗하게 하고 옷을 잘 차려입는 일"은 본래 고대의 제
의와 관련이 있다. 제의를 행하기 전에 제사장은 목욕재계하고 엄숙하
게 옷을 갖추어 입었는데, 이로써 지극한 마음으로 신 앞에 섰음을 드
러낸 것이다. 고대에는 제사장이 곧 정치적 수장이었다는 점을 생각하
면, 천자가 이러한 행위를 하는 것은 당연하다. 또 이때의 마음을 '경
(敬)'이라 하는데, 공자로부터 이 마음은 제의에서만이 아니라 일상에
서도 지녀야 할 덕으로 강조되었다. 일상에서 경을 통해 몸과 마음을
잡도리하는 일은 누구나 해야 하지만, 천자는 천하 사람들의 본보기가
되므로 앞서서 그렇게 해야 함을 말한 것이다.

"예의가 아니면 움직이지 않는다"는 대목 또한 예의의 문제가 제의
에서 일상으로 확장되었음을 암시하는데, 이에 대해서는 『논어』「안연
(顔淵)」에 자세하게 나온다.

안연이 어짊에 대해 여쭈니, 스승께서 말씀하셨다.
"나를 이기고 예의를 되살리는 것이 어짊이다. 하루라도 나를 이기
고 예의를 되살린다면, 천하 사람들도 어짊으로 돌아간다. 어짊이

란 나에게서 말미암지, 남에게서 말미암겠느냐?"

"자세한 것을 여쭙겠습니다."

"예의가 아니면 보지 말고, 예의가 아니면 듣지 말고, 예의가 아니면 말하지 말고, 예의가 아니면 움직이지 말라."

"제가 비록 재바르지는 못하지만, 그 말씀을 늘 일삼겠습니다."

(顏淵問仁, 子曰: "克己復禮爲仁. 一日克己復禮, 天下歸仁焉. 爲仁由己, 而由人乎哉?" 顏淵曰: "請問其目." 子曰: "非禮勿視, 非禮勿聽, 非禮勿言, 非禮勿動." 顏淵曰: "回雖不敏, 請事斯語矣.")

'극기복례(克己復禮)'에서 중요한 것은 단순히 예를 회복하는 것, 예의를 되살리는 것에 있지 않다. 나를 이기는 '극기'에 있다. 극기는 복례를 위한 조건으로, 이는 내적인 덕성을 갖추는 일이다. 이 점에서 공자가 주나라 예법에 대해 무조건적 회복을 주장하지 않았음을 엿볼 수 있다. 그럼에도 이 극기가 간과되고 형식적인 예제(禮制)의 문제로 흘러간 것이 공자 사후의 실정이었다. 장자와 묵자가 유가에 대해 그 번쇄한 형식과 가식을 주로 비판한 것도 그 때문이고, 맹자가 인의(仁義)를 강조하면서 예법이나 예제에 대해서는 거의 말하지 않았던 까닭도 거기에 있다고 할 것이다.

누가 정벌을 할 자격이 있는가

춘추시대에 이미 제후를 껴안는 일은 아득한 옛이야기가 되었다. 춘추시대는 주유왕(周幽王)이 견융(犬戎)의 침입으로 살해되고 도읍을 호경(鎬京)에서 동쪽 낙읍(雒邑) 곧 낙양으로 천도하면서 시작되었다. 그때가 기원전 770년이다. 주유왕이 살해된 데에는 여색을 멀리하지 못한 이유가 컸다. 유왕은 재위 3년째 되던 해, 우연히 포사(褒姒)를 보고는 총애하게 되었다. 포사가 아들 백복(伯服)을 낳자, 유왕은 왕후 신씨

(申氏)와 태자를 폐하고 포사와 백복을 왕후와 태자로 삼았다. 그 다음에 벌어진 일을 『사기』〈주본기〉에서는 다음과 같이 적고 있다.

> 포사가 좀처럼 웃지 않자 그녀를 웃게 하려고 온갖 방법을 다 써보았지만 웃지 않았다. 유왕은 봉수대(烽燧臺)와 큰북을 설치하여 적이 쳐들어와 봉화를 올리는 것처럼 하였다. 제후들이 모두 달려왔는데, 적이 보이지 않았다. 포사가 그제서야 크게 웃었다. 유왕은 기뻐하며 여러 차례 봉화를 올렸다. 그 뒤로는 제후들이 믿지 않고 오지 않았다.
> 유왕이 괵석보(虢石父)를 경(卿)으로 삼아 국사를 맡기자 백성들이 모두 원망하였다. 석보는 간사하고 아부를 잘하며 이끗을 밝혔는데, 유왕이 그런 자를 기용했기 때문이다. 또 왕후 신씨를 폐하고 태자를 내치자 신후(申侯)가 화가 나서 증(繒)나라, 서이(西夷), 견융 등과 함께 유왕을 공격하였다. 유왕은 봉화를 올려 군대를 불렀으나, 오지 않았다. 유왕을 여산(驪山) 아래에서 죽이고 포사를 포로로 잡았으며, 주나라의 재물을 모조리 약탈하였다. 이에 제후들은 신후에게로 가서 유왕의 태자였던 의구(宜臼)를 옹립하니, 그가 바로 평왕(平王)으로 주나라의 제사를 받들었다.

여기에는 『중용』에서 언급한 것과 관련된 일들이 집약되어 있다. 유왕이 포사에 빠진 것은 "여색을 멀리하라"는 경고를 무시한 것이다. 여색에 빠져서 함부로 봉화를 올려 제후들을 헛되이 오가게 했으니, 이로써 제후들의 공경과 신뢰를 아주 잃었다. 게다가 간사한 괵석보를 기용한 일은 현명한 이를 높일 줄 모른다는 것을 입증하였고, 그로 말미암아 백성들의 원성이 높아졌다. 이러하니, 어찌 나라가 쇠망하지 않을 수 있겠는가.

"끊어진 세대를 이어주고 쇠퇴한 나라를 일으켜주는 일"과 "혼란한 나라를 바로잡아주고 간간한 나라를 붙들어주는 일"은 천자가 할 일임에도 오히려 제후들이 태자를 다시 옹립하여 주나라의 제사를 받들게 했으니, 이로써 주 왕실의 권위는 아주 땅에 떨어졌다. 평왕은 즉위하자마자 견융의 침입을 피해서 낙읍으로 도읍을 옮겼지만, 이미 이때부터 주 왕실은 쇠퇴하였고 제후들 가운데서 강자가 약자를 병합하며 패자(覇者)로 군림하는 일이 일어났다. 이른바 '춘추오패(春秋五覇)'가 그것이다.

홍미로운 것은 천자가 오랑캐인 견융의 침입으로 동천(東遷)한 일을 계기로 오랑캐로부터 중원을 지키려는 '존왕양이(尊王攘夷)'의 이념이 강화되었다는 점이다. 춘추오패는 바로 천자를 대신해서 천하를 호령하며 존왕양이를 외쳤던 이들이다. 대체로 오패에 대해서는 이견이 있기는 하지만, 『순자』에서는 제환공(齊桓公), 진문공(晉文公), 초장왕(楚莊王), 오왕 합려(闔廬), 월왕 구천(句踐) 등을 패자로 들었다. 이들은 부국강병책을 써서 강력한 군사력으로 패업을 이룩했다는 공통점이 있는데, 그러면서도 다른 나라를 병합하는 데까지는 이르지 않았다. 이것이 춘추시대의 한 특성이었다. 이에 대해 『순자』「왕제(王制)」에서는 다음과 같이 적고 있다.

저 패자는 그렇지 않다. 밭과 들을 개간하고, 곳간을 가득 채우며, 쓸 기구들을 편리하게 만들고, 잘 살피고 삼가서 재주 있고 능력 있는 선비를 뽑은 뒤에 차츰차츰 상을 주면서 이끌고 형벌을 엄정하게 써서 바로잡는다. 망해가는 나라를 존속시키고 끊어진 세대를 이어주며 약한 나라를 지켜주고 포악한 자를 억누르며 병합하려는 마음을 갖지 않으면, 제후들이 그를 가까이할 것이다. 대등하게 사귀는 도를 닦아서 제후들을 지극한 마음으로 대한다면, 제후들이 기뻐할 것이다. 그를 가까이하는 까닭은 그가 병합하지 않기 때문이니, 병합하려는 낌새가 보이면 제후들은 그예 멀어진다. 그를 기

쁘게 대하는 까닭은 대등하게 사귀기 때문이니, 신하로 대할 낌새
가 보이면 제후들은 떠나버릴 것이다. 그러므로 병합하지 않는다는
행동을 분명하게 하고 대등하게 사귀는 도를 믿게 한다면, 천하에
왕노릇할 패자가 없을 때는 반드시 그가 승리할 것이다. 그가 바로
패도를 아는 자다.

(彼覇者不然. 辟田野, 實倉廩, 便備用, 案謹募選閱材伎之士, 然後漸慶
賞以先之, 嚴刑罰以糾之; 存亡繼絶, 衛弱禁暴, 而無兼幷之心, 則諸侯親
之矣. 修友敵之道以敬接諸侯, 則諸侯說之矣. 所以親之者, 以不幷也; 幷
之見, 則諸侯疏矣. 所以說之者, 以友敵也; 臣之見, 則諸侯離矣. 故明其
不幷之行, 信其友敵之道, 天下無王覇主則常勝矣. 是知覇道者也.)

주평왕의 동천에서 춘추시대가 시작되었다면, 전국시대는 진(晉)나
라가 한씨(韓氏)·위씨(魏氏)·조씨(趙氏) 세 대부 집안에 의해 쪼개지
면서 시작되었다. 이렇게 대부가 제후를 집어삼키는 하극상으로부터
시작된 전국시대였으므로 패도를 알고 패업을 이룰 자조차 드물어질
수밖에 없었다. 실제로 140~170여 개 나라가 전국시대에는 고작 20여
개로 줄었다. 이는 더 이상 왕업은커녕 패업조차 기약할 수 없는 상황
에 이르렀음을 의미한다.

가령 제(齊)나라가 연(燕)나라를 친 일을 보자. 연왕 쾌(噲)는 즉위 3
년(기원전 318)에 초나라 및 한·위·조 세 나라와 함께 진(秦)나라를
공격했다가 실패하자, 재상으로 있던 자지(子之)가 더욱 위세를 과시하
면서 국사를 좌지우지하게 되었다. 그러자 여러 책사들의 꼬임에 넘어
가 300석 이상의 관원을 임용할 권리를 자지에게 넘겨주어 국사가 모
두 자지에 의해 결정되기에 이르렀고, 얼마 뒤에는 보위까지 넘겨주었
다. 이에 태자 평(平)이 장군 시피(市被)와 모의해서 자지를 공격하려
했으나, 백성들이 오히려 태자 평을 공격하여 평과 시피가 죽고 말았
다. 이렇게 일어난 내란이 여러 달 계속되자, 제나라가 그 틈을 타서 연

나라를 치고 연왕 쾌와 자지를 죽였다.

제나라가 쳐들어온 지 2년이 지나서 연나라 백성들이 연소왕(燕昭王)을 옹립하였는데, 연소왕은 보위에 오른 뒤 제나라에 보복하기 위해서 몸을 낮추고 예물을 두텁게 하여 천하의 현자들을 두루 모으려 하였다. 이윽고 연소왕 28년(기원전 284)에 연나라는 부유해졌다.

> 병사들은 생활이 안정되자 전쟁을 두려워하지 않게 되었다. 이에 연소왕은 마침내 악의를 상장군으로 삼고 진·초 및 삼진(三晉, 한·위·조) 등과 더불어 제나라 공벌을 모의했다. 결국 제나라 군사가 대패하자 제민왕(齊閔王)은 도읍인 임치(臨淄) 밖으로 달아났다. 이때 연나라 군사들은 패주하는 제나라 군사를 추격하면서 동시에 제나라 도성에 들어가 제나라 국보를 모두 취하고 궁전과 종묘를 불태웠다. 당시 제나라 성읍 가운데 함락되지 않은 곳은 겨우 거(莒)와 즉묵(卽墨)뿐이었다. ─『전국책』「연책(燕策)」

이제는 "끊어진 세대를 이어주고 쇠퇴한 나라를 일으켜주는 일"이 아주 사라졌음을 알 수 있다. 오로지 약육강식의 살벌한 법칙만이 남았을 뿐이다. 그 결과, 상앙(商鞅)의 변법을 전면적으로 실시하면서 상벌 제도를 바로 세우고 토지를 개간하며 군현제를 도입하고 군사력을 강화하는 등 강력한 중앙집권체제를 구축한 진(秦)나라가 천하를 통일할 수 있었다. 혼란한 시대는 결국 군사력으로 종식시킬 수밖에 없었던 것이다.

이런 점을 감안하면, 『중용』에서 말한 천하를 다스리는 날줄 아홉 가지는 태평한 시절을 유지하고 지속하는 데에는 유익할 수 있어도 혼란한 시절에는 그다지 효과가 없는 방안이라고 말할 수 있다. 더 의의를 부여하자면, 혼란이 일어나지 않도록 예방할 수 있는 방책이라고도 할 수 있다.

어지러움을 다스릴 수 있는가

"혼란한 나라를 바로잡아주고"라는 대목이 나오는데, 이는 '치란(治亂)'을 풀이한 것이다. '치란'에 대한 매우 흥미로운 글이 『순자』「불구」편에 나온다.

> 군자는 다스림을 다스리고 어지러움을 다스리지 않는다고 한다. 이
> 건 무슨 말인가? "예의를 다스림이라 하고, 예의가 아닌 것을 어지
> 러움이라 한다. 그러므로 군자는 예의를 다스리지 예의가 아닌 것
> 을 다스리는 게 아니다." 그렇다면 나라가 어지러우면 다스릴 수 없
> 다는 말인가? "나라가 어지러워져서 다스린다고 하는 것은 그 어지
> 러움에 기대어 다스린다는 게 아니라, 어지러움을 제거하여서 다스
> 려지게 한다는 것이다. 사람의 행실이 더러워서 닦는다는 것은 더
> 러움에 기대어 닦는다는 게 아니라, 더러움을 없애고 닦음으로 바
> 꾼다는 것이다. 그러므로 어지러움을 제거하는 것이지 어지러움을
> 다스리는 것이 아니며, 더러움을 없애는 것이지 더러움을 닦는 것이
> 아니다." 다스림이라는 말의 뜻은 군자는 다스림을 다루지 어지러
> 움을 다루지 않으며 닦는 일을 다루지 더러움을 다루지 않는다는
> 것과 같다.
> (君子治治, 非治亂也. 曷謂邪? 曰: 禮義之謂治, 非禮義之謂亂也. 故君
> 子者, 治禮義者也, 非治非禮義者也. 然則國亂將弗治與? 曰: 國亂而治
> 之者, 非案亂而治之之謂也, 去亂而被之以治. 人汙而修之者, 非案汙而
> 修之之謂也, 去汙而易之以修. 故去亂而非治亂也, 去汙而非修汙也. 治
> 之爲名, 猶曰君子爲治而不爲亂, 爲修而不爲汙也.)

혼란한 나라를 정벌하여 그 혼란을 조장한 왕이나 대신들을 죽이

는 것은 어지러움을 없애는 일이지 어지러움을 다스리는 것이 아니다. 말로는 "어지러움을 다스린다"고 하지만, 기실은 어지러움 또는 어지러움의 근원을 제거하는 것에 지나지 않는다. 어지러움 자체를 다스림의 상태로 전환시키는 것이 아니라는 말이다. 어지러움이 다스림으로 바뀌는 일은 없다. 가령, 몸에 종기가 생기면, 그것을 낫게 한다거나 고친다고 말은 하지만 실제로는 종기를 제거한다. 종기를 멀쩡한 살로 바꾼다는 뜻이 아니다. 그렇듯이 어지러움에 대해서는 제거할 수 있을 뿐이고, 결코 어지러움 자체를 다스림으로 바꿀 수는 없다.

이 글은 다스림과 어지러움의 본질에 대한 통찰을 보여주기도 하지만, 널리 쓰는 말이나 익숙한 표현이 얼마나 왜곡될 수 있는지에 대해서도 일깨워주기도 한다. 깊이 음미해볼 만하다.

또 제후들을 "두텁게 주어 보내고 가볍게 오도록 하는 것"은 이른바 '조공과 책봉'을 가리킨다. 조공과 책봉은 주나라 봉건제의 핵심이기도 하다. 제후가 예물을 갖추어 조정에 와서 천자를 알현하는 것을 조공이라 하고, 천자가 제후에게 일정한 영지를 내리고 관작(官爵)을 주는 것을 책봉이라 한다. 전국시대에 위혜왕(魏惠王)이 왕을 참칭하면서 그러한 책봉체제는 일시 와해되었는데, 진시황이 천하를 통일하고 한나라가 제국을 이어받은 뒤에는 책봉체제가 동아시아 질서를 유지하는 한 축이 되었다. 말하자면, 중국이 천자의 나라로서 주변국들을 책봉하고, 주변국들은 중국에 조공을 하는 질서 체제로 재정립된 것이다.

책봉체제에서는 책봉하는 쪽이 권위를 누리고 유지하기 위해서 조공을 바치는 쪽에 훨씬 많은 경제적 이득을 주는 것이 일반적이었다. 두텁게 주어 보내고 가볍게 오도록 한다는 것이 이를 두고 한 말이다. 오늘날에 이 책봉체제에서 조공을 바친 일을 두고 사대주의라고 말하는 것은 책봉체제의 본질을 이해하지 못한 탓이다.

　마지막으로 아홉 가지 날줄에 대해 "그것을 행하는 바탕은 하나다"라고 하였는데, 그 하나는 앞서도 나온 바 있듯이 '성스러움(誠)'이다.

22장

하늘의 길
사람의 길

22.1

凡事豫則立, 不豫則廢. 言前定則不跲, 事前定則不困, 行前定
則不疚, 道前定則不窮.

무릇 일이란 미리 대비하면 단단하게 서지만, 미리 대비하지
않으면 엉망이 된다. 할 말을 미리 생각해두면 헛말을 하지
않게 되고, 일을 미리 대비해두면 곤란을 겪지 않게 되고, 행
할 것을 미리 정해두면 꺼림하지 않고, 갈 길을 미리 정해두
면 막히지 않게 된다.

注釋   예(豫)는 미리, 미리 하다는 뜻으로, 뒤에 오는 '전정(前定)'과
같은 뜻이다. 전정(前定)은 미리 정하다는 뜻이다. 겁(跲)은 넘어지다,
헛디디다는 뜻이다. 구(疚)는 꺼림하다, 찜찜하다는 뜻이다.

蛇足   여기서 말하는 '일'은 바로 앞서 언급했던 아홉 가지 날줄을
가리키는 것으로 볼 수 있다. 일을 할 때는 반드시 미리 대비하고 정해
두어야 한다고 했는데, 이건 무슨 말인가? 공자는 "미리 헤아리는 일이
없으셨고, 반드시 해야 한다는 것이 없으셨고, 굳이 버티는 일이 없으
셨고, 내로라함이 없으셨다"(毋意, 毋必, 毋固, 毋我. ─『논어』「자한」)고
했는데, 그러면 공자가 하지 않은 "미리 헤아리는 일"과 여기서 말하는
"미리 대비하는 것"은 무엇이 다른가?
  대비하고 생각해두고 정해두는 것은 미리 어떻게 하겠다고 작정하
라는 것이 아니다. 언제 저 아홉 가지 일들을 하게 될지 모르니, 평소에
자신을 닦아두어서 언제든지 나서서 행할 수 있도록 하라는 말이다. 이
는 무사가 날마다 칼을 벼리는 것과 같다. 언제 싸울 일이 벌어질지 모
르고 언제 적과 마주칠지 모르는 상황이라면, 잠시라도 칼을 무디게 내
버려두어서는 안 된다. 선비 또한 마찬가지다. 더구나 그에게는 따로

전쟁터가 있는 게 아니다. 태평한 시절이면 태평하기 때문에 쓰일 것이고, 혼란한 시대라면 혼란하기 때문에 할 일이 막중하다. 나아가면 제 뜻을 한껏 펼쳐야 하고, 물러나면 가만히 자신을 잡도리하며 도를 즐겨야 한다. 그 어느 것이나 미리 대비해 두어야만 어긋남이 없다.

흔히 쓰는 말로 '진인사대천명(盡人事待天命)'이 있다. 사람이 할 수 있는 일을 남김없이 다하고는 그 결과를 기다린다는 뜻이다. 여기서 남김없이 다하는 것, 그게 미리 해두어야 하는 일이다. 이를 달리 '성스러움(誠)'이라고도 한다. 그런데 대부분의 사람들은 바로 지금 자신이 할 수 있는 일이 무엇인지를 알고 거기에 전념하기보다는 아직은 일이 없다면서 게으름을 피우다가 막상 일을 해야 할 때가 되면 섣불리 덤벼들어 얼렁뚱땅 해치우고는 결과부터 미리 기다린다. 그러다가 바라는 결과가 나오지 않으면, 실망하거나 좌절한다. 애초에 '진인사'를 하지 않았으므로 요행수를 기대하는 것밖에는 달리 도리가 없었고, 요행수를 기대하는 심사로는 결코 자신을 돌아보며 그 원인을 찾는 일도 없다. 이리하여 범부나 소인의 악순환은 계속되는 것이다.

22.2

在下位不獲乎上, 民不可得而治矣. 獲乎上有道, 不信乎朋友, 不獲乎上矣. 信乎朋友有道, 不順乎親, 不信乎朋友矣. 順乎親有道, 反諸身不誠, 不順乎親矣. 誠身有道, 不明乎善, 不誠乎身矣.

아랫자리에 있으면서 윗사람에게 믿음을 얻지 못하면 백성들을 다스릴 수 없다. 윗사람에게 믿음을 얻는 데에도 길이 있으니, 벗에게 믿음을 얻지 못하면 윗사람에게도 믿음을 얻지 못한다. 벗에게 믿음을 얻는 데에도 길이 있으니, 가까운 이를 따르지 못하면 벗에게 믿음을 얻지 못한다. 가까운 이를 따르는 데에도 길이 있으니, 스스로 돌이켜보아 성스럽지 못하면 가까운 이를 따르지 못한다. 제 몸을 성스럽게 하는 데에도 길이 있으니, 좋은 것에 대해 환히 알지 못하면 제 몸을 성스럽게 할 수 없다.

注釋　획(獲)은 얻다는 뜻으로, 여기서는 믿음을 얻다, 인정을 받다는 말맛을 담고 있다. 이(而)는 별다른 뜻이 없는 어조사로, 숨을 고르는 글자로 볼 수 있다. 반(反)은 돌이켜보다는 뜻이다. 저(諸)는 어조사로, 지어(之於)를 줄인 말이다. 선(善)은 이치에 맞는 것, 그래서 좋은 것을 뜻한다. 따라서 반드시 도덕적으로 착한 것만을 가리키지 않는다.

蛇足　여기서는 천하를 다스리는 일보다 선비가 벼슬을 얻어서 제 뜻을 펴기 위해서는 어떤 덕을 갖추어야 하는지에 대해 말하고 있는데, 맹자도 이와 비슷한 말을 하였다.

아랫자리에 있으면서 윗사람의 마음을 얻지 못하면, 백성을 다스릴 수가 없다. 윗사람의 마음을 얻는 데에도 길이 있으니, 벗에게서 믿음을 얻지 못하면 윗사람의 마음을 얻지 못한다. 벗에게서 믿음을 얻는 데에도 길이 있으니, 어버이를 섬길 때 어버이가 기뻐하지 않으면 벗에게서 믿음을 얻지 못한다. 어버이를 기쁘게 하는 데에도 길이 있으니, 자신을 돌아보아서 성스럽지 않으면 어버이를 기쁘게 하지 못한다. 자신을 성스럽게 하는 데에도 길이 있으니, 무엇이 좋은지 환히 알지 못하면 자신을 성스럽게 하지 못한다. - 『맹자』「이루상」

(居下位而不獲乎上, 民不可得而治也. 獲於上有道, 不信於友, 弗獲於上矣. 信於友有道, 事親弗悅, 弗信於友矣. 悅親有道, 反身不誠, 不悅於親矣. 誠身有道, 不明乎善, 不誠其身矣.)

무릇 선비가 군자의 길로 가는 것은 마땅히 해야 할 일이기 때문이기도 하지만, 그 길로 가면서 쌓은 덕을 천하에 펴기 위함이 더 크다. 배우고서 쓰지 못하는 것은 아무런 의미가 없다. 공자가 "시 삼백 편을 외웠음에도 정치를 맡기면 제대로 하지 못하고 사방에 사신으로 보내면 오롯하게 맞서지 못하니, 많이 외운들 대체 그걸로 무얼 하겠는가?" (誦詩三百, 授之以政, 不達; 使於四方, 不能專對; 雖多, 亦奚以為? -『논어』「자로」)라고 한 말은 깊이 새겨볼 필요가 있다.

배운 것을 제대로 쓰지 못하는 까닭은 무엇인가? 그 맛을 모르면서 외우는 데에 급급하여 오롯하게 몸에 익히지 못했기 때문이다. 외우기만 하니, 배움의 즐거움을 알 리도 없다. 즐거움은 몸과 마음으로 알 때에만 만끽할 수 있다. 몸으로 익히고 마음으로 깨치려 할 때에는 일상적 삶 자체가 바로 공부가 된다. 어버이를 받들고 형제끼리 아끼고 벗과 사귀는 일이 그대로 공부다. 예나 이제나 이는 가장 종요로운 공부다.『중용』에서 성스러움을 굳이 강조하는 까닭도 여기에 있다. 성스러움은 일상에서 지극하게 한결같이 하는 것이기 때문이다.

위에서 "좋은 것에 대해 환히 알지 못하면 제 몸을 성스럽게 할 수 없다"고 했는데, 이는 배움 또는 앎의 목적이 바로 "몸을 성스럽게 하는 것"에 있음을 의미한다. 자신을 성스럽게 해야만 어버이를 섬기는 일과 벗을 사귀는 일, 윗사람의 믿음을 얻고 백성들을 다스리는 일 등에서 그릇되거나 어긋나지 않게 된다. 오늘날 직장인들 대부분이 토로하는 괴로움이 바로 인간관계인데, 어떤 관계에서 생긴 갈등이든 그 원인은 하나로 귀결된다. 바로 '성스러움'의 부재다. 그 성스러움에 대해서는 아래에서 이야기하고 있다.

22.3

誠者, 天之道也; 誠之者, 人之道也. 誠者, 不勉而中, 不思而
得, 從容中道, 聖人也. 誠之者, 擇善而固執之者也.

성스러움은 하늘의 길이요, 성스러워지려는 것은 사람의 길
이다. 성스러움이란 힘쓰지 않아도 알맞게 되고, 애써 생각하
지 않아도 들어맞고, 하잔하게 있을 때도 이치에 맞는 것이
니, 이는 성인의 경지다. 성스러워지려는 것은 좋은 것을 가려
서 그것을 굳이 지키는 일이다.

注釋　성(誠)은 지극하게 몸과 마음을 다하는 것, 지극히 참된 것을
뜻한다. 그 소리와 속뜻이 성(聖)과 통하므로 계속해서 "성스럽다"는 말
로 풀었다. 성지(誠之)의 지(之)는 운동성을 나타낸다고 보는 것이 타당
하다. 그래서 "~하려고 하다"는 뜻으로 풀었다. 종용(從容)은 별다른 일
이 없이 하잔한 모양이다. 고(固)는 굳게, 한결같이를 뜻한다.

蛇足　『중용』에서 '성(誠)'을 굳이 '성스러움'으로 풀이해야 하는 이
유가 여기서 밝혀져 있다. 사실 '성'은 경과 같이, 본래는 사람들 사이에
서 쓰인 말이 아니다. 하늘이나 신에 대해 쓰던 말이었다. 『예기』「제
통」에서 "현자가 제사 지낼 때는 그 성스러움과 미쁨, 참됨과 지극함을
다한다"(賢者之祭也, 致其誠信與其忠敬)라고 말한 데서도 그 본래적 의
미는 뚜렷하게 드러난다.
　그런데 "성스러움은 하늘의 길이요, 성스러워지려는 것은 사람의 길
이다"와 비슷한 구절이 『맹자』에도 나온다. 『중용』과 『맹자』, 자사와 맹
자를 연결시켜 '사맹(思孟)'으로 지칭하는 한 근거이기도 하다.

　이러하므로 성스러움은 하늘의 길이요, 성스러움을 생각하는 것은

사람의 길이다. 지극히 성스러우면서 남을 움직이지 못한 사람은 아직 없었고, 성스럽지 않으면서 남을 움직일 수 있었던 자도 없었다. -『맹자』「이루상」

(是故, 誠者, 天之道也; 思誠者, 人之道也. 至誠而不動者, 未之有也; 不誠, 未有能動者也.)

이 글을『중용』의 것과 견주면, '성지(誠之)'가 '사성(思誠)'으로 되어 있다.『중용』이 훨씬 세련된 표현임을 짐작할 수 있다. 게다가『중용』에서는 성스러움이 어떠한 경지이며 성스러워지려면 어떻게 해야 하는지가 언급되어 있지만,『맹자』에서는 성스러우면 효용이 크다는 것만이 강조되고 있다. 이는『맹자』에서 말한 성(誠)을『중용』에서 훨씬 발전시킨 것이라 할 수 있다. 그리고『중용』의 이 대목이『순자』로 가면, 더욱더 풍부해진다. 이러한 흐름을 간과하고,『중용』을 자사의 작품으로 단정하고 맹자가 어설프게 이었다고 할 수 있을까? 무엇보다도『맹자』가 자사를 자주 거론하면서 그의 글에 대해 말하지 않은 것에 대해서는 또 어떻게 해명할 것인가?『맹자』가『중용』에 어떤 영감을 주었다고 보는 것이 타당하리라 생각한다. 이는 25장 〈성스러움의 효용〉에서도 확인되는 점이다.

군자가 마음을 기르는 데 있어 성스러움보다 좋은 게 없다. 지극히 성스러우면 달리 할 게 없으니, 오로지 어짊을 지키면 되고 오로지 올바름을 행하면 된다. 마음을 성스럽게 지니고 어짊을 지키면 겉으로 드러나고, 겉으로 드러나면 신묘해지고, 신묘해지면 교화시킬 수 있다. 마음을 성스럽게 지니고 올바름을 행하면 이치에 맞고, 이치에 맞으면 분명해지고, 분명해지면 변화시킬 수 있다. 변화와 교화가 번갈아 일어나면, 이를 하늘의 덕이라 한다. 하늘은 말을 하지 않아도 사람들이 높다고 받들며, 땅은 말을 하지 않아도 사람들이 두텁다고 받들며, 사계절은 말을 하지 않아도 백성들이 그 때를 기다린다. 대체로 이에는 한결같음이 있는데, 지극한 성스러움[誠]에 이르렀기 때문이다. ─『순자』「불구」

(君子養心莫善於誠. 致誠則無他事矣, 唯仁之爲守, 唯義之爲行. 誠心守仁則形, 形則神, 神則能化矣. 誠心行義則理, 理則明, 明則能變矣. 變化代興, 謂之天德. 天不言而人推其高焉; 地不言而人推其厚焉; 四時不言而百姓期焉. 夫此有常, 以至其誠者也.)

　『맹자』와 『중용』에서 말한 것을 아울렀다고 해도 과언은 아닐 정도로 포괄적이고 자세하다. "지극히 성스러우면 달리 할 게 없다"는 말은 『중용』에서 "힘쓰지 않아도 알맞게 되고, 애써 생각하지 않아도 들어맞고, 하잔하게 있을 때도 이치에 맞다"고 한 것을 한마디로 줄인 것이나 마찬가지다. 『맹자』에서 지극히 성스러우면 사람을 움직이지 못하는 일이 없다고 한 것을 "교화시킬 수 있다, 변화시킬 수 있다"는 것으로 표현하면서 이를 '천덕(天德)'이라 하였다. 게다가 "하늘은 말을 하지 않아도, 땅은 말을 하지 않아도"는 『논어』「양화」에서 공자가 "하늘이 무슨 말을 하더냐? 네 계절이 돌고, 온갖 것이 생기지만, 하늘이 무슨 말을 하더냐?"(天何言哉? 四時行焉, 百物生焉, 天何言哉?)라고 한 말을 연상시킨다. 그럼에도 『중용』과 『순자』는 『논어』나 『맹자』보다도 도가적 사유와 가깝다. 이는 두 텍스트 모두 전국시대 중기 이후에 큰 영향을 끼치고 있던 도가의 사상을 어느 정도 받아들였음을 의미한다.

　군자의 길을 간다는 것은 곧 마음을 기르는 일이다. 마음을 길러야 한다면, 성스러워지려고 하는 것이 가장 좋다. 왜냐하면, 군자가 마음을 길러서 갖춘 것이 덕이고, 성스러움은 하늘의 덕이기 때문이다. 그러나 성스러움은 그 자체로 하늘의 길이고 하늘의 덕이지만, 사람은 그 자체로 성스러울 수 없다. 비록 가능성은 가지고 있지만, 스스로 애써서 구하고 찾아야 하며 찾은 뒤에는 굳게 잡고서 제 것으로 만들어야 한다. 그것이 사람의 길이다. 군이 비유하자면, 날마다 해가 뜨고 지는 일이 성스러움이고, 해 뜨면 일하고 해 지면 자는 것이 성스러워지려는 것이다.

그러면 성스러워지려 할 때, 어떻게 해야 그렇게 될 수 있는가? 여기 서는 "좋은 것을 가려서 그것을 군이 지키는 일"을 해야 가능하다고 했 다. 여기서 도가와 다른 유가적 특성이 강하게 드러나는데, 그 좋은 것 이란 무엇인가? 그것은 일상에서 알맞은 것이다. 문제는 일상의 미묘 한 변화 속에서 어떻게 해야 알맞은 것, 좋은 것을 가려낼 수 있느냐인 데, 이에 대해서는 이어지는 글에서 자세하게 풀어내고 있다.

23장

널리 배우고
도탑게 행하라

博學之, 審問之, 愼思之, 明辨之, 篤行之. 有弗學, 學之弗能, 弗措也; 有弗問, 問之弗知, 弗措也; 有弗思, 思之弗得, 弗措也; 有弗辨, 辨之弗明, 弗措也; 有弗行, 行之弗篤, 弗措也. 人一能之, 己百之; 人十能之, 己千之. 果能此道矣, 雖愚必明, 雖柔必強.

널리 배우고 자세히 묻고 삼가 생각하고 환하게 가려내고 도탑게 행하여야 한다. 배우지 않는 일은 있을 수 있으나, 배우고서 잘하지 못하면 그만두어서는 안 된다. 묻지 않을 수는 있으나, 묻고서 잘 알지 못하면 그만두어서는 안 된다. 생각하지 않을 수는 있으나, 생각을 하고서도 얻은 것이 없으면 그만두어서는 안 된다. 가려내지 않을 수는 있으나, 가려내고서도 환하게 알지 못하면 그만두어서는 안 된다. 행하지 않을 수는 있으나, 행하면서도 도탑지 않으면 그만두어서는 안 된다. 남이 한 번에 잘하더라도 나는 백 번이라도 해야 하고, 남이 열 번 만에 잘하더라도 나는 천 번이라도 해야 한다. 참으로 이 길로 갈 수 있다면, 비록 어리석은 자라도 반드시 밝아지고, 비록 여린 자라도 반드시 강해지리라.

注釋 심(審)은 살피다, 자세하다는 뜻이다. 독(篤)은 도탑다, 도타이 하다는 뜻이다. 능(能)은 잘하다, 제대로 하다는 뜻이다. 조(措)는 그만두다는 뜻이다.

蛇足 널리 배우는 일에서 도탑게 행하는 일까지는 밖에서 안으로, 대상에서 내 몸으로 향하는 익힘의 과정을 말한 것이다. "널리 배우고 자세히 묻는 것"은 내 몸 밖에서 이루어지는 일이고, "삼가 생각하고 환

하게 가려내는 것"은 내 안에서 이루어지는 일이다. 말하자면, 밖을 향해서 배우고 물은 뒤에 안으로 생각하고 가려내야 한다는 것이다. 그런 뒤에 그 모든 것을 몸에 갈무리해두어야 하는데, 그것은 도탑게 행함으로써 마무리된다. 성스러워지기 위해서는 이런 과정을 반드시 거쳐야 한다.

그런데 이 과정은 결코 만만하지 않다. 좀 배웠다고 스스로 뽐내며 그만두기도 하고, 기껏 묻고서는 설핏 안 것으로 그치기도 하고, 생각을 하다가 이내 지쳐서는 곧 그만두기도 하고, 어렴풋하게 가려낸 것으로 만족하기도 하고, 건성으로 행하고서는 으스대기도 한다. 특히, 지혜가 부족하면 남과 섣불리 견주는데, 그 바람에 제 풀에 꺾이는 자가 많다. 공부란 끊임없이 자신을 돌아보는 일이기 때문에 남과 견주는 것은 오히려 독이 된다. 그저 자신을 바꾸어서 더 나아지게 하는 데에만 마음을 두어야 한다.

군자가 말하였다, 배우는 일은 그만둘 수가 없다고. 푸른색은 쪽에서 빼내지만 쪽빛보다 더 푸르고, 얼음은 물이 그렇게 된 것이지만 물보다 더 차다. 나무가 곧아서 먹줄에 딱 맞아도 휘게 해서 바퀴로 만들어 그 굽음을 그림쇠에 맞게 하면, 비록 햇볕에 말리더라도 다시 곧게 펴지지 않으니, 이는 그 휨이 그렇게 만든 것이다. 그러므로 나무가 먹줄을 따르면 곧게 되고, 쇠가 숫돌에 갈리면 날카로워지고, 군자가 두루 배우면서 날마다 몇 번이나 자기를 살피면 지혜가 밝아지고 행동에 허물이 없게 된다.

그러므로 높은 산에 오르지 않으면 하늘이 높은 줄을 알지 못하고, 깊은 골짜기를 들여다보지 않으면 땅이 두터운 줄을 알지 못하며, 선왕들이 남긴 말씀을 듣지 않으면 배우고 묻는 일이 얼마나 큰일인지 알지 못한다. 간, 월, 이, 맥 따위 부족들의 아이들은 태어나면서 같은 소리를 내지만 자라면서 그 습속이 달라지는데, 이는 가르침이 그렇게 만든 것이다. - 『순자』「권학(勸學)」

(君子曰: 學不可以已. 靑, 取之於藍, 而靑於藍, 氷, 水爲之, 而寒於水. 木直中繩, 輮以爲輪, 其曲中規, 雖有槁暴, 不復挺者, 輮使之然也. 故木受繩則直, 金就礪則利, 君子博學而日參省乎己, 則知明而行無過矣.

故不登高山, 不知天之高也, 不臨深谿, 不知地之厚也, 不聞先王之遺言, 不知學問之大也. 干越夷貉之子, 生而同聲, 長而異俗, 敎使之然也.)

군자가 배울 때는 매미가 허물을 벗듯이 가뿐하게 번드친다. 그러므로 길을 갈 때도 표가 나고, 서 있을 때도 표가 나며, 앉아 있을 때도 표가 나고, 낯빛을 짓거나 말을 할 때도 표가 난다. 좋은 것은 남겨두지 않고 행하고, 물음은 묵혀두는 법이 없다. - 『순자』「대략(大略)」

(君子之學如蛻, 幡然遷之. 故其行效, 其立效, 其坐效, 其置顔色出辭氣效. 無留善, 無宿問.)

사람마다 자질이 다르다. 처한 환경이 다르면 더욱 다르다. 자질이 부족하면 남보다 백 배 더 하면 되고, 환경이 좋지 못하면 천 배 더 하면 된다. 타고난 차이를 가지고 자책할 필요가 없고 어버이를 탓할 필요도 없다. 역설적이게도 '탓할 재주'만 있다면, 무엇이든 할 수 있다. 중요한 것은 가야 할 길에서 벗어나지 않는 일이다. 벗어나지 않는다면, 언젠가는 밝아지고 강해질 수 있다. 순자가 말했다. "군자는 나면서부터 남들과 달랐던 게 아니다. 사물을 잘 빌어 쓸 줄 알았을 뿐이다." (君子生非異也, 善假於物也. - 『순자』「권학」) 타고난 것으로 군자가 되고 성인이 되는 자는 없다는 뜻이다.

만약, 나는 너무 어리석고 여리기 때문에 이번 생에서는 지혜를 터득하지 못할지도 모른다고 여기는 자가 있다면, 이 말을 새겨두라. "오래 살아라, 지혜로워질 때까지!"

24장

성스러움과 밝음

24.1 ───────────────────────────────

自誠明謂之性, 自明誠謂之敎. 誠則明矣, 明則誠矣.

> 성스러움으로 말미암아 밝아지는 것을 본바탕이라 하고, 밝
> 음으로 말미암아 성스러워지는 것을 가르침이라 한다. 성스
> 러우면 밝고, 밝으면 성스러워진다.

注釋 자(自)는 유(由)와 같으며, ~에서 말미암다, 비롯되다는 뜻
이다.

蛇足 이 구절은 『중용』 첫머리에 나오는 본바탕과 길, 가르침을 다
시 한 번 새로운 방식으로 제시한 것이다. 여기에서 '길'에 대해 말하고
있지 않다고 미심쩍게 여기는 이가 있을 것이다. 그러나 그 길은 보려
해도 보이지 않고 들으려 해도 들리지 않는 것일 뿐, 존재하지 않는 것
이 아니다. 어디에나 있다. 이 구절 안에도 분명히 있다.

성스러움과 밝음, 밝음과 성스러움 사이를 이어주는 것이 바로 길
이다. 그래서 성스러움과 밝음은 일방향적인 것이 아니라 길로 말미암
아 쌍방향적인 것으로 존재한다. 아니, 존재한다기보다는 운동하고 있
다. 끊임없이 역동적으로 움직이고 있다. 단박에 성스러워지는 것이 아
니고, 단번에 밝아지는 것이 아니다. 조금씩 성스러워지면 그에 걸맞게
밝아지고, 차츰차츰 밝아지면 또 그에 어울리게 성스러워진다. 이는 쉼
없는 피드백이고, 그 피드백은 길 위에서 이루어지고 있다.

성스러움은 그 자체로 하늘의 길이라 했다. 『중용』 첫머리에서 본바
탕은 하늘이 내려준 것이라 했는데, 이는 본바탕에 성스러움이 이미 내
재해 있음을 뜻한다. 그러므로 그 성스러움으로 말미암아 밝음을 얻게
되는 것은 당연하고 자연스럽다. 말하자면, 밝음을 얻을 수 있는, 지혜
로워질 수 있는 근거는 이미 내 안에 있다는 것이다. 그래서 맹자도 "온

갖 것이 모두 나에게 갖추어져 있다. 제 몸을 돌이켜보아서 성스러우면 그 즐거움은 이보다 더 클 수 없다"(萬物皆備於我矣. 反身而誠, 樂莫大焉. -『맹자』「진심상」)라고 말했던 것이다.

그렇게 얻은 밝음으로 더 성스러워질 수 있는 길을 찾는 것이 가르 침이다. 흔히 "가르치면서 배운다"고 하는데, 여기서 가르침이 바로 그 런 의미를 갖는다. 가르침이면서 배움이다. 이미 얻은 밝음으로 자신을 가르칠 계기가 마련되었고, 그 가르침으로 나는 더욱 성스러워질 수 있 는 것이다.

이렇게 성스러움과 밝음이 서로 풀무질하면 군자는 지극히 성스러 운 데로 나아가게 된다. 그럴 때 어떤 일이 일어나는가? 다음 장에서 말 한다.

25장

성스러움의 효용

唯天下至誠, 爲能盡其性; 能盡其性, 則能盡人之性; 能盡人之
性, 則能盡物之性; 能盡物之性, 則可以贊天地之化育; 可以贊
天地之化育, 則可以與天地參矣.

세상에서 지극히 성스러운 사람만이 자신의 본바탕을 다할
수 있다. 자신의 본바탕을 다할 수 있으면, 남의 본바탕도 다
하게 할 수 있다. 남의 본바탕을 다하게 할 수 있으면, 만물의
본바탕도 다하게 할 수 있다. 만물의 본바탕을 다하게 할 수
있으면, 하늘과 땅이 만물을 변화시키고 기르는 일을 도울 수
있다. 하늘과 땅이 만물을 변화시키고 기르는 것을 도울 수
있으면, 하늘과 땅과 더불어 나란해진다.

注釋　진(盡)은 남김없이 다하다는 뜻이다. 찬(贊)은 돕다는 뜻이다.
참(參)은 섞이다, 나란하다, 참여하다는 뜻이다.

蛇足　이 글은 『맹자』의 아래 글을 떠올린다.

> 그 마음을 다한다면, 그 본바탕을 알게 된다. 그 본바탕을 알면, 하
> 늘을 알게 된다. 그 마음을 잘 지니고 그 본바탕을 잘 기르는 것, 이
> 것이 하늘을 섬기는 까닭이다. - 『맹자』 「진심상」
> (盡其心者, 知其性也; 知其性, 則知天矣. 存其心, 養其性, 所以事天也.)

맹자는 '성(誠)' 대신에 '심(心)'을 썼는데, 함의는 다르지 않다. 마음
을 다하는 것이 곧 성스러워지려는 것이기도 하기 때문이다. "본바탕을
알면, 하늘을 알게 된다"는 말은 『중용』의 첫머리에 나오는 "하늘이 내
려준 것을 본바탕이라 한다"는 말과 잇닿아 있다. 다만, 22.3에서 말했

듯이『맹자』와『중용』을 견주면『맹자』가『중용』에 영감을 주었을 가능
성이 높다.『중용』이 훨씬 정교하고 체계적인 사유의 흐름을 보여주고
있기 때문이다. 물론, 앞선 것이 반드시 뒤의 것보다 성글고 거칠다고
는 할 수 없지만, 적어도 표현의 방식이나 사유의 깊이, 그 정교함과 미
묘함 등을 아울러 고려한다면,『중용』이『맹자』보다 앞선다고 말하기
는 곤란하리라 생각한다.

　그러면『중용』과『맹자』의 글에 내포된 뜻을 아울러 살펴보자. 내 본
바탕을 다하는 일이 어떻게 남의 본바탕을 다하게 하는 효과에 이르는
가? 첫째, 나와 남의 본바탕이 다르지 않기 때문이다. 현실적으로 자질
이나 환경의 차이는 있을지라도, 성스러워질 가능성이 내재해 있음은
엄연한 사실이고 진리다. 하늘이 내려준 것이 본바탕이고, 이는 만물에
공통된다. 그래서 남의 본바탕도 다하게 할 수 있는 것이다. 둘째는 지
극히 성스러운 사람이 하나의 본보기가 되기 때문이다. 그러나 이러한
발상에는 순진한 구석이 있다. 과연 세상에 성인을 보거나 만난 사람
가운데 몇이나 성인이 될 수 있었을까? 너무도 낙관적이지 않은가?

　　이제 길 가는 사람에게 그것을 알 수 있게 해주는 바탕과 잘할 수
　　있게 해주는 방도를 가지고 저 어짊과 올바름을 알 수 있는 이치와
　　잘할 수 있는 방도를 밑천으로 삼게 한다면, 우가 될 수 있다는 건
　　분명하다. 이제 길 가는 사람에게 그러한 방법으로 배우게 하고 마
　　음을 오롯이 지니고 뜻을 한결같이 하여 사색하고 깊이 살피게 해
　　서 오랜 세월 동안 날마다 좋은 것을 쌓으며 쉬지 않게 한다면, 신
　　명에 통하고 천지와 나란해질 것이다. 그러므로 성인은 사람이 쌓
　　아서 지극한 데에 이른 사람이다. -『순자』「성악」
　　(今使塗之人者, 以其可以知之質, 可以能之具, 本夫仁義之可知之理可
　　能之具, 然則其可以爲禹明矣. 今使塗之人, 伏術爲學, 專心一志, 思索孰
　　察, 加日縣久, 積善而不息, 則通於神明, 參於天地矣. 故聖人者, 人之所

積而致也.)

순자 역시 누구나 성인이 될 수 있는 바탕은 지니고 있다고 했다. 이 점에서는 공자나 맹자와 다르지 않다. 다만, 순자는 사람에게는 욕망과 감정이 깊이 똬리를 틀고 있어서 쉽사리 성인이 될 수 없다고 보았다. 그래서 강조한 것이 '적(積)'이다. 쉼없이 쌓아야만 지극해진다는 것이다. 당연히 배우고 익히는 과정을 두고 한 말인데, 특히 "좋은 것을 쌓아야 한다"고 한 점에서 『중용』과 통한다.

앞서 9장에서도 군자의 길은 지아비나 지어미같이 평범한 사람이라도 알 수 있다고 했다. 그러나 알 수 있다는 것이 곧 안다는 것은 아니다. 순자와 마찬가지로 가능성을 말한 것이다. 또 알 수 있는 능력이 있다고 해서 그를 알게 할 수 있는 것도 아니다. 앎과 행동은 순전히 그 자신의 선택과 결단에 따른 것이기 때문이다. 성인이 될 자질도 갖고 있고, 그 본바탕을 다할 수도 있으며, 그렇게 할 수 있는 방도 또한 옛사람들이 가르쳐준 게 있으나, 과연 다른 누군가를 성인이 되게 하거나 본바탕을 다하게 할 수 있을까? 이에 대해서도 순자는 아주 냉철한 답을 내놓았다.

"성인은 쌓아서 이루어진다고 하였음에도 모두 다 쌓을 수는 없다고 한 까닭은 무엇인가?"
될 수는 있으나 되게 할 수는 없기 때문이다. 그러므로 소인은 군자가 될 수 있음에도 군자가 되는 것을 내켜하지 않고, 군자는 소인이 될 수 있음에도 소인이 되는 것을 내켜하지 않는다. 소인과 군자가 서로 상대방처럼 될 수 없는 것은 아니다. 그렇지만 서로 상대방처럼 되지 않는 것은, 될 수는 있으나 되게 할 수는 없기 때문이다. 그래서 길 가는 사람도 우가 될 수 있다는 것은 맞지만, 길 가는 사람이 우가 될 수 있다고 하더라도 반드시 우가 되는 것은 아니다. 비록 실제로 우가 될 수 없다고 하더라도, 우가 될 수 있다고 말하는 것에는 해로움이 없다. - 『순자』「성악」

(曰: "聖可積而致, 然而皆不可積, 何也?" 曰: 可以而不可使也. 故小人可以爲君子, 而不肯爲君子, 君子可以爲小人, 而不肯爲小人. 小人君子者, 未嘗不可以相爲也. 然而不相爲者, 可以而不可使也. 故塗之人可以爲禹, 則然; 塗之人能爲禹, 未必然也. 雖不能爲禹, 無害可以爲禹.)

지나친 열정으로 제자를 다그치거나 닦아세우는 선생이 있는데, 이는 그 자신이 아직 지혜가 무르익지 않아서다. 가르쳐서 이끄는 일에서는 '노파심'을 경계해야 한다. 학인이 스스로 뜻을 세우고 차근차근 쌓아나갈 수 있을 때까지 기다릴 수 있어야 한다. 스스로 그렇게 하지 않는다면, 공자도 붓다도 어찌할 도리가 없는 것이다. 이 또한 엄연한 이치다.

"하늘과 땅이 만물을 변화시키고 기르는 일을 도울 수 있다"는 성스러움의 효용이 얼마나 큰지를 말한 것이지만, 동시에 성스러워지는 것이 지극히 어려운 일임을 여실하게 보여주는 대목이기도 하다. 또 이런 효용이 있다고 해서 성스러운 사람이 시든 꽃을 다시 싱싱하게 하거나 죽은 사람을 되살리는 기적을 행할 수 있다고 여겨서는 곤란하다. 성스러운 사람이 성스러운 까닭은 그가 자연스러움을 따르기 때문이다. 노자가 말한 '도법자연(道法自然)' 즉 "도는 저절로 그러함을 본받는다"는 말처럼 그가 가는 길 역시 '저절로 그러함'일 뿐이다. 다만, 순자가 말했듯이 일상에서 좋은 것을 쌓으면서 저절로 그러함을 체득하고 구현한다는 점에서 도가와 다르다.

"하늘과 땅과 더불어 나란해진다"는 것은 앞서 나온 '하늘의 길'과 '사람의 길'이 하나이면서도 둘임을 의미한다. 성스러움 그 자체는 하늘과 땅의 영역이고, 성스러워지려는 것은 사람의 몫이다. 지극히 성스러운 사람을 통해 마침내 서로 뒤섞이고 나란해진 것이다. 그렇다고 해서 사람의 길이 하늘의 길에 빌붙거나 부속된 것으로 여겨서는 안 된다. 사람의 길은 엄연히 사람의 길이다.

26장

자잘한 일에서 지극하라

其次致曲, 曲能有誠. 誠則形, 形則著, 著則明, 明則動, 動則變, 變則化. 唯天下至誠, 爲能化.

그 다음은 자잘한 일에서 지극하게 하는 것이니, 자잘한 일에서 지극하면 성스러워질 수 있다. 성스러우면 드러나게 되고, 드러나게 되면 두드러지고, 두드러지면 밝아지고, 밝아지면 움직이게 되고, 움직이게 되면 바뀌게 되고, 바뀌게 되면 바르게 바뀐다. 세상에서 지극히 성스러운 사람만이 바르게 바꿀 수 있다.

注釋　기차(其次)는 앞에 나온 '자명성(自明誠)' 즉 "밝음으로 말미암아 성스러워지는 것"을 이른다. 치(致)는 지(至)와 같으며, 지극하게 하다는 뜻이다. 곡(曲)은 자잘하고 대수롭지 않은 일을 뜻한다. 형(形)은 작게 드러나는 것이고, 저(著)는 크게 드러나는 것이다. 명(明)은 환하게 드러나는 것이다. 동(動)은 다른 사람의 마음을 움직이는 것이다. 변(變)은 바꾸다는 뜻이고, 화(化)는 바르게 바꾸다, 고쳐지다는 뜻이다.

蛇足　앞에서 성스러움의 큰 효용에 대해 말했다면, 여기서는 일상에서 성스러워지려 할 때 구체적으로 어떤 변화가 내 마음과 몸에서 일어나는지에 대해 말하고 있다. 아무리 우주적 차원의 원리, 보편적 이치를 말하더라도 그것은 결코 일상에서 벗어날 수 없다. 아니, 『중용』첫머리에서 사람은 길에서 잠시도 벗어날 수 없다고 말한 순간에 길의 일상성은 이미 확고해졌다. 다만, 그 일상성이란 것이 무엇인지에 대한 구체적인 언급이 없었을 따름이다.

　인도의 불교는 '깨달음의 종교이자 철학'이다. 그 깨달음을 한자로는 '각(覺)'이라 썼다. 이 글자에는 '견(見)'이 포함되어 있다. 말하자면,

배울 학(學)에 볼 견(見)이 덧붙은 것으로, 배워야만 확실하게 보인다는 것을 뜻한다. 이것이 깨닫다, 분명하게 드러나다는 뜻으로 확장되어 쓰이고 있다. 그렇다, 확실하게 보인다는 것은 곧 분명하게 드러난다는 것이기도 하다. 문제는 우리가 보는 것, 우리에게 보이는 것이 정확하거나 확실하지 않을 수 있다는 사실이다. 그래서 붓다의 깨달음을 '정각(正覺)' 또는 '무상정등각(無上正等覺)' 등으로 일컫는 것이다.

3.1에서 "마시거나 먹지 않는 사람은 없건만, 참맛을 아는 자가 드물구나!"라고 했듯이, 누구나 눈이 있어 보지만 제대로 보는 자는 참으로 드물다. 그것은 감각이 무디기 때문이고, 감각이 무딘 것은 어떤 일에서든 지극하지 않기 때문이다. 지극하지 않기 때문에 보이는 것만 보고 들리는 것만 듣는다. 보이지 않고 들리지 않는 것은 존재조차 하지 않는 것으로 여긴다. 존재하지 않는다고 여겼던 것이 새삼스럽게 다가올 때가 있는데, 이는 다른 누구가 또는 다른 무엇이 그것을 보이게 하고 들리게 하였기 때문이다. 그렇다면, 우리가 무뎌진 감각을 날카롭게 벼리려면 어떻게 해야 하는가? 답은 하나다. 성스러워지려는 것. 그것도 일상 속에서 성스러워지려 해야 한다. 위에서 "자잘한 일에서 지극해야 한다"고 한 말이 그런 뜻을 담고 있다.

자, 우리 주위를 한번 둘러보라. 무미건조한 일상에 지쳐서 어디론가 훌쩍 떠나고 싶어하는 이들이 적지 않다. 주말이면 사람들은 산과 바다로 떠난다. 모두 일상에서 지친 이들이다. 잠시나마 심신을 달래려고 그 먼 곳을 찾는다. 이뿐이 아니다. 심지어는 아주 먼 곳, 거칠고 위험한 데까지 간다. 히말라야의 그 높은 산맥에서 트래킹을 하는 이들도 적지 않다. 날마다 되풀이되는 무미건조한 일상에서 탈출하거나 인생에 무언가 전환의 계기를 마련하고자 그렇게들 한다. 그런데 과연 그들이 그곳에서 경험하는 것은 일상적인 것이 아닐까?

어디를 가든지 우리는 먹어야 하고 또 잠을 자야만 하며 똥도 싸야 한다. 그런데 히말라야의 고산 지대에서는 먹고 자고 똥을 싸는 일이 좀처럼 쉽지 않다. 생뚱맞은 경험, 그러나 참으로 놀라운 경험이다. 내가 그토록 쉽게 해왔던 일들인데, 그게 결코 쉽지 않다. 숨을 쉬는 것조차 만만치 않아 때로 정신이 몽롱해진다. 술에 취한 것처럼. 나는 그렇게 힘들어하는데, 놀랍게도 거기에서 아무렇지도 않게 사는 사람들이 있다. 아주 평범하고 소박한 생활을 하면서 말이다. 과연 일상이란 무엇인가?

수많은 산악인들이 에베레스트에서 안나푸르나, K2, 매킨리봉 등을 등정하려 애썼고, 또 많은 이들이 등정에 성공했다. 그리고 세상에서는 그들을 대단한 존재로 여기며 존경하기까지 한다. 그렇지 않은가? 그들이 등정을 위해 차려놓은 베이스캠프만 해도 해발 4천 미터가 넘는다. 평범한 사람들에게는 숨 쉬는 일조차 쉽지 않은 곳이다. 그런 곳을 출발 지점으로 삼아서 그보다 갑절이나 높은 곳을, 더구나 깎아지른 듯한 절벽을 양쪽으로 둔 얼어붙은 능선을 타고 가야만 간신히 봉우리에 다다른다. 그들이 그 등정을 위해서 쏟아부은 노력은 실로 어마어마하다. 최소한 반년에서 수년 이상을 준비를 했을 터이다. 그런데 그곳에는 그들을 안내하는 이들이 있다. 세르파들! 세르파들은 길라잡이들이다. 그곳에서 오랜 세월 살아왔기 때문에 누구보다도 길을 잘 안다. 왜 그들 스스로 고봉에 도전하지 않을까? 우리가 뒷산을 오르는 일에서 도전과 모험을 운운하지 않는 것과 같다. 그들에게는 그곳이 그저 일상을 영위하는 곳일 뿐이기 때문이다.

누군가에는 엄청난 시간과 노력을 투자해야 가능한 도전이나 모험이 누군가에는 고작 소박한 일상일 뿐이다. 아이러니하지만, 이것이 성스러움이 우리에게 보여주는 두 얼굴이다. 그래서 쉽게 착각하는 것이다. 내가 겪어보지 않은 세계는 비일상의 영역처럼 느끼고, 일상은 또 너무도 평범하고 진부하게 느끼는 것 말이다.

일상의 자잘한 일에서도 지극해보라. 그러면 거기에 얼마나 신명나는 일들이 숨겨져 있는지를 알 수 있다. 생각지 못한 엄청난 도전과 모험이 그 속에 숨겨져 있음을 느낄 수 있다. 그대, 날마다 뒷산을 즐거이 오를 수 있는가? 날마다 만나는 직장 동료들에게 웃음을 지어 보이며 깍듯하게 대할 수 있는가? 아무런 대가를 바라지 않고 남을 도우면서 그 자체로 즐거워할 수 있는가? 남의 기쁨을 기꺼이 제 기쁨으로 삼고, 남의 즐거움에 함께 즐거워할 수 있는가?

내가 당장에 지극한 마음으로 사람들을 대하더라도 그에 걸맞은 반응이 없다고, 아무리 애를 써도 알아주는 이가 없고 나타나는 결과가 없다고 혹시 미리 걱정하지는 않는가? 그렇다면, 산을 옮기려 한 우공 (愚公)의 이야기를 한번 음미해보라. 널리 알려진 이야기지만, 지극한 성스러움과 관련해서 다시 한번 생각해볼 만하다. 그 깊은 뜻이 새삼스 럽게 다가오리라. 이 이야기는 『열자(列子)』「탕문(湯問)」편에 나온다.

> 태항산(太行山)과 왕옥산(王屋山) 두 산은 넓이가 7백 리에다 높이 는 수만 자가 되는데, 본래는 기주(冀州)의 남쪽과 하양(河陽)의 북 쪽 사이에 있었다.
>
> 북산에 사는 우공은 나이가 아흔이 다 되어 가는데, 산을 마주 대하 고 살고 있었다. 그는 산이 북쪽을 가로막고 있어서 드나들려면 삥 돌아다녀야만 했기 때문에 그게 괴로웠다. 그는 집안사람들을 모아 놓고 말했다.
>
> "나와 너희들이 힘을 다해 험한 산을 평평하게 해서 예주(豫州)의 남쪽으로 곧장 통하고, 한수(漢水)의 남쪽으로 곧장 다다르게 하는 것이 좋겠다. 괜찮겠느냐?"
>
> 모두 그 말에 동의했다. 다만 그의 아내가 의심스럽다는 듯이 말 했다.
>
> "당신의 힘으로는 조그만 괴보산(魁父山)의 언덕조차 없앨 수가 없 을 텐데, 태항산이나 왕옥산 같은 산을 어찌하시겠습니까? 또 그 흙과 돌들은 어디다 버릴 겁니까?"

여러 사람들이 말했다. "발해의 끝머리 은토(隱土)의 북쪽에다 버리지요."

마침내 우공은 자손들과 짐을 지는 사람 세 사람을 거느리고 돌을 두드려 깨고 흙을 파서 삼태기에 담아 발해의 끝머리 쪽으로 날랐다. 이웃 경성씨(京城氏) 집안의 과부에게 유복자가 있었는데, 이제 겨우 이를 갈기 시작한 일고여덟 살의 아이였으나 뛰쳐나와 이 일을 도왔다. 그들은 추위와 더위의 계절이 바뀌어서야 비로소 한 번 갔다가 돌아왔다.

황하의 물구비에 사는 지혜가 많다는 노인이 그것을 보고 웃으며 말렸다.

"당신은 너무도 똑똑하지 못하오! 늙은 나이에 그 힘으로는 산의 터럭 하나조차 헐 수가 없을 텐데, 저 많은 흙과 돌을 어떻게 한단 말이오?"

북산의 우공은 길게 한숨을 쉬면서 말했다.

"당신의 그 굳은 마음은 참으로 뚫을 수 없을 정도니, 저 과부의 어린 아들보다 못하구려. 나야 비록 죽는다 하더라도 자식은 남아 있소. 자식은 또 손자를 보고 손자는 또 자식을 낳고 그 자식은 또 자식을 낳고 그 자식은 또 손자를 낳아 자자손손이 다하는 일이 없을 것이오. 그러나 산은 더 불어나지 않을 것이니, 어찌 평평해지지 않을 것을 걱정한단 말이오?"

지혜가 많다는 그 노인은 망연히 대답하지 못하였다.

성스러우면 드러난다고 했다. 만약 드러나지 않으면 아직 성스럽지 않다고 여기고 더욱 지극해지면 된다. 드러나더라도 두드러지지 않는다면, 두드러지게 되도록 지극히 하면 된다. 두드러지기는 했지만 아직 밝아지지 않았다면, 역시 지극하게 해서 밝아지도록 하면 된다. 밝아졌는데도 움직이게 하지 못하고 있다면, 또 움직일 때까지 지극하게 하

면 된다. 움직이더라도 바뀌지 않는다면, 바뀌어지도록 지극하게 하면
된다. 다만, 억지로 드러나게 하거나 억지로 두드러지게 하거나 억지로
밝아지려 하거나 억지로 움직이려 하거나 억지로 바뀌게 하려 해서는
안 된다. "힘쓰지 않아도 알맞게 되고, 애써 생각하지 않아도 들어맞고,
하잔하게 있을 때도 이치에 맞도록" 해야만 성스러운 것이기 때문이다.

지극히 성스러우면 어떻게 세상을 교화시키게 되는지에 대해서는
『순자』「불구」에서도 말한 적이 있다. 22.3에서 이미 인용하였다.

27장

성스러움의 신령한 힘

27.1

至誠之道, 可以前知. 國家將興, 必有禎祥; 國家將亡, 必有妖
孽. 見乎蓍龜, 動乎四體. 禍福將至, 善必先知之, 不善必先知
之. 故至誠如神.

지극한 성스러움의 길을 체득한 이는 앞일을 미리 알 수 있
다. 나라나 집안이 일어날 때는 반드시 상서로운 조짐이 있
고, 나라나 집안이 망할 때도 반드시 괴이한 징조가 있다. 점
대나 거북 등껍질에서도 나타나고, 사람의 몸짓에서도 그런
움직임이 있다. 화나 복이 이르려 할 때는, 좋은 일도 반드시
먼저 알게 되고, 좋지 못한 일도 반드시 먼저 알게 된다. 그러
므로 지극히 성스러운 이는 신과 같다.

注釋   전(前)은 미리, 앞서를 뜻한다. 정(禎)은 상서로운 조짐을 뜻
한다. 상(祥)은 조짐을 뜻한다. 요(妖)는 괴이함, 재앙을 뜻한다. 얼(孽)
은 재앙을 뜻한다. 현(見)은 나타나다는 뜻이다. 시(蓍)는 점을 칠 때 쓰
던 풀인데, 여기서는 점대로 풀었다. 귀(龜)는 점을 칠 때 쓰던 거북 등
껍질이다. 사체(四體)는 사람의 온몸을 가리킨다.

蛇足   성스러움은 하늘의 길인데, 하늘의 길은 하늘과 땅 사이 어디
에나 있다. 그러나 보이지 않고 들리지 않는 그 미묘함 때문에 지극히
성스러운 사람이 아니면 알아챌 수가 없다. "앞일을 미리 알 수 있다"는
말은 무슨 사이비 종교나 미신에서 떠드는 그런 예지력이 아니다. 자연
과 우주의 원리와 법칙을 알기 때문에 온갖 것들과 일들이 어떻게 펼쳐
질지를 안다는 뜻이다. 이는 고대에 제사장이 제의를 통해 신탁(神託)
을 받은 일과는 아주 다르다. 오로지 신에게 기대는 막연한 신앙을 넘
어서 합리적이고 인문적인 사유를 통해 앞날을 추론하는 것을 의미한

다. 비록 점대나 거북 등껍질로 점을 쳐서 미래를 알려고 한 고대의 방식에 대해서도 언급하고 있지만, 그 또한 인문적으로 이해하고 있음을 알아야 한다. 이렇게 합리적이고 인문적인 이해 방식은 이미 춘추시대부터 나타났다. 다음은 『춘추좌전』에 나오는 글이다. 노장공(魯莊公) 31년(기원전 663) 가을 7월의 일에 관한 것이다.

신령이 괵(虢)나라의 신(莘) 땅에 내려왔다. 주혜왕(周惠王)이 내사(內史)인 과(過)에게 물었다.

"여기에 무슨 까닭이 있는 것이오?"

"나라가 흥하려 하면 신령이 내려와 그 덕행을 살핍니다. 또 나라가 망하려 할 때에도 신령이 내려와 그 악행을 살핍니다. 그래서 신이 내려옴으로써 흥하기도 하고 망하기도 하는데, 우(虞)·하(夏)·상(商)·주(周)의 각 시대에 모두 그 같은 일이 있었습니다."

"그러면 어찌해야 하오?"

"신령의 하강에 상응하는 제의를 베풀어야 합니다. 신령이 내려온 날에 따라 그에 합당한 제의가 있으니, 하강한 날과 관계있는 제물을 쓰는 것이 좋을 것입니다."

주혜왕이 그의 말을 좇았다. 내사 과가 제사 지내러 갔다가 괵나라가 신령에게 제사 지내면서 땅을 더해줄 것을 빌었다는 말을 들었다. 이에 돌아와서 말했다.

"괵나라는 반드시 망할 것이다. 포학한 모습을 보이면서도 신에게 복을 빌었기 때문이다."

신령이 6개월이나 신 땅에 머물렀다. 괵공이 태축(大祝) 응(應)과 종인(宗人) 구(區), 태사(大史) 은(嚚) 등에게 명하여 신령에게 제사 지내게 했다. 그러자 신령이 땅을 주겠다고 응답했다. 태사 은이 이 이야기를 듣고 예언했다.

"괵나라는 망하고 말 것이다. 내가 듣건대 '나라가 흥하려면 백성의 의견을 좇고, 나라가 망하려면 신령을 따른다'고 했다. 신은 총명하고 정직하여 오직 한 가지 마음만 가진다. 그래서 인간의 선악에 따라 화복을 가려서 내리는 것이다. 괵나라는 박덕한 행위가 많은데, 어찌 땅을 얻을 수 있겠는가."

원시와 고대에는 제물을 잘 차려서 제사를 지내면 어떤 복을 빌든지 신은 들어준다고 여겼다. 이는 부족이나 민족 중심의 신앙이다. 그러나 중세로 넘어오는 과정에서 이성적이고 합리적인 사유가 발달하면서 과연 인간의 행위와 상관없이 신이 화복을 내릴지에 대해 의심을 하게 되었다. 이렇게 신앙과 이성이 혼융되어 있는 상황이 『춘추좌전』의 글에는 잘 나타나 있다. 그러나 핵심은 역시 인간의 행위 자체가 중요하다는 점이다. 공자도 "'아랫목 신에게 알랑거리느니 차라리 조왕신에게 알랑거리리라'라는 말은 무얼 말하는 것입니까?"라는 왕손가(王孫賈)의 물음에 대해, "그렇지 않소! 하늘에 죄를 지으면 빌 데라곤 없소"(不然! 獲罪於天, 無所禱也. -『논어』「팔일」)라고 대답했다. 오로지 인간 자신의 덕과 부덕, 선과 악이 미래의 화복을 결정한다는 뜻이다. 위에서 "사람의 몸짓에서도 그런 움직임이 있다"고 한 것이 이것이다.

물론 화나 복은 매우 복잡한 원인들이 얽히고설켜서 비롯된다. 그러나 비록 복잡하게 얽혀 있어도 거기에는 일정한 법칙이 작용하고 있다. 오늘날의 물리학에서 말하는 '카오스이론'은 바로 이러한 현상에 대한 접근법으로 나온 것이다. 카오스이론처럼 물리적 법칙을 발견함으로써 그 미묘하고 복잡한 화복의 본질을 캐낼 수도 있겠으나, 지극히 성스러운 사람은 경험과 통찰을 통해서 꿰뚫어본다. 통찰은 감성과 이성을 결합하거나 통합한 데서 나온다. 논리와 직관을 아우른 영역이라 할 수 있다. 이성과 감성을 분리하고, 직관을 비논리적인 것으로 간주해서는 얻을 수 없는 것이 통찰이다. 그러한 통찰은 또 계량화할 수 없고 정식화할 수 없는 것이다. 그래서 "신과 같다"고 표현하였다.

"나라나 집안이 일어날 때는 반드시 상서로운 조짐이 있고, 나라나 집안이 망할 때도 반드시 괴이한 징조가 있다"고 했는데, 여기서 말하는 상서로운 조짐이나 괴이한 징조는 다른 것이 아니다. 앞서 천하와 나라와 집안을 다스리는 아홉 가지 날줄에 대해 언급했던 그것과 관련된다. 군주가 스스로 몸을 닦느냐 닦지 않느냐, 현명한 이를 높이느냐 높이지 않느냐, 가까운 이를 가까이하느냐 하지 않느냐, 대신을 지극하게 대하느냐 하찮게 여기느냐 따위에서 발견할 수 있는 일들이 바로 조짐이고 징조다. 이러한 조짐이나 징조는 대부분의 사람들이 간과할 만큼 미묘하기 때문에 지극히 성스러운 사람만이 미리 간파할 수 있고, 언제라고 꼭 집어서 말할 수 없는 미래에 일어날 일을 알려주는 것이기에 지극히 성스러운 사람만이 미리 알 수 있다.

28장

만물을 이루는 근본

誠者自成也, 而道自道也. 誠者, 物之終始. 不誠, 無物. 是故,
君子誠之爲貴.

> 성스러움은 저절로 이루고, 길은 저절로 길이 된다. 성스러움
> 은 사물의 끝이요 시작이다. 성스럽지 않은 것은 아무것도 없
> 다. 이런 까닭에 군자는 성스러움을 귀하게 여긴다.

注釋 자(自)는 스스로, 저절로를 뜻한다. 물(物)은 만물(萬物)이면
서 만사(萬事)이니, 온갖 것들과 온갖 일들까지 아울러 가리킨다. 따라
서 여기서는 '사물(事物)'로 풀이했다.

蛇足 "길은 저절로 길이 된다"는 말은 어떠한 인위적 조작도 가해
질 수 없음을 뜻한다. 『중용』 첫머리에서 "길을 닦는 것이 가르침이다"
라고 했을 때에도 이미 이와 같은 의미가 내포되어 있었다. 있는 길을
닦는 것이지, 없는 길을 만드는 것이 아니라는 말이다. 군자의 길도 이
미 있는 길을 군자가 가고 있음을 의미할 뿐이다. 성인이라 해도 길을
만들어서 가지 않는다. 그 길을 자유자재로 갈 뿐이다. 범부가 길을 가
는 어려움은 그 길을 모르는 데에 있지, 그 길이 없어서가 아니다. 이렇
게 보면, 이 길은 마치 『도덕경』에서 "도란 저절로 그러함을 본받는다"
(道法自然)고 했을 때 그 도를 연상시킨다. 이는 『중용』이 도가 사상의
영향을 받은 흔적으로 볼 수도 있다.
　"성스러움은 저절로 이룬다"는 말은 "성스러움은 하늘의 길이다"라
는 말의 또 다른 표현이다. 그런데 성스러움이 실제로 무언가를 이룬다
고 여겨서는 안 된다. 성스러움은 온갖 것들 안에 깃들어 있으면서 온
갖 것들이 생겨나고 변화하고 소멸하는 그 순간순간들과 함께 흘러간
다. 성스러움은 사물 자체이면서 사물의 변화이기도 하다. 그래서 "사

물의 끝이요 시작이다"고 한 것이며 "성스럽지 않은 것은 아무것도 없다"고도 말한 것이다.

그렇다면, 어떠한 차별도 없이 모든 것이 어우러진 것, 태어남과 죽음, 아름다움과 추함, 미녀 서시와 곱추들이 서로 신나게 어울려 노는 난장(亂場)과 같은 춤판이 성스러움은 아닐까?

> 삶을 즐거워하는 것은 미혹이 아닐까? 죽음을 싫어하는 것은 어려서 집을 잃고 돌아갈 줄 모르는 것과 같은 게 아닐까? 미녀 여희(麗姬)는 애(艾)라는 곳의 변경 관리의 딸이었다. 진(晉)나라로 데려갈 때 여희는 너무 울어서 눈물에 옷깃이 흠뻑 젖었다. 그러나 왕의 처소에 이르러 왕과 잠자리를 같이하고 맛있는 고기를 먹게 되자, 울었던 일을 후회하였다. 죽은 사람들도 전에 자기들이 삶에 집착했던 것을 후회하지 않을까? - 『장자』「제물론」

장자는 삶과 죽음은 자연스런 변화일 뿐, 어느 것은 좋고 어느 것은 나쁘다고 할 것이 애초부터 없다고 말한다. 좋음과 나쁨은 어느 한쪽을 절대시하기 때문에 나온 판단일 뿐이라는 것이다. 그릇된 판단으로 말미암아 좋다고 여기는 것, 아름답다고 보는 것에 집착한다는 것이다. 그렇게 한쪽에 치우쳐 있기 때문에 한때 싫어했던 것을 나중에는 아주 좋아하고, 한때 좋아했던 것을 나중에는 아주 싫어하기도 하는 것이다. 저 여희처럼!

모든 것은 변한다. 그것이 사물의 법칙이고 우주의 섭리다. 그러한 변화의 원리가 바로 성스러움이다. 그러한 변화, 움직임을 "저절로 이룬다"라고 표현한 것이다. 저절로 이루기 때문에 막힘도 없고 걸림도 없고 얽매임도 없다. 군자는 바로 그것을 귀하게 여긴다. 군자가 성스러움을 귀하게 여긴다는 것은 곧 그 자신이 성스러워지려 한다는 뜻이다. 성스러워지려 하기 때문에 군자가 가는 길이야말로 사람의 길, 사

람이 가야 할 길이다. 바로 이 지점에서 왜 성스러움과 길을 아울러 말
했는지 그 까닭이 명료해진다.

28.2

誠者, 非自成己而已也, 所以成物也. 成己, 仁也; 成物, 知也.
性之德也, 合內外之道也. 故時措之宜也.

> 성스러움은 저절로 자기를 이룰 뿐만 아니라 사물이 이루어
> 지게 하는 토대이기도 하다. 자기를 이루는 것은 어짊이요,
> 사물이 이루어지게 하는 것은 지혜다. 이는 본바탕에 있는 덕
> 이요, 안과 밖을 합치는 길이다. 그러므로 성스러움은 때마다
> 마땅함을 얻는다.

注釋　　시(時)는 특정한 때나 상황을 뜻한다. 조(措)는 쓰다, 베풀다
는 뜻인데, 여기서는 얻다는 말맛이 있다.

蛇足　　여기서 성스러움은 성스러워지려 애쓰는 자를 다시금 일깨우
기 위해서 거론되고 있다. 성스러워지려는 뜻을 갖고 군자의 길로 나아
가지만, 바로 그 때문에 자신은 늘 바르고 곧으며 길에서 벗어나지 않
고 있다고 여길 수도 있다. 또 어느 순간에 자기를 이루었다고 하는 착
각에 빠질 수도 있다. 실제로 배움에 뜻을 둔 학인이 어느 순간 더 이상
진전이 없이 제자리걸음을 하면서도 스스로 알아채지 못하는 경우는
흔하다. 그것은 배움과 익힘이 나를 어떻게 변화시키는지, 나를 변화시
킨 뒤에는 또 어떤 일이 일어나는지에 대해 전혀 자각하지 못했기 때문
이다. 그렇다면, 내가 배우고 익히면서 제대로 군자의 길을 가고 있다
는 것, 성스러워지려는 그 뜻대로 나아가고 있다는 것을 어떻게 알아차

릴 수 있는가? 그것은 내가 나 아닌 다른 사람들도 이루어지게 하는지, 또는 온갖 것들이 이루어지게 하는지를 통해서 알아차릴 수 있다. 이는 한마디로 '어울림'이다. 이룸과 이루어줌의 어울림! 홀로 이루는 것은 유가적 삶의 방식이 아니니, "남도 사물도 함께 이루어지게 하는 토대" 인 성스러움에서 멀어지는 것이기 때문이다.

여기서 '자기를 이루는 것'을 어짊이라 하고 '사물이 이루어지게 하는 것'은 지혜라고 구분하였는데, 정말로 어짊과 지혜를 별개의 것으로 보았다고 여겨서는 안 된다. 어짊과 지혜는 둘이면서 하나다. 어짊이 어짊이 되려면 지혜가 있어야 하고, 지혜가 지혜가 되려면 어짊이 있어 야 한다. 둘은 하나이면서 이름을 달리한 것에 지나지 않는다.

내가 나를 이루려고 한다면, 당연히 나에 대한 사랑으로 시작한다. 그러나 나를 아무리 사랑하더라도 해야 할 일이 무엇이며 가야 할 길이 어떤 길인지를 모른다면, 즉 지혜가 없다면, 나에 대한 사랑은 어리석은 집착으로 귀결된다. 만약, 내가 제자를 이루어주려 한다면, 당연히 지혜가 있어야 한다. 그런데 그 제자에 대한 애정이 없다면, 과연 내가 지극한 마음으로 가르치고 이끌어줄까? 아니, 애정이 없는 사람이 지혜를 지녔다고 하는 말이 타당하기나 한가? 어쨌든 나를 이루는 일도 남을 이루어 주는 일도 참으로 어렵고 힘들다. 그것은 성스러움, 곧 하늘의 길을 일상에서 구현해야 하는 문제이기 때문이다.

한 번 음이 되고 한 번 양이 되는 것을 도라고 한다. 그것을 이어가 는 것이 선이고, 이루는 것이 성이다. 어진 자는 그것을 보고 어짊 이라 하고, 지혜로운 자가 그것을 보면 지혜라 하는데, 백성들은 날 마다 쓰면서도 알지 못한다. 그러므로 군자의 도가 드물다. - 『주역』 「계사전」
(一陰一陽之謂道. 繼之者善也, 成之者性也. 仁者見之謂之仁; 知者見之 謂之知, 百姓日用而不知. 故君子之道鮮矣.)

　"본바탕에 있는 덕"은 성스러움이 본래 사람에게 내재해 있던 것임을 의미한다. 이것이 배움과 익힘을 통해서 어짊과 지혜로 구현되는 것이다. 또 "안과 밖을 합치는 길이다"는 성스러움의 창조적인 작용에 대해 한 말이다. 서로 달라 보이는 나와 사물이 성스러움을 통해서 만나고 하나가 됨을 이른다.

　이렇게 어짊과 지혜를 오롯하게 하고 그것으로써 자기를 이루고 사물을 이루게 해주는 일은 모두 성스러움이 때마다 마땅함을 얻기 때문이다. 만약, 배우고 애쓰는데도 어짊과 지혜가 오롯하지 않다면, 성스러워지려 하지 않아서다.

29장

헤아릴 수 없는 것

29.1 ————————————————————————————

故至誠, 無息. 不息則久, 久則徵, 徵則悠遠, 悠遠則博厚, 博厚
則高明.

그러므로 지극한 성스러움에는 쉼이 없다. 쉬지 않으면 오래
가고, 오래가면 분명하게 드러나고, 분명하게 드러나면 아득
히 멀리 미치고, 아득히 멀리 미치면 너르고 두터워지며, 너르
고 두터워지면 높고 밝아진다.

注釋 징(徵)은 효과가 나타나다는 뜻이다. 유원(悠遠)은 시간적으
로나 공간적으로 멀리 미친다는 뜻이다.

蛇足 지극한 성스러움에는 쉼이 없다는 말은 '하늘의 길'로서 성스
러움이 보여주는 가장 큰 특징이다. 쉼이 없는 것은 천지와 우주의 끊
임없는 변화, 그 역동적인 운행을 가리켜 한 말이다. 『주역』「계사전」에
서 "한 번 음이 되고 한 번 양이 되는 것을 도라고 한다"고 한 것은 바
로 쉼이 없는 성스러움을 두고 한 말이기도 하다. 그렇듯이 '사람의 길'
을 가는 군자 또한 쉬지 않는 데서 시작해야 함을 말한 것이다. "쉬지
않으면" 이하는 '지성무식(至誠無息)'을 실마리로 삼아 '사람의 길'을 갈
때 느끼고 알게 되는 효과라고도 할 수 있다.
　이 우주에서 오래가는 것으로는 무엇이 있을까? 천문학에서 우주
생성의 과정과 변화에 대한 비밀을 간직한 별이 있다. '초신성(超新星,
supernova)'이다. 여느 신성보다 1만 배 이상이나 되는 빛을 내는 별인
데, 그 마지막을 대폭발로 장식하며 평소의 수억 배나 밝아진 뒤에 사
라진다. 이른바 '회광반조(回光返照)'인데, 이는 뭇 생명들의 죽음에서
흔히 볼 수 있는 것과 같다. 사실 이 초신성처럼 다른 모든 별들도 태어
나고 죽는다. 별은 일생동안 핵융합을 통해서 탄소와 산소, 규소, 철 따

위와 같은 갖가지 원소들을 만들어내서 차곡차곡 쌓아놓았다가 장렬하게 전사하면서 그 원소들을 우주로 흩어보낸다. 이리하여 죽음은 또 다른 생성이 된다. 별은 사라졌지만 사라진 것이 아니다. 변화된 것이다.

과연 이 우주에서 오래가는 것은 무엇일까? 영원히 빛날 것 같던 별조차 태어나고 사라진다. 그렇다면, 참으로 오래가는 것은 없다고 해야 할까? 단 하나가 있다. 바로 변화 그 자체다. 그 변화의 원리 속에서 저 거대한 초신성도, 땅 위의 개미도 태어나고 사라진다. 인간이 이룬 위대한 일들조차 변화를 겪는다. 저 이집트의 피라미드에서 뉴욕의 마천루에 이르기까지 인간 문명의 위대함을 상징하는 거대한 건축물들조차 시간의 힘 앞에서는 무기력하다. 백년도 살지 못하는 인간의 눈에는 결코 변화를 겪지 않는 것처럼 보일지 모르겠지만.

역사적 사실에 대해서 우리는 끊임없이 재해석한다. 이미 지나간 일, 화석같이 굳어버린 일도 우리의 해석에 의해서 변화한다. 그게 이치요 법칙이다. 변하지 않는 것은 변화 그것뿐이다. 그래서 변화만이 오래간다. 성스러워지려는 사람이 쉬지 않음으로써 오래가는 까닭도 스스로 변화를 주도해가기 때문이다. 주체적으로 적극적으로, 아니 더 정확하게는 창조적으로 자기를 바꾸려 하기 때문이다. 그러한 변화는 쉼이 없어야 이루어지고, 변화하기 때문에 오래간다. 다만, 그 변화는 참으로 은미하고 미묘해서 처음에는 남들이 잘 알아채지 못한다. 때로는 자신도 모르고 넘어가기도 한다. 그래서 때로 쉬게 되는 경우도 있는데, 그때 잊지 말아야 할 것이 바로 "오래가면 분명하게 드러난다"는 사실이다.

"오래가면 분명하게 드러난다"는 말을 가장 극적으로 보여주는 것은 인디언들이 기우제 지내는 일이다. 인디언들이 기우제를 지내면 반드시 비가 온다고 한다. 그것은 비가 올 때까지 기우제를 지내기 때문이다. 성스러워지려는 사람도 인디언들처럼 해야 한다. 자신에게 일어나는 변화가 충분히 드러날 때까지 쉼이 없이 나아가야 한다.

"분명하게 드러나면 아득히 멀리 미친다"는 말은 앞서 언급한 초신성의 경우를 가지고 추론해볼 수 있다. 평소에도 여느 별보다 만 배가 밝고, 대폭발 때에는 평소의 수억 배나 밝아진다. 그러니 수천만 광년이나 떨어져 있는 우리도 볼 수 있는 것이다. 그렇듯이 사람이 성스러움을 깊이 체득하면 그 언행을 통해 분명하게 드러나고, 그러면 그 언행은 천 리 먼 곳까지 미치게 된다. 『주역』「계사전」에 다음과 같은 말이 나온다.

> 공자가 말하였다. "군자가 집에 있으면서 좋은 말을 하면 천 리 밖에서도 그 말을 따르는데, 하물며 가까운 데서랴? 집에 있으면서 좋지 않은 말을 하면 천 리 밖에서도 그 말을 피할 텐데, 하물며 가까운 데서랴? 말은 제 몸에서 나와서 백성에게 미치고, 행동은 가까운 데서 나와서 먼 데서 드러나니, 말과 행동은 군자의 요체다. 요체에 따라서 영예와 욕됨이 정해진다. 말과 행동은 군자가 하늘과 땅을 움직이는 바탕이다. 삼가지 않을 수 있겠는가?"
> (子曰: "君子居其室, 出其言善, 則千里之外應之, 況其邇者乎? 居其室, 出其言不善, 則千里之外違之, 況其邇者乎? 言出乎身, 加乎民, 行發乎邇, 見乎遠, 言行, 君子之樞機. 樞機之發, 榮辱之主也. 言行, 君子之所以動天地也. 可不愼乎?")

"아득히 멀리 미치면 너르고 두터워지며, 너르고 두터워지면 높고 밝아진다"는 말은 유가 학파의 초기 역사를 들여다보면 쉽게 이해할 수 있다. 공자(기원전 551~479)는 천하의 혼란을 종식시키고 도가 행해질 수 있는 방도로 예악(禮樂)과 인(仁) 등을 제창하였으나, 그 자신이 새롭게 해석한 탓에 제대로 이해하지 못하거나 깊이 깨닫지 못한 제자들이 대부분이었다. 결국 공자 사후에 여러 제자들이 저마다 학파를 이

271

루기는 했으나, 지리멸렬하여 도리어 쇠퇴하였다. 그러다가 백여 년 뒤에 태어난 맹자(기원전 372~289)가 "세상에 사람이 생겨난 이래로 공자보다 뛰어난 분은 없었다"고 하면서 공자를 계승하여 인의(仁義)와 사단(四端), 성선(性善) 등을 주창하면서 공자의 사상을 더욱 너르고 두텁게 했다. 이리하여 유가의 학문은 더욱 높아지고 밝아졌다. 이에서 그치지 않았다. 다시 맹자를 이어 순자(대략 기원전 298~238 활동)가 나타나서 유가의 학문을 집대성하고 당시에 유행하던 다른 학파의 사상들까지 아울러서 통섭하여 더 두텁고 너르게 하였다. 이리하여 유가의 학문은 이후 송대(宋代, 960~1279)에 신유학이 등장할 때까지 더 높아질 수 없고 더 밝아질 수 없는 데까지 이르렀다. 성스러워지려는 군자의 삶과 학문이 이러하다.

29.2

博厚, 所以載物也; 高明, 所以覆物也; 悠久, 所以成物也. 博厚, 配地; 高明, 配天; 悠久, 無疆.

너르고 두터워야 만물을 실을 수 있고, 높고 밝아야 만물을 덮을 수 있으며, 아득히 오래가야 만물을 이루게 할 수 있다. 너르고 두터운 것은 땅과 짝이 되고, 높고 밝은 것은 하늘과 짝이 되며, 아득히 오래가는 것에는 경계가 없다.

注釋 배(配)는 짝, 짝이 되다는 뜻이다. 강(疆)은 경계, 한계를 뜻한다.

蛇足 너르고 두터운 것은 땅의 속성이고, 높고 밝은 것은 하늘의 속성이다. 그래서 성스러워지려는 군자는 땅과 짝이 되고 하늘과 짝이

된다. 하늘과 땅 둘은 온갖 것들 가운데서 가장 오래가는 것이고, 그 한계나 경계를 짓기 어려운 것이다. 하늘과 땅이 오래가고 경계가 없는 것은 바로 변화의 원리로써 운행하기 때문이다. 성스러워지려는 군자도 그런 변화의 원리를 따라서 길을 가므로 살아서는 삶을 오롯하게 하고 죽어서는 그 자취가 오래도록 남아서 영향을 끼친다.

> 하늘과 땅은 길이길이 오래간다. 하늘과 땅이 길이길이 오래갈 수 있는 것은 자기를 위해 살지 않기 때문이다. 그래서 오래갈 수 있다. 이런 까닭에 성인은 제 몸을 뒤로 하지만 오히려 앞서고, 제 몸을 제쳐두지만 도리어 몸을 지킨다. 이는 '나'라고 하는 것이 없기 때문이 아니겠는가? 그러므로 참된 나를 이룰 수 있는 것이다. ─『도덕경』 7장
>
> (天長地久. 天地所以能長且久者, 以其不自生, 故能長生. 是以聖人後其身而身先, 外其身而身存. 非以其無私邪? 故能成其私.)

하늘과 땅은 온갖 것을 낳아주고 길러준다. 이는 자기를 위함이 없는 것이다. 그렇듯이 성인도 자기를 위해 살지 않는다. 그래서 오히려 제 몸이 앞서고 제 몸을 지키는데, 이는 온갖 것들과 어우러지기 때문이다. 이 지점에서 노자의 성인은 『중용』의 성인과 다르지 않으며 유가와 도가가 만난다.

앞서 자기를 이루고 만물을 이루게 해주는 것이 어짊이고 지혜라 했는데, 어짊과 지혜를 갖추면 제 홀로 살려고 하지 않고 자신을 앞세우지 않는다. 그래서 온갖 것들과 어우러져서 오래갈 수 있는 것이다. 만물을 싣고 만물을 덮고 만물을 이루게 할 수 있다는 말도 군자가 성스러워지려 함으로써 천지의 이치, 우주의 법칙을 체현하여 만물과 하나가 됨을 은유한 것이다.

"경계가 없다"는 것은 곧 다함이 없다는 뜻이다. 시간적으로나 공간

적으로 끝이 없다는 말이다. 이는 변화의 원리에 내재한 특성이다.

29.3

如此者, 不見而章, 不動而變, 無爲而成. 天地之道, 可一言而
盡也. 其爲物不貳, 則其生物不測.

> 이와 같이 하는 자는 드러내지 않아도 돋보이고, 움직이지 않
> 아도 바뀌며, 하지 않아도 이루어진다. 하늘과 땅의 길은 한
> 마디로 다할 수 있다. 그것은 만물이 되면서 두 마음을 품지
> 않으므로 그것이 온갖 것을 낳는 일은 헤아릴 수 없다.

注釋　현(見)은 드러내다는 뜻으로, 보여주려 하다는 말맛이 있다.
장(章)은 밝게 드러나는 것을 이른다. 이(貳)는 두 마음, 두 마음을 품다
는 뜻이다.

蛇足　22.3에서 "성스러움이란 힘쓰지 않아도 알맞게 되고, 애써 생
각하지 않아도 들어맞고, 하잔하게 있을 때도 이치에 맞는 것이다"라고
하면서 이것이 성인의 경지라고 하였다. 여기서 "드러내지 않아도 돋보
이고, 움직이지 않아도 바뀌며, 하지 않아도 이루어진다"고 한 말과 통
한다. "하지 않아도 이루어진다"는 말은 『도덕경』 37장에 나오는 "도는
늘 함이 없으면서도 하지 않음이 없다"(道常無爲而無不爲)를 떠올리게
하는데, 그 함의는 다르지 않다.
　하늘과 땅의 길을 한마디로 하면, 그것은 곧 '지극한 성스러움'이다.
성스럽고 지극하면 사사로움이 없고 억지로 하려는 뜻이 없으므로 두
마음이 없다. 두 마음은 바깥의 사물이나 변화에 따라 흔들리는 마음
이고 헷갈리는 마음인데, 성스러움은 안과 밖을 하나로 합치는 길이니

두 마음이 있을 리가 없는 것이다.

29.4

天地之道, 博也, 厚也, 高也, 明也, 悠也, 久也.

하늘과 땅의 길은 너르고 두텁고 높고 밝고 멀고 오래가는
도다.

蛇足　하늘과 땅의 길은 곧 하늘과 땅 그리고 그 사이에 존재하는
모든 것들과 그 사이에서 일어나는 온갖 일들이 벗어날 수 없는 길을
가리킨다. 그 길에 대해서는 무어라고 말하기 어렵다. 하늘보다 더 아
득하고 땅보다 더 너르기 때문이다. 그래서 "너르고 두텁고 높고 밝고
멀고 오래가는도다"라고 여섯 가지로 형용은 했지만, 이것이 전부는 아
니다. 어떠한 형용으로도 다할 수 없는 것이 '길'이다. 그런 점에서 『도
덕경』에 나오는 아래 구절은 의미심장하다.

뒤섞여서 이루어진 무언가가 있으니, 하늘과 땅보다 먼저 생겨났
다. 고요하고 텅 비었구나! 홀로 서서 바뀌지 않고, 두루 다니지만
간간하지 않으니, 천하의 어미라 할 만하다. 나는 그 이름을 알지
못하니, '도'라는 글자를 붙이고 억지로 이름을 지어 '크다'라고
한다. 크다는 것은 쭉 나아가는 것이고, 쭉 나아가는 것은 아주
멀어지는 것이고, 아주 멀어지는 것은 되돌아가는 것이다. ─ 『도덕
경』 25장
(有物混成, 先天地生. 寂兮, 寥兮! 獨立不改, 周行而不殆, 可以爲天下
母. 吾不知其名, 字之曰道, 强爲之名曰大. 大曰逝, 逝曰遠, 遠曰反.)

29.5

今夫天, 斯昭昭之多, 及其無窮也, 日月星辰繫焉, 萬物覆焉.
今夫地, 一撮土之多, 及其廣厚, 載華嶽而不重, 振河海而不洩, 萬物載焉.
今夫山, 一卷石之多, 及其廣大, 草木生之, 禽獸居之, 寶藏興焉.
今夫水, 一勺之多, 及其不測, 黿鼉蛟龍魚鼈生焉, 貨財殖焉.

이제 저 하늘은 작은 빛들이 모여 있는 듯하나, 그 끝없음에 이르러서는 해와 달과 별들이 거기에 매달려 있고 온갖 것들이 그것으로 뒤덮인다.

이제 저 땅은 한 줌의 흙이 모여서 된 듯하나, 그 넓고 두터움에 이르러서는 높은 산들을 싣고도 무거워하지 않고 강과 바다를 받아들이고도 흘리지 않으며 온갖 것들을 다 싣고 있다.

이제 저 산은 작은 돌이 모여서 된 듯하나, 그 넓고 큼에 이르러서는 풀과 나무가 거기서 자라고 날짐승과 길짐승이 거기서 살며 보배 곳간이 거기서 생긴다.

이제 저 물은 한 국자의 물이 모여서 된 듯하나, 그 헤아릴 수 없는 깊이에 이르러서는 자라와 악어, 이무기와 용, 물고기와 거북 등이 태어나고 온갖 재화가 거기서 불어난다.

注釋   소소(昭昭)는 작게 빛나는 모양이다. 계(繫)는 매달리다는 뜻이다. 촬(撮)은 손가락으로 집을 만한 분량을 뜻한다. 재(載)는 싣다는 뜻이다. 화악(華嶽)은 오악(五嶽)의 하나인 화산(華山)을 뜻하는데, 여기서는 높은 산들을 대표하여 쓰였다. 참고로 오악은 북악인 항산(恒山), 서악인 화산, 중악인 숭산(嵩山), 동악인 태산(泰山), 남악인 형산(衡山)

등을 이른다. 진(振)은 거두다는 뜻이다. 설(洩)은 새다는 뜻이다. 권(卷)은 작다는 뜻이다. 보장(寶藏)은 보배를 갈무리해둔 곳간이다. 흥(興)은 생기다, 나타나다는 뜻이다. 작(勺)은 술이나 국을 뜨는 국자다. 원(黿)은 큰 자라를, 타(鼉)는 악어를 뜻한다. 교(蛟)는 이무기를 뜻한다. 별(鼈)은 자라, 거북을 뜻한다. 식(殖)은 늘다, 불어나다는 뜻이다.

蛇足 날마다 밤이면 반짝이는데도 도심에서는 전혀 볼 수 없어서 마치 존재하지 않는 듯이 여기거나 아주 잊고 있는 것, 별들이다. 어쩌다 한적한 시골에 가기라도 하면, 그 쏟아질 듯한 별 무리들에 우리는 깜짝 놀라며 탄복한다. 우스꽝스럽게도 그 별들이 또 얼마나 큰지에 대해서는 까맣게 잊는다. 어쩌다 초신성의 폭발이라도 목격하면, 그 거대함과 찬란함에 또다시 경탄을 금치 못한다. 도대체 초신성의 폭발에도 까딱없는 저 하늘, 저 우주의 시작은 어디고 또 끝은 어디인가? 이 우주는 백수십억 년 전에 빅뱅big bang으로 탄생했다고도 하는데, 참으로 그렇다면 그 빅뱅이 일어난 이 우주는 도대체 얼마나 큰가?

불교에서는 헤아릴 수 없이 무한히 긴 시간을 말할 때 '겁(劫)'이라 한다. 산스크리트 칼파Kalpa를 한자로 표현한 것인데,『잡아함경』에서는 그것을 이렇게 설명한다. 상하와 사방이 1유순(由旬, 약 15km) 되는 성 안에 겨자씨를 가득 채우고 백년에 한 알씩 꺼내는데, 이 겨자씨를 다 꺼내도 끝나지 않는 시간을 겁이라 한다. 또 사방이 1유순 되는 커다란 반석이 있는데, 이 위를 백년에 한 번 사람이 긴 옷자락을 스치면서 지나가는데, 그렇게 해서 반석이 다 닳아 없어지는 동안이라고도 한다. 참으로 절묘하게 저 아득한 시간을 비유하고 있는데, 도무지 상상으로도 미치기가 어렵다.

그런데 저 빅뱅도 저 겁이라는 아득한 시간도 결국은 다함이 있다. 빅뱅도 초신성의 폭발처럼 작은 원소들이 모이고 쌓여서 이루어진 것일 테고, 겁 또한 겨자씨를 한 알씩 꺼내기를 그치지 않으면 끝날 때가

온다. 아무리 장구한 시간이라도 아무리 거대한 사건이라도 성스러움에서는 벗어나지 못하기 때문이다. 화악과 같은 높은 산들을 싣고 다섯 대양을 품은 대지도 한 줌의 흙이 모여서 된 것이듯, 온갖 생물들과 자원들을 머금고 화수분처럼 쏟아내는 저 깊은 바다도 한 국자의 물이 모여서 된 것이듯, 군자는 아주 작고 보잘것없어 보이는 일에서부터 지극함을 다하여야 한다. 그러한 지극함이 쌓이고 쌓여서 마침내 지극한 성스러움에 이르게 되는 것이다.

그러나 위의 글에는 역설적 진리 또한 있다. 성스러움은 낳기도 하지만 사라지게도 한다는 것, 성스러움 자체는 다함이 없지만, 그 안에서 움직이는 것들은 다함이 있다는 것.

오늘날 북극에서 남극까지, 사하라 사막에서 아마존까지 인간의 이기적인 손길이 닿지 않은 곳이 없다. 아니, 파헤쳐지고 망가지지 않은 곳이 없다. 폭주기관차처럼 거침이 없는 탐욕의 발길질에 자연은 한낱 걸리적거리는 장애물에 지나지 않는다. 지축이 흔들리는 일이 일어나고 쓰나미가 덮쳐도 움찔하고는 그만이다. 이 지구 위의 초목들과 짐승들이 앞으로도 수천만 년을 살고, 인간도 수억 년을 살아갈 것처럼 무심하다. 그러나 보라, 인류의 역사가 몇 년이던가? 백만 년, 천만 년? 아니, 20세기에 사라진 그 많은 생물들은 또 어떠한가? 어리석은 인간이여, 지금 우리의 눈에 보이고 귀에 들리는 것들이 한순간에 사라질 수 있음을 알아야 한다. 그게 바로 성스러움의 작용이라는 것도!

29.6

詩曰: "維天之命, 於穆不已!" 蓋曰天之所以爲天也.
"於乎不顯, 文王之德之純!" 蓋曰文王之所以爲文也, 純亦不已.

시에서 노래하였다. "하늘이 명하시니, 오 그윽하기 그지없어라!" 이는 하늘이 하늘이 되는 까닭을 말한 것이다.

또 노래하였다. "오, 환하지 아니한가! 문왕의 티 없는 덕이여!" 이는 문왕이 문왕이 되는 까닭을 말한 것이니, 그 티 없이 환함 또한 그지없다는 말이다.

注釋 시는 『시경』 「주송(周頌)」의 〈유천지명(維天之命)〉에 나오는 구절들이다. 유(維)는 발어사다. 유(惟)라고 되어 있는 판본도 있는데, 통용된다. 어(於)와 어호(於乎)는 감탄사다. 목(穆)은 도탑다, 아름답다는 뜻이다. 이(已)는 다하다, 그치다는 뜻이다. 현(顯)은 밝다, 환하다는 뜻이다. 순(純)은 티가 없이 깨끗한 것, 환한 것이다.

蛇足 여기서는 상나라 주왕(紂王)의 갖은 핍박에도 한결같이 지극했던 문왕을 들어 하늘과 인간이 성스러움으로 이어져 있음을 말하고 있다. 그런데 왜 하필 문왕인가? 문왕에 대해서는 15.1에서 이미 말한 바 있다.

문왕은 시호를 받기 전에는 서백(西伯)으로 불렸다. 상나라 주왕(紂王)의 눈 밖에 나지 않으려고 남몰래 선을 쌓았다. 늙은이를 공경하고 아랫사람에게 사랑을 베풀었으며, 어진 사람에게는 자신을 낮추었고, 한낮에는 식사할 겨를도 없이 선비들을 대접하였다. 그 소문을 듣고 백이와 숙제도 서백에게 귀의하였다. 제후들도 서로 문제가 생기면 그에게 와서 공정한 판결을 받을 정도였다. 다음은 『사기』 〈주본기〉의 한 대목이다.

우(虞)와 예(芮)의 사람들 사이에 송사가 있었는데, 해결하지 못하자 곧바로 주나라로 갔다. 주나라 국경 안으로 들어서니 밭 가는 자는 서로 밭의 경계를 양보하고, 백성들의 풍속은 모두 나이 많은

사람에게 양보하였다. 그러자 우와 예의 사람들은 서백을 만나지도
않고 서로 부끄러워하며 말하였다.

"우리가 싸운 것은 주나라 사람들이 부끄러워하는 것이니, 어찌 갈
수 있겠는가? 그저 치욕만 얻을 뿐이지."

마침내 그들은 서로 양보하고 되돌아갔다. 이 소문을 들은 제후들
이 말하였다.

"서백은 아마도 천명을 받은 군주일 것이다."

이듬해 서백은 견융을 정벌하고 그 다음 해에는 밀수(密須)를 정벌
하였다. 또 이듬해에는 기국(耆國)을 쳤다. 상나라의 조이(祖伊)가
이 소식을 듣고 두려워하며 주왕에게 알렸다. 그러나 주왕은 이렇
게 말했다.

"내게 천명이 있는 것이 아니더냐? 그가 무얼 할 수 있겠느냐?"

　마지막에서 주왕이 한 말은 참으로 절묘하다. 그가 자신에게 천명이
있다고 여긴 것은 당연하다. 이미 제위에 있는 그가 아니면 누가 천명
을 받은 것이겠는가? 그러나 제위는 세습된 것에 지나지 않으며, 그 자
신의 덕으로 얻은 것이 아님을 전혀 인식하지 못하였다. 오히려 그 자
신의 부덕(不德)으로 말미암아 천명이 딴 데로 옮겨가고 있음에도 알아
채지 못하였다. 간언하는 신하조차 점점 없어졌다. 숙부인 비간(比干)
이 간언하자, "성인의 심장에는 일곱 개의 구멍이 있다고 들었소"라며
비간의 가슴을 갈라서 그 심장을 꺼내보았다. 이러했으니 제후들과 백
성들의 마음이 서백에게로 옮겨가지 않을 수 없었다.

　문왕은 그 자신이 상나라를 정벌하여 주 왕조를 열지는 못했지만,
그가 제위한 50여 년 동안 한 일은 '하늘의 작은 빛'이요 '한 줌의 흙'이
며 '작은 돌'이고 '한 국자의 물'이었다. 이를 밑천으로 하여 아들 무왕
과 주공이 주 왕조라는 큰 사업을 일으키는 데에 이르렀던 것이다. 이
는 문왕 자신이 주왕으로부터 핍박받는 처지에 있으면서도 성스러워

지려 애쓰며 덕을 하나씩 쌓아 갔기 때문이다. "그윽하기 그지없어라" 는 천명이 내밀하고도 은미하게 작용하고 있음을 표현한 것이다. 티 없 이 환한 문왕의 덕을 향해서.

30장

성인의 길 군자의 길

大哉, 聖人之道! 洋洋乎, 發育萬物, 峻極于天! 優優大哉, 禮
儀三百, 威儀三千! 待其人而後行. 故曰: "苟不至德, 至道不凝
焉."

위대하도다, 성인이 가는 길이여! 넘칠 듯 넘칠 듯하며 온갖
것들을 자라게 하고, 지극히 높아 하늘에까지 닿는도다! 넉넉
하고 크도다, 예절에 맞는 행위는 삼백 가지요, 위엄 있는 행
동은 삼천 가지로다! 그 사람을 기다린 뒤에야 행해지느니.
그러므로 "참으로 지극한 덕이 아니면 지극한 길은 이루어지
지 않는다"라고 말하였다.

注釋　양양(洋洋)은 가득 차서 넘칠 듯한 모양이다. 준(峻)은 높다는
뜻이다. 우우(優優)는 넉넉한 모양이다. 응(凝)은 엉기다, 모으다, 이루
다는 뜻인데, 여기서는 앞의 '지덕'이 엉기거나 모여서 '지도'를 이룬다
는 뜻으로 쓰였다.

蛇足　성인은 이미 성스러움과 하나가 된 존재다. 그러므로 성인이
가는 길은 그대로 천지와 하나가 되고 만물을 기르는 일이 된다. 성인
은 어디에서나 성스러움의 효용을 발휘하지만, 왕이 되었을 때 그 효용
의 범위는 최대치가 될 것이다. 또는 왕이 성인이 될 때도 그러할 것이
다. 『중용』을 비롯한 유가의 학문에서 늘 요나 순을 일컫는 까닭도 여
기에 있다. 이를 흔히 '내성외왕(內聖外王)'이라 한다. 내면은 성인이요
지위는 왕이 되는 것.

성왕의 제도는 이러하다. 초목에 꽃이 피고 부쩍 자랄 때에는 산과
숲에 도끼를 들고 들어가지 못하게 하여 그 생명을 일찍 꺾지 않고

그 생장을 끊지 않는다. 큰 자라, 악어, 물고기, 자라, 미꾸라지, 장어 따위가 알을 깔 때에는 못에 그물이나 약을 치지 못하게 하여 그 생명을 일찍 꺾지 않고 그 생장을 끊지 않는다. 봄에는 밭 갈고 여름에는 김매며 가을에는 거두고 겨울에는 갈무리하는 네 가지 일을 때를 놓치지 않고 하게 하므로 오곡이 모자라지 않아 백성들이 먹는 데에 남음이 있다. 웅덩이와 못과 늪과 강에서 하는 고기잡이를 철마다 금하므로 물고기와 자라 등이 더욱 많아져서 백성들이 쓰고도 남음이 있다. 나무를 베고 기르는 일에서도 그 때를 잃지 않게 하므로 산과 숲이 벌거숭이가 되지 않아 백성들이 그 재목을 쓰고도 남음이 있다.

성왕의 공용은 이러하다. 위로는 하늘을 살피고 아래로는 땅을 자리 잡게 하며, 하늘과 땅 사이를 가득 채우고 갖추어 온갖 것들 위에 은혜를 베푼다. 희미한 듯하지만 환하게 밝고, 짧은 듯하지만 길게 가고, 좁은 듯하지만 넓으니, 그 신명은 너르고 크면서도 지극히 소박하다. 그러므로 한 번 움직여 하나로 아우르는 자를 성인이라 한다. - 『순자』「왕제」

(聖王之制也. 草木榮華滋碩之時, 則斧斤不入山林, 不夭其生, 不絶其長也; 黿鼉魚鱉鰍鱣孕別之時, 罔罟毒藥不入澤, 不夭其生, 不絶其長也; 春耕夏耘秋收冬藏, 四者不失時, 故五穀不絶而百姓有餘食也; 汙池淵沼川澤, 謹其時禁, 故魚鱉優多而百姓有餘用也; 斬伐養長不失其時, 故山林不童而百姓有餘材也.

聖王之用也. 上察於天, 下錯於地; 塞備天地之間, 加施萬物之上; 微而明, 短而長, 狹而廣; 神明博大以至約. 故曰, 一與一是爲人者, 謂之聖人.)

『순자』「불구」편에도 "성인이 아무리 지혜롭다 해도, 성스럽지 않으면 모든 사람들을 교화시킬 수 없다"(聖人爲知矣, 不誠則不能化萬民)는 말이 나오는데, 성인이 과연 성스러움을 체득했는지는 그가 교화를 펴는 것을 통해서야 알 수 있다. 정치를 통해서 백성들을 잘 살게 해주든 학문을 통해서 사람들을 이끌어주든, 무슨 일이든 간에 그가 하는 일은 남들을 길러주는 것이어야 한다.

성인은 성스러움을 체득하여 체현하는 존재이므로 그의 행위는 그대로 본보기가 된다. 그 행위는 다양하게 나타나는데, 이를 예절에 맞는 행위, 위엄 있는 행동이라 했다. 예의(禮儀)는 대체로 큰 행동거지를, 위의(威儀)는 자잘한 행동규범들을 가리키는 것으로 볼 수 있다. 삼백이나 삼천은 대략적인 것으로, 그저 그렇게 많다는 것을 나타낸 것에 지나지 않는다. 예의란 본래 때에 맞고 상황에 알맞은 행위를 가리키니, 정해진 수가 있는 건 아니다.

성인이 이렇게 모든 이들의 표상이 되고 본보기가 되는 과정이 지극한 길이다. 지극한 길은 드러나야 한다. 드러나기 위해서는 그의 내면에 이미 지극한 덕이 쌓여 있어야 한다. 이를 두고 "참으로 지극한 덕이 아니면 지극한 길은 이루어지지 않는다"라고 말한 것이다.

30.2

故君子尊德性而道問學, 致廣大而盡精微, 極高明而道中庸,
溫故而知新, 敦厚以崇禮.

그러므로 군자는 덕과 본바탕을 우러러보며 묻고 배우는 길을 가고, 자신을 지극히 너르고 크게 하며 정밀하고 미묘한 것을 다 깨치고, 지극히 높고 밝으면서 일상에서 알맞은 길을 가고, 옛것을 무르익히고 새것을 알며, 자신을 도탑고도 두텁게 하면서 예의를 높인다.

注釋 존(尊)은 높이다, 우러러다는 뜻이다. 도(道)는 길을 가다는 뜻이다. 온(溫)은 무르익히다는 뜻으로, 내 몸에 완전히 익히는 것을 가리킨다.

蛇足 앞서 성인의 길이 어떠한 것인지를 말하였다. 여기서는 그 길이 이루어지기 위해서 군자가 해야 할 일, 군자가 밟아가야 할 길을 말하고 있다. 말하자면, 군자의 길을 가는 자에게 먼저 그 목표를 제시하고, 이어서 구체적인 과정을 일러주고 있는 셈이다.

군자가 가야 할 길로 가장 먼저 제시된 것은 존덕성(尊德性)과 도문학(道問學)이다. 덕과 본바탕을 우러러본다는 것은 자신의 내면에 있는 성스러움의 가능성을 스스로 인지해야 한다는 말이다. 본바탕은 하늘이 준 것이고, 하늘이 준 것은 곧 성스러움의 길을 갈 수 있는 가능성이자 잠재력이다. 그 잠재력을 믿고 자신의 몸으로 구체화해갈 때 갖추어지는 것이 덕이다. 그러면 어떻게 구체화해나갈 것인가? 묻고 배우는 길을 가는 것이다. 묻고 배워야 할 것은 당연히 하늘의 길인 성스러움이다.

묻고 배우는 길을 갈 때는 두 가지를 아울러서 해야 한다. 그것이 치광대(致廣大), 즉 자신을 지극히 너르고 크게 하는 공부와 진정미(盡精微), 즉 정밀하고 미묘한 것까지 남김없이 깨치는 공부다. 전체를 보는 거시적인 시각과 부분들을 세밀하게 살피는 미시적인 관찰을 아울러 하는 것인데, 이렇게 해야만 천지에 가득 해 있는 이치를 깨닫는 데 있어 빈틈이 없을 수 있다. 거시적이기만 하면 성글고 거칠어져서 하나로 꿸 여지가 적어지고, 미시적이기만 하면 아예 하나로 꿸 일이 없어진다. 그런 의미에서 공자의 다음 말도 음미해볼 만하다.

널리 문화를 배우고 예의로써 잡도리하면, 이치에서 벗어나지 않을 수 있으리라! - 『논어』 「안연」

(博學於文, 約之以禮, 亦可以弗畔矣夫!)

자신을 크고 너르게 하면서도 정밀하고 미묘한 것을 깨치면 지극히 높고 밝아지는데, 이는 곧 성스러움을 환하게 아는 것이다. 그러나 환하게 알았다고 해서 다 끝난 것은 아니다. 일상에서 부딪히는 갖가지 미묘한 문제들이나 갖가지 상황들 속에서 과연 알맞은 길을 찾아 이치에서 어긋나지 않는지를 통해 확인해야 한다. 일상에서 자유자재할 수 있어야 비로소 성스러워졌다고 할 만하다.

그러한 성스러움이 몸에 배었다면, 지혜와 어짊으로 뚜렷하게 드러난다. 지혜에 있어서는 "옛것을 무르익히고 새것을 아는 데"에 이르러야 사람들을 두루 가르치고 이끌 수 있게 된다. 굳이 옛것을 무르익히는 까닭은 무엇이며 새것을 알아야 하는 이유는 무엇인가? 옛것에서 비롯되지 않은 새것은 없기 때문이고, 새것을 알지 않으면 후학들을 가르치고 이끌 수 없기 때문이다. 후학들은 미래를 살 사람들이니, 새것을 알려주어야만 한다. 이에 대해서는 31장에서도 자세하게 말하고 있다.

마지막으로 어진 이는 자신을 확고하게 세우는 데서 그치지 않고 모듬살이에서 필요한 예를 높여서 모든 이들이 어우러질 수 있도록 해야 한다. 세상이 어지러울 수록 예의를 높이는 숭례(崇禮)는 더욱더 긴요하다. 사실 '숭례' 두 글자에는 단순히 예의를 높인다는 의미를 넘어서 예의를 일으킨다는 속뜻도 담겨 있다. 시대가 혼란해졌다면 예의는 이미 사라진 셈인데, 그러한 때에는 군자가 그 예의를 되살리는 사명을 도맡아서 한다. 그러나 먼저 자신을 도탑고도 두텁게 해야만 가능하다. 그래서 "자신을 도탑고도 두텁게 하면서 예의를 높인다"고 하였던 것이다.

2008년에 화재를 만나 일부가 불에 탄, 우리나라 국보 제1호 숭례문이 최근에 5년여의 복구 끝에 다시 제 모습을 갖추었다. 조선의 건국과 함께 세워진 이 문은 조선이 건국하면서 유교국가를 표방했음을 상징한다. 그래서 숭례문은 "예의를 높이는 문"이면서 "예의를 일으키는 문"이기도 한 것이다.

이 단락은 군자의 길을 말하고 있는데, 자신을 지극히 너르고 크게 하는 데서 시작하여 예의를 높이고 일으키는 데서 끝나고 있다. 이 단락 전체를 한마디로 줄이면, '극기복례(克己復禮)'다. 안연이 어짊에 대해 여쭈었을 때, 공자가 해준 대답이다. 나를 이기고 예의를 되살리는 것! 그것은 거룩한 사업이다!

30.3

是故, 居上不驕, 爲下不倍. 國有道, 其言足以興; 國無道, 其黙足以容. 詩曰: "旣明且哲, 以保其身!" 其此之謂與!

이런 까닭에 윗자리에 있을 때는 으스대지 않고, 아랫자리에 있을 때는 저버리지 않는다. 나라에 도가 행해지면 그의 말은 넉넉히 쓰이고, 나라에 도가 행해지지 않으면 말이 없어도 넉넉히 받아들여진다. 시에서는, "밝고 또 슬기로우니, 제 몸을 오롯이 지키도다!"라고 하였으니, 이를 두고 한 말이리라!

注釋 교(驕)는 으스대다, 뽐내다는 뜻으로, 여기서는 함부로 하다는 말맛이 있다. 배(倍)는 배(背)와 같으며, 등지다, 저버리다는 뜻이다. 흥(興)은 들어 쓰다는 뜻으로, 여기서는 그 말을 한 사람을 써서 자리를 준다는 속뜻을 담고 있다. 용(容)은 받아들이다는 뜻인데, 여기서는 아무 탈이 없이 지낼 수 있다는 속뜻을 담고 있다. 시는 『시경』「대아(大雅)」의 〈증민(烝民)〉편의 구절이다. 왕명을 받아서 제(齊)에 성을 쌓으러 가는 중산보(仲山甫)의 덕을 칭송한 노래다. 철(哲)은 사리에 밝다

는 뜻이다.

蛇足　여기서는 군자가 공적인 활동을 할 때는 어떻게 하는지에 대해 말하고 있다. 군자가 벼슬을 하여 윗자리에 있으면 으스대지 않는다는 것은 권력을 함부로 휘두르지 않는다는 뜻이기도 하다. 또 군자는 아랫자리에 있게 되면 기꺼이 자기가 맡은 일을 하며 직분에 어긋나는 짓을 하지 않는다. "저버리지 않는다"는 말은 그저 윗자리에 오르려는 욕심으로 윗사람을 배반하고 끌어내리려는 것만을 가리키지 않는다. 자신이 맡은 일을 소홀히하지 않는 것, 그리하여 백성들을 위해 해야 할 일을 내버려두지 않는 것도 아울러 의미한다. 소인은 군자와 반대라는 것은 이미 여러 차례 언급한 바 있으므로 굳이 더 말하지 않는다.

이렇게 군자가 하는 일, 즉 행(行)에 관해 말하고 이어서 군자의 말, 즉 언(言)에 대해 말하고 있다. 순자는 "군자는 반드시 말을 잘한다. 무릇 사람은 자기가 좋아하는 것에 대해 말하기를 좋아하는데, 군자는 더 심하다"(君子必辯. 凡人莫不好言其所善, 而君子爲甚. ─『순자』「비상」)고 말한 바 있다. 군자가 좋아하는 것은 곧 이치요 예의다. 바로 그렇기 때문에 그 말이 받아들여지는 시대인지 아닌지, 상대가 그 말을 좋아하는지 싫어하는지를 알고 말을 하거나 침묵한다.

여기서 "나라에 도가 행해지면"과 "나라에 도가 행해지지 않으면"이라고 했는데, 이는 공자가 곧잘 쓰던 표현이다. 그 가운데 하나를 들면 다음과 같다.

　　나라에 도가 행해질 때는 말을 목곧게 하고 행동을 올곧게 하지만, 나라에 도가 행해지지 않을 때는 행동은 올곧게 해도 말은 점잖아야 한다. ─『논어』「헌문(憲問)」
　　(邦有道, 危言危行; 邦無道, 危行言孫.)

공자는 나라에 도가 행해지지 않을 때는 말이 점잖아야 한다고 했는데, 『중용』에서는 "말이 없어도 넉넉히 받아들여진다"고 하였다. 서로 통한다. 나라에 도가 행해지지 않는다고 말을 아예 하지 않는 게 아니다. 말을 해야 할 때가 되면 점잖게 말을 해서 자신을 아슬아슬한 상황으로 몰지 않는다는 것이다. 또 말을 할 필요가 없을 때는 아무런 말을 하지 않는다. 그래도 넉넉히 받아들여지는 것은 그의 몸에 깊이 밴 덕이 있어서다.

말하기는 참 어렵다. 해야 할 때와 하지 않아야 할 때, 해야 할 말과 하지 말아야 할 말을 알아야 말을 잘한다고 할 수 있다. 군자의 말에 대해 맹자는 "말은 얕고 가까우면서도 뜻은 깊고 먼 것이 좋은 말이다"(言近而指遠者, 善言也. -『맹자』「진심하」)고 하였는데, 문제는 그런 말을 어떻게 해야 하느냐일 것이다.

> 무릇 설득의 어려움은 지극히 높은 것으로써 지극히 낮은 것을 만나고 지극한 다스림으로써 지독한 어지러움을 대하는 것이니, 곧바로 나아가서는 안 된다. 먼 일을 예로 들면 어긋날까 걱정되고, 가까운 때의 일을 들면 너절할까 걱정이다. 설득을 잘하는 이는 이 사이에 있으니, 반드시 먼 일을 들더라도 어긋나지 않고 가까운 때의 일을 들어도 너절하지 않으며 상황에 따라 고치고 바꾸며 시대에 맞게 알맞게 하고 때로는 더디고 때로는 빠르고 때로는 펴고 때로는 구부리며 마치 붓둑이나 도지개가 자기에게 있는 것처럼 하니, 상대에게 알맞게 말을 하지만 다치게 하지는 않는다. -『순자』「비상」
> (凡說之難, 以至高遇至卑, 以至治接至亂, 未可直至也. 遠擧則病繆, 近世則病傭. 善者於是閒也, 亦必遠擧而不繆, 近擧而不傭, 與時遷徙, 與世偃仰, 緩急嬴絀, 府然若渠匽檃栝之於已也, 曲得所謂焉, 然而不折傷.)

참으로 하기 어려운 게 말이다. 말을 않고 있자니 귀신도 모를 것이요, 말을 하자니 온갖 재앙이 또 이것에서 온다. 참으로 때맞게 할 말을 알맞게 하려면 이치에 밝고 슬기로워야 하고, 그래야만 어지러운 시절에도 제 한 몸쯤은 거뜬하게 지킬 수 있으리라.

31장

옛 길 에 서 새 길 로

31.1

子曰: "愚而好自用, 賤而好自專, 生乎今之世, 反古之道, 如此者, 災及其身者也."

공자께서 말씀하셨다.
"어리석으면서 자신이 쓰이기를 좋아하고 데데하면서 제멋대로 하기를 좋아하며 지금 세상에 태어나서 굳이 옛길로 되돌아가려고 하니, 이와 같이 한다면 재앙이 그 몸에 미치리라."

注釋 우(愚)는 지혜가 모자란 것이고, 천(賤)은 지위가 낮은 것이다. 반(反)은 되돌리다, 되돌아가다는 뜻이다.

蛇足 대개 공자의 말이 다음으로 계속 이어지는 것으로 보는데, 나는 공자의 말이 여기서 끝난다고 보았다. 아무래도 그 내용이나 함의가 공자의 발언으로 볼 수 없는 것이 이어지기 때문이다. 물론 여기서 한 말도 공자의 발언으로 보기에는 꽤 미심쩍다.

"어리석으면서 자신이 쓰이기를 좋아하고 데데하면서 제멋대로 하기를 좋아하는 자"는 곧 소인이다. 군자와 소인에 대해서는 이미 말해 왔으므로 더 말할 필요는 없으리라. 여기서 흥미로운 대목은 "지금 세상에 태어나서 굳이 옛길로 되돌아가려고 하니"라는 말이다. 이는 어딘지 유가 사상과는 어긋나 보인다. 유가는 말끝마다 요나 순과 같은 옛날의 성왕들을 들먹이면서 시대의 변화를 역행하는 짓을 일삼는다고 다른 학파들에서 비난하는데, 이 대목은 그런 비난과는 정반대의 견해를 드러내고 있기 때문이다. 법가의 주장이라고 해도 과언이 아니다.

대체로 유가에 대해서는 '복고주의(復古主義)'라는 딱지를 붙인다. 유가 학파에서 옛것을 좋아하고 본보기로 삼으려는 경향이 있음은 사실이기 때문이다. 특히 법가(法家)에 견주면, 확실히 복고적인 경향이 강하다. 맹자도 선왕을 줄곧 거론하며 인의(仁義)를 내세웠으니, 옛길로 되돌아가는 것을 두고 재앙이 그 몸에 미칠 것이라고 한 말은 『중용』의 성격을 꽤나 헷갈리게 한다. 그런 점에서 『순자』를 주목할 필요가 있다.

> 분별에서는 신분보다 더 중요한 것이 없고, 신분에서는 예의보다 더 중요한 것이 없으며, 예의에서는 성왕보다 더 중요한 것이 없다. 성왕은 백여 명이나 되는데, 우리는 누구를 본받아야 하는가? 그래서 "문화가 오래가면 없어지고, 음악의 가락도 오래가면 끊어진다"고 말하였으니, 법도를 지키는 관리가 너무 오래 예를 맡으면 옷을 벗는다. 그러므로 "성왕의 자취를 보려 하면 그 빛나던 때를 보라"고 하였으니, 후왕이 그것이다. 저 후왕은 천하의 군주이니, 후왕을 버려두고 옛날을 말하는 것은 비유하자면 자기 군주를 버려두고 남의 군주를 섬기는 것과 같다. - 『순자』「비상」
>
> (辨莫大於分, 分莫大於禮, 禮莫大於聖王. 聖王有百, 吾孰法焉? 故曰, "文久而息, 節族久而絶." 守法數之有司極禮而襃. 故曰, "欲觀聖王之跡, 則於其粲然者矣." 後王是也. 彼後王者, 天下之君也, 舍後王而道上古, 譬之是猶舍己之君而事人之君也.)

여기서 순자는 특이하게도 '후왕'이라는 용어를 썼다. 이 후왕은 옛 성왕들과 대비되는 현재의 왕을 가리킨다. 현재의 왕이라 해서 아무 왕이나 지칭하는 것은 아니다. 역시 덕과 지혜를 갖춘 왕을 가리킨다. 그런 왕이 없다면, 군자가 살아 있는 잣대요 본보기가 됨은 두말할 것도 없다. 어쨌든 순자에 이르러서는 옛 왕들을 추종하며 옛날로 돌아가자는 경향이 확실히 약화되었음을 알 수 있다. 물론 순자가 옛것을 가벼이 여기는 것도 아니다. 그 또한 옛것의 가치와 의의를 알고 또 인정한다. 그러나 그것은 지금 여기를 위한 것에 지나지 않는 것이다. 이렇게 보면, 『중용』은 맹자보다 순자에 가깝다고 보는 것이 적절하다.

또 순자의 '후왕' 개념은 법가에서 주장하는 바와 통하는 면이 많다. 실제로 법가 사상가로 『한비자』의 저자인 한비(韓非)와, 진(秦)나라가 천하를 통일하고 그에 걸맞은 제도를 마련하는 데에 큰 기여를 한 이사(李斯)는 순자의 제자였다. 그들이 시세의 변화를 말하면서 변화에 적극적으로 대응해야 함을 주장한 것은 후왕의 개념과 통한다. 물론 상앙(商鞅)을 비롯한 그들 이전의 법가 사상가들이 한결같이 '변법(變法)' 또는 '경법(更法)'을 주장했으므로 새삼스러울 것이 없다고 할 수 있으나, 순자의 후왕 개념이 한비나 이사에게 영향을 어느 정도는 끼쳤으리라 볼 수도 있다.

31.2

非天子, 不議禮, 不制度, 不考文. 今天下, 車同軌, 書同文, 行同倫.

천자가 아니면 예법에 대해 의논하지 못하고, 제도를 만들지 못하며, 문자를 짓지 못한다. 이제 천하를 보면, 수레에서는 그 바퀴 간격이 같고, 서체에서는 글자의 형태가 같으며, 행위에서는 모듬살이의 규범이 같다.

注釋 고(考)는 곰곰 생각하다, 이루다는 뜻으로, 여기서는 만들다는 말맛이 있다. 궤(軌)는 바퀴와 바퀴 사이의 간격을 뜻한다. 문(文)은 글자 또는 글자의 형태를 뜻한다. 륜(倫)은 사람들이 서로 지켜야 할 도리를 뜻한다.

蛇足 공자가 '술이부작(述而不作)'을 말하면서 그 자신은 짓지 않

았다고 한 것은 스스로 성인이 아니라는 겸사의 표현이다. 성인만이 지을 수 있다는 것이 예부터 내려오던 일반적인 인식이므로 성인을 자처하지 않은 공자로서는 짓는다고 말할 수 없었다. 그렇다고 공자가 전혀 짓지 않았다고 여긴다면, 착각이다. 『논어』를 일별해 보면 단번에 알 수 있다.

『중용』에서도 성인은 성스러움을 체득하여 하늘의 길을 가는 존재라 하였으므로 천지가 만물을 생겨나게 하듯이 성인이라야 무언가를 짓거나 만들 수 있다고 분명하게 밝히고 있다. 그런데 수레의 바퀴 간격이 같고, 서체가 통일되고, 풍속이 같아지는 것은 진나라가 천하를 통일한 뒤의 사건이기 때문에 그 함의를 단순하게 볼 수가 없다. 『사기』〈진시황본기(秦始皇本紀)〉를 보면, 진시황이 천하를 통일한 뒤에 곳곳을 다니면서 자신의 공덕을 새긴 비석을 여럿 세운 일이 기록되어 있다. 그 가운데 하나가 '낭야대비문(琅邪臺碑文)'인데, 거기에 다음과 같은 내용이 실려 있다.

28년에 황제께서 모든 것을 처음 시작하셨다. 법도를 공평하게 하여 만물을 처리하는 강령으로 삼으셨다. 인사를 밝혀 아비와 아들 사이를 화목하게 하시고, 성스러운 지혜와 인의로 도리를 환하게 밝히셨다. 동쪽 지역을 위로하고 병사들을 살피셨다. 큰일을 다 끝내시고 바닷가 지역에 이르셨다.

황제의 공은 근본에 힘을 쓰신 데에 있다. 농업을 장려하고 상공업을 억제하시니, 백성들이 풍요로워졌다. 천하의 백성들이 한마음으로 자기 일에 힘을 쏟았다. 도량형을 통일하고 문자도 통일하셨다. 해와 달이 비추고 수레가 다니는 곳이라면 어디나 모든 것을 다 누릴 수 있게 되니, 만족하지 않는 자가 없었다.

시세에 따라 그에 맞는 조치를 취하는 것이야말로 황제의 일이다. 다른 풍속을 바로잡으려고 산을 넘고 물을 건너셨다. 백성을 가엾게 여기시어 아침부터 저녁까지 게을리하지 않으셨다. 의심스러운 법령을 없애고 정확한 법조문을 제정하시니, 모두가 어떤 일을 하면 안 되는지 알게 되었다.

서두의 일부다. 정확히 『중용』에서 말한 바와 일치하는 내용이 들어 있다. 『중용』이 후대에 누군가에 의해서 손질이 가해질 때에 덧붙은 것으로 보는 견해도 있을 수 있다. 『중용』이 포함되어 있던 『예기』가 한나라 때의 편집이라는 점을 감안하면, 얼마든지 그럴 수 있다. 그러나 그렇다 하더라도 『중용』을 자사의 작품으로 보는 입장에서는 앞의 31.1과 함께 31.2의 내용을 설명하는 데에는 어려움이 따른다.

어쨌든 진시황은 천자가 아닌, 그보다 훨씬 위대한 인물에 대한 칭호로서 '황제'를 최초로 썼다. 그러니 천자의 일을 그가 못할 이유는 없었다. 또 제국이라는 거대한 국가가 이룩된 상황에서는 기존의 제도나 법규, 풍속 따위로는 제대로 통치하기 어려워진 것도 사실이다. 그러나 반대 의견도 없을 수가 없다. 이사의 건의로 유학자들을 파묻는 '갱유(坑儒)'를 저지른 것에서도 알 수 있듯이, 진시황의 조정에도 유학자들이 적지 않게 포진하고 있었을 터이다. 그 대표적인 인물이 순우월(淳于越)이다. 기원전 213년, 진시황은 함양궁에서 술자리를 베풀었다. 박사 70여 명이 앞으로 나와 술잔을 올리며 장수를 빌었고, 복야(僕射) 주청신(周靑臣)이 나서서 칭송하는 말을 늘어놓았다. 그러자 순우월이 나아가 이렇게 말하였다.

"신은 은과 주 왕조가 천 년을 넘게 유지한 것은 자제와 공신들을 제후로 봉하여 왕실을 지탱하고 돕도록 했기 때문이라고 들었습니다. 지금 폐하께서는 천하를 소유하시고 계시지만, 자제들은 여전히 평민에 지나지 않습니다. 만약 전상(田常)이나 육경(六卿)과 같은 신하가 갑자기 나타나면 보필할 자가 없으니, 어떻게 구원하겠습니까? 어떤 일이든 옛 일을 본받지 않고 오래갔다는 소리를 들어본 적이 없습니다.

지금 주청신이 또 폐하의 안전에서 아부의 말로 폐하의 잘못을 더 무겁게 하고 있으니, 충성스런 신하가 아니옵니다."

순우월은 전상과 육경을 들면서 주 왕조의 봉건제를 써야 한다고 말하였다. 전상은 강태공의 제나라를 강탈하여 전씨의 제나라를 연 인물이다. 육경은 춘추시대 진(晉)나라의 여섯 귀족으로, 이들은 서로 다투어서 진나라를 멸망시켰다. 진(秦)나라는 일찌감치 군현제를 시행하고 있었는데, 이를 다시 봉건제로 되돌리자고 하였으니, 복고를 외친 셈이다. 그러나 이는 시세의 변화를 전혀 꿰뚫지 못한 견해다. 그런 점에서 승상인 이사의 주장이 참으로 타당하였다.

"오제의 통치가 서로 다르고 하·은·주 삼대가 같은 것을 이어받지 않고 각자의 방식으로 다스린 것은 일부러 어긋나게 한 것이 결코 아닙니다. 이는 시대에 변화가 일어났기 때문입니다. 이제 폐하께서 대업을 처음 이루어 만세의 공덕을 세웠으니, 이는 참으로 어리석은 유생들이 알 수 있는 게 아닙니다. 하물며 순우월이 말하는 것은 삼대의 일인데, 어찌 본받을 수 있겠습니까?"

바로 이 논란으로 말미암아 분서(焚書)가 단행되었으니, 순우월이 불난 데에 기름을 부은 격이 되었다. 순우월의 발언은 이미 진행되고 있던 제도 전반의 혁신을 부정하는 것이나 다름이 없었기 때문이다. 이 일로 순우월은 배척받았고, 이사는 더욱더 위세를 더하였다. 그러나 진시황이나 이사 또한 분서와 갱유로써 학문의 자유를 억압하고 언로(言路)를 막아버리는 우를 범하여 결국은 제국의 몰락을 앞당겼다. 옛것으로 돌아가느냐, 새것을 중시하느냐의 문제보다 사상의 자유, 언론의 자유를 보장하느냐가 더욱 중요했을 수 있음을 암시해준다.

31.3 ―――――――――――――――――――――――――

雖有其位, 苟無其德, 不敢作禮樂焉; 雖有其德, 苟無其位, 亦不敢作禮樂焉.

> 비록 지고한 자리에 있더라도 그에 합당한 덕이 없으면 감히 예의와 음악을 지을 수 없고, 비록 지극한 덕이 있더라도 그에 알맞는 자리가 없으면 역시 예의와 음악을 지을 수 없다.

蛇足 우리 속담에 "윗물이 맑아야 아랫물이 맑다"는 게 있다. 윗물은 지고한 자리이고, 맑음은 지극한 덕이다. 윗물이 흐리면 아랫물도 흐릴 수밖에 없다. 아랫물이 맑더라도 윗물을 맑게 하지는 못한다. 한계가 뚜렷하다. 그래서 동아시아에서는 전통적으로 제왕에 대해 말할 때, '내성외왕(內聖外王)'을 강조한다.

『중용』에서 거듭 언급된 요와 순은 바로 지고한 자리와 지극한 덕을 아울러 갖춘 이로 평가된다. 그러했기 때문에 그들이 마련한 제도나 예악이 오래도록 영향을 끼칠 수 있었다고 할 수 있다. 공자는 제나라에 갔을 때, 순이 지었다고 하는 음악 소(韶)를 듣고 석 달 동안이나 고기 맛을 잊을 정도였다. 그러면서 "음악이 이런 경지에 이를 줄은 생각지도 못했노라"(不圖爲樂之至於斯也. -『논어』「술이(述而)」)라고 탄복하였다고 한다. 그리고 평가하기를, "참으로 아름답고 또 지극히 바르구나"(盡美矣, 又盡善也. -『논어』「팔일」)라고 하였다. 예의이든 음악이든 짓는 사람의 내면이 표현된 것이기 때문이다.

그런데 공자는 지극한 덕이 있었음에도 그에 합당한 자리가 없어 예의와 음악을 짓지 못했다. 지었더라도 널리 펴기는 어려웠을 것이 분명하다. 그렇다고 그가 전혀 예의와 음악을 짓지 않았다고 여기는 것은 짧은 생각일 뿐이다. 공자가 제자들에게 가르친 것, 다른 이들과 나눈 문답은 그대로 음악이다. 인문학으로서 음악이고 정치학으로서 음악이다. 또 그의 말씨와 몸맵시는 그대로 예의의 구현이면서 새로운 예의의 표현이기도 하였다. 그 음악과 예의는 『논어』 속에 고스란히 담겨 있다.

　후대에 공자가 그 지극한 덕을 갖추었음에도 높은 자리에 올라서 천하를 다스리는 일을 맡지 못한 데 대한 안타까움으로 그를 '소왕(素王)'이라 부른 것은 허튼 수작질에 지나지 않는다. 지고한 자리와 지극한 덕의 일치는 중세 내내 강조되었지만, 둘을 아우른 제왕은 좀처럼 나오지 않았다. 지고한 자리에 있음에도 지극한 덕이 모자라서 한 시대를 혼란으로 몰아넣거나 끝내는 멸망으로 이끈 제왕들이 압도적으로 많았다. 반면에 지고한 자리가 없음에도 지극한 덕을 지니고서 한 시대의 표상이 된 인물들은 꽤 있다.

　이미 앞서도 말한 바 있듯이, 군자는 나아가면 나아간 대로 그에 걸맞게 하고 물러나면 물러난 대로 그에 어울리게 행동한다. 그는 자리를 탐하지 않으며 또 문제삼지도 않는다. 어디서나 군자요, 언제나 군자의 일을 하기 때문이다. 공자가 비록 평생을 정치가로서 삶을 꿈꾸었지만, 그가 마침내 아무런 원망도 없었던 것은 그 자리에서 할 일을 그때마다 다했기 때문이다. 그 어려웠던 시절에도 그렇게 했는데, 오늘날처럼 다양한 기회가 열려 있고 얼마든지 새로운 길을 열 수 있는 시절에 굳이 자리에 연연하는 것은 참으로 우스꽝스럽다고 해야 하리라.

　　송곳 꽂을 땅은 없으나 왕공들이 그와 함께 이름을 다툴 수 없고, 한낱 대부의 자리에라도 있으면 한 군주가 그를 독차지할 수 없고 한 나라가 홀로 그를 받아들일 수 없으며, 그 명성은 제후들보다 더 높아서 신하로 삼기를 바라지 않는 이가 없다. 이는 성인 가운데서 자리를 얻지 못한 자이니, 중니(공자)와 자궁이 그런 사람이다. ─ 『순자』 「비십이자(非十二子)」

　　(無置錐之地, 而王公不能與之爭名; 在一大夫之位, 則一君不能獨畜, 一國不能獨容, 成名況乎諸侯, 莫不願以爲臣. 是聖人之不得執者也, 仲尼子弓是也.)

31.4 ───────────────────

子曰: "吾說夏禮, 杞不足徵也. 吾學殷禮, 有宋存焉. 吾學周禮, 今用之. 吾從周."

공자께서 말씀하셨다.
"내가 하나라의 예법을 풀이하더라도 기 땅에 남아 있는 것으로는 증명할 수 없다. 내가 은나라의 예법을 배우려 하여도 송나라에는 그 자취만 남아 있다. 내가 주나라의 예법을 배우려 하니, 지금 쓰이고 있다. 나는 주나라를 따르겠다."

注釋 설(說)은 자세하게 풀이한다는 뜻이다. 기(杞)는 하나라 유민들이 살던 땅이다. 징(徵)은 증명하다, 입증하다는 뜻이다. 송(宋)은 은나라 유민들이 살던 곳이다.

蛇足 이와 비슷한 말이 『논어』 「팔일」편에도 나온다. 공자가 주나라를 따르겠다고 한 이유는 그 문화가 현재진행형이어서 그 근거가 명확하여 배우더라도 헛되지 않을 수 있기 때문이다. 그러나 공자는 단순히 답습하지 않고 자기 방식으로 재해석하였다. 그게 유가 학파를 성립시킨 근원적인 힘이다. 만약 그저 옛것을 답습하기만 하고 새로운 게 없었다면, 어떻게 학파가 성립될 수 있었겠는가?

자장이, "열 세대 뒤의 일을 알 수 있습니까?" 하고 묻자, 스승께서 말씀하셨다.
"은나라는 하나라의 예법에 말미암았으니, 덜고 더한 것이 무엇인지 알 수 있다. 주나라는 은나라의 예법에 말미암았으니, 덜고 더한 것이 무엇인지 알 수 있다. 누군가가 주나라를 잇는다면, 백 세대 뒤의 일이라도 알 수 있다." - 『논어』「위정」

(子張問: "十世, 可知也?" 子曰: "殷因於夏禮, 所損益, 可知也; 周因於殷禮, 所損益, 可知也. 其或繼周者, 雖百世可知也.")

공자의 대답은 '온고이지신(溫故而知新)'이라는 한마디로 압축할 수 있을 것이다. 옛것을 무르익힌다는 것은 곧 장구한 역사를 꿰뚫는 안목을 갖추었다는 뜻이다. 역사를 꿰뚫어볼 수 있으니, 앞으로 역사가 어떻게 진행될 것인지에 대해서도 추론할 수 있으리라 여긴 것이다. 물론 여기서 앎의 대상은 변화의 원리나 법칙을 가리킨다. 아주 세세하게 변수까지 안다는 말이 아니다.

석가모니가 가르침을 편 때가 지금으로부터 거의 2,500여 년 전이다. 그때 석가모니가 "먼 훗날 내 가르침을 망칠 자는 승려 가운데서 나온다"고 했다. 실제로 불교를 망친 자들은 모두 승려들이다. 승려들이 탐욕과 어리석음으로 권력과 결탁하거나 재물을 끌어모으는 데 혈안이 되면서 승단은 타락하고 불교는 쇠퇴하는 역사가 거듭 있었다. 당나라 때에 그러했고, 고려 중기가 또 그러했다. 오늘날 한국의 불교계도 잘 들여다보면, 저 옛날과 크게 다르지 않다. 그렇다면, 석가모니는 어떻게 그럴 줄을 알았는가? 그 이치를 알았기 때문이다. 생각해보라. 승려가 아니라면 누가 불교계를 타락시키고 망칠 수 있겠는가? 강남의 조폭이 그렇게 하겠는가, 기독교 신자들이 그렇게 하겠는가? 모든 타락과 몰락은 안에서부터 썩어서 그렇게 되는 것이 이치다.

32장

군자의 길이 곧 왕도다

32.1 ————————————————————————————

王天下有三重焉, 其寡過矣乎! 上焉者, 雖善, 無徵; 無徵, 不信; 不信, 民弗從. 下焉者, 雖善, 不尊; 不尊, 不信; 不信, 民弗從.

천하의 왕 노릇하는 데에는 세 가지 중요한 것이 있으니, 이를 지키면 허물이 적을 것이로다! 저 윗대의 제도는 비록 좋다고 하더라도 증거가 없으니, 증거가 없으면 믿지 않고, 믿지 않으면 백성들이 따르지 않는다. 저 아랫대의 제도는 비록 좋다고 하더라도 높지 않으니, 높지 않으면 믿지 않고, 믿지 않으면 백성들이 따르지 않는다.

注釋 상(上)은 시대적으로 옛날을, 하(下)는 현재를 가리킨다. 때로 상을 군주로, 하를 신하로 보는 경우도 있으나, 문맥상 적절하지 않다.

蛇足 앞의 31.4와 관련해서 이해해야 한다. 거기서 공자는 하·은·주 세 왕조의 문물제도를 거론하면서 주를 배우고 따르겠다고 했는데, 하와 은의 것은 아주 오래되어서 그 자취가 희미하고 증거가 부족한 반면에 주의 것은 당시에도 쓰이고 있어서라고 했다. 지금 이 글에서도 그 증거의 문제를 언급하고 있다. 그런데 흥미로운 것은 '아랫대의 제도' 역시 중요하게 다루고 있다는 사실이다. 이는 옛 문화나 문물제도를 따르는 것만으로는 한계가 있음을 은근히 밝힌 것이다.

천하의 왕노릇은 백성들이 따라야 가능하다. 그때 세 가지 중요한 것은 윗대의 제도를 쓸 때는 '선(善) - 징(徵) - 신(信)'이고, 아랫대에 새롭게 제도를 마련할 때는 '선(善) - 존(尊) - 신(信)'이다. 선은 당연히 백성들에게 좋은 것, 백성들의 삶에 유익한 것이어야 한다. 그러나 이는 위정자의 판단일 뿐이다. 실제로 백성들에게서 그 효과가 나타나게 하는 과정은 쉽지 않다. 그 과정에서 요구되는 것이 징과 존이다. 이 둘은 서로 통한다. 일의 근거가 분명해야 한다는 뜻이다.

옛것은 오늘날에도 확인할 수 있는 증거가 있어야 믿고, 새것은 옛날의 법도나 제도에 바탕을 두어야만 믿는다. 특히 시대의 변화에 맞추어 백성들에게 유익한 제도를 새롭게 마련할 경우, 그것이 제대로 실행되도록 하려면 백성들의 믿음을 얻는 일이 우선이다. 옛것을 옛날에도 했다는 명목으로 믿게 할 수 없듯이, 새것을 그저 좋다면서 우격다짐으로 믿게 할 수 없다. 옛것도 새것을 만나야 하고, 새것도 옛것을 만나야 한다. 그래서 하늘 아래 새로운 것은 없다는 말을 한다. 조선후기 연암(燕巖) 박지원(朴趾源)이 강조한 '법고창신(法古創新)'은 바로 이를 두고 한 말이다. 옛것을 본받으면서도 바꿀 줄 알고, 새것을 만들면서도 법도에 맞게 하는 일!

있는 힘을 다하면서도 백성들을 위한 사업으로 적당하지 않은 것이라면 간교한 일이라 하고, 지혜를 다 짜내면서도 선왕들을 본보기로 삼지 않는다면 간교한 마음이라 하며, 변설과 비유가 약빠르고 적절하며 손쉽고 이롭다 하더라도 예의와 올바름을 따르지 않는다면 간교한 말이라 한다. 이 세 가지 간교함은 성왕들이 꺼리던 것이다. ─ 『순자』「비십이자」

(故勞力而不當民務, 謂之姦事; 勞知而不律先王, 謂之姦心; 辯說譬諭齊給便利而不順禮義, 謂之姦說. 此三姦者, 聖王之所禁也.)

여기서 순자는 세 가지를 말했다. 첫째는 백성들의 삶에 유용하고 유익한 일이어야 한다는 것, 둘째는 그 일이 역사를 통해 입증된 원리나 이치에 근거해야 한다는 것, 셋째는 그 일의 실행에 있어 방법론상으로 적절해야 한다는 것 등이다. 무릇 사업이나 제도란 아무리 그럴듯하더라도 근거가 분명해야 하고, 그 쓰임이 넓어야 하며, 실행 방법이 타당해야 한다. 아무런 근거도 없이 만든 제도나 서둘러 벌여서는 후닥닥 해치우는 사업은 대개 백성들에게 별 쓸모가 없거나 심지어는 해롭기까지 하다. 그럼에도 마치 훌륭한 행정을 했다는 듯이, 천하를 위해 애쓰고 있다는 듯이 포장하고 선전하니, 어찌 간교한 짓이 아니겠는가? 또 아무리 좋은 제도라 하더라도 백성들에게 도움이 되지 않는다면, 그것은 일종의 전시행정에 지나지 않는다. 전시행정 따위로는 백성들을 따르게 할 수 없다. 백성들이 따르지 않는데, 어찌 왕 노릇할 수 있겠는가.

우리 속담에 "핑계 없는 무덤 없고" "처녀가 애를 낳아도 할 말이 있다"고 했는데, 군주나 신하들이 온 힘을 다하고 지혜를 짜내서 일을 벌였다면 자신들의 치적을 요란하게 떠벌리거나 합리화하는 것은 어쩌면 당연하다. 그러나 그것은 결코 당연할 수 없다. 당연할 수 없는 것을 당연하게 여기는 일은 예나 이제나 흔하다. 바로 그것을 순자는 '간교함'이라고 한마디로 잘라 말했다.

32.2

故君子之道, 本諸身, 徵諸庶民, 考諸三王而不謬, 建諸天地而不悖, 質諸鬼神而無疑, 百世以俟聖人而不惑.

그러므로 군자의 길은 제 몸에 바탕을 두고 모든 백성들에게서 밝게 드러나며, 하·은·주 삼대의 왕들에 견주어도 어긋나지 않고 하늘과 땅 사이에 세워도 어그러지지 않으며, 귀신에게 물어도 께름한 게 없고 백 세대 뒤의 성인을 기다려 물어도 헷갈리지 않는다.

注釋 본(本)은 바탕으로 삼다는 뜻이다. 저(諸)는 지어(之於)와 같

다. 징(徵)은 효과를 보이다, 밝히다는 뜻이다. 고(考)는 견주어 헤아리다는 뜻이다. 류(謬)는 그릇되다, 어긋나다는 뜻이다. 패(悖)는 도리나 이치에서 벗어나다, 어그러지다는 뜻이다. 질(質)은 묻다는 뜻이다. 의(疑)는 괴이하게 여기다, 께름하다는 뜻이다. 사(俟)는 기다리다는 뜻으로, 여기서는 묻다는 말맛이 있다.

蛇足　군자의 길은 제 몸에 바탕을 둔다는 말은 곧 수신(修身)을 이른다. 백성들에게서 밝게 드러난다는 것은 정치로써 구체화되고 완결된다는 것을 말한다. 그러나 백성들에게서 밝게 드러나는 일은 애써서 된 것이 아니다. 저절로 그렇게 되는 것이다.

> 군자가 제 몸을 깨끗이 하면 뜻을 같이하는 자들이 모여들고, 그 말을 좋게 하면 같은 부류의 사람들이 맞받는다. 그러므로 한 말이 울면 다른 말들이 맞받아 울고 한 소가 울면 다른 소들이 맞받아 우니, 이는 지혜가 있어서가 아니라 그 기세가 그렇게 한 것이다. — 『순자』「불구」
>
> (君子絜其身而同焉者合矣, 善其言而類焉者應矣. 故馬鳴而馬應之, 牛鳴而牛應之, 非知也, 其埶然也.)

삼왕(三王)과 성인(聖人)은 각기 과거와 미래를 상징하는데, 군자는 그 둘을 소통시킨다. 천지와 귀신은 드러난 온갖 것들과 숨겨진 미묘한 것들을 각각 가리키는데, 이 또한 군자의 길에 함축되어 있다. 이처럼 군자는 시간적 간극과 공간적 간격을 메움으로써 숨겨지고 감추어진 길을 한층 뚜렷하게 드러낸다. 그리하여 길은 사람으로 말미암아 길이 되며, 군자의 길은 오롯이 사람의 길이 된다.

32.3 ————————————————

質諸鬼神而無疑, 知天也; 百世以俟聖人而不惑, 知人也. 是故, 君子動而世爲天下道, 行而世爲天下法, 言而世爲天下則, 遠之則有望, 近之則不厭. 詩曰: "在彼無惡, 在此無射! 庶幾夙夜, 以永終譽." 君子未有不如此而蚤有譽於天下者也.

　　귀신에게 물어도 께름한 게 없는 것은 하늘을 아는 것이요, 백 세대 뒤의 성인을 기다려 물어도 헷갈리지 않는 것은 사람을 아는 것이다. 이런 까닭에 군자는 움직이면 대대로 천하의 길이 되고, 행동하면 대대로 천하의 본보기가 되며, 말하면 대대로 천하의 잣대가 되니, 멀리 있으면 우러러보게 되고, 가까이 있어도 싫어하지 않는다.
　　시에서 노래하였다.
　　"거기서도 미워하지 않고
　　여기서도 싫어하지 않도다!
　　새벽부터 밤까지 힘써서
　　길이길이 일컬어지기를."
　　군자 가운데에 이렇게 하지 아니하고 미리 세상에서 일컬어진 자는 없었다.

注釋　　세(世)는 대대로를 뜻한다. 염(厭)은 싫어하다는 뜻이다. 시는 『시경』「주송(周頌)」의 〈진로(振鷺)〉편에 나온다. 오(惡)는 미워하다는 뜻이다. 역(射)은 『시경』에서는 역(斁)으로 되어 있는데, 뜻은 같다. 싫어하다, 싫증을 내다는 뜻이다. 서기(庶幾)는 바라건대라는 뜻이다. 조(蚤)는 일찍을 뜻하는데, 여기서는 미리, 앞서라는 말맛이 있다.

蛇足　　귀신은 하늘과 땅의 보이지 않고 들리지 않는 이치를 상징한

308

다. 귀신을 꺼름하지 않게 하는 것은 그 이치를 오롯하게 깨쳤다는 뜻
이다. 그래서 하늘을 안다고 한 것인데, 이 하늘은 성스러움 자체다. 하
늘의 길인 것이다. 군자가 성스러움을 체득하고 세상에 널리 쓰면서 본
보기가 된 존재가 성인이다. 체득은 나를 알아가는 과정이고, 나를 아
는 것은 사람을 아는 것이다. 그래서 사람을 안다고 말하였다. 이는 사
람의 길에서 지극한 데에 이른 것이다.

하늘을 알고 사람을 아는 군자라면 그의 움직임은 하나하나가 그대
로 길이 된다. 그의 언행은 그대로 길의 표현이다. 그리하여 그의 행동
은 천하 사람들의 본보기가 되고, 그의 말 또한 천하 사람들의 잣대가
된다. 백 세대 뒤에 나오는 성인도 부정하지 못하는 것은 그가 이미 길
이 되었기 때문이다. 그런데 여기서 동(動)은 뒤의 행(行)과 언(言)을 아
울러 말한 것으로도 볼 수 있다. 도(道)인 동에서 행과 언이 분화되면서
하나는 법(法)이 되고 하나는 칙(則)이 된 것이라 할 수 있는데, 이를 절
묘하게 이었다.

길을 오롯하게 체득한 군자가 있다는 사실이 알려지면, 먼 곳에 있
는 사람이라도 그를 우러러보게 된다. 그를 우러러보며 일컫다가 그리
워하고, 그리워서 그를 찾아온다. 공자가 "길벗이 먼 데서 찾아오니, 이
야말로 즐겁지 아니하냐!"(有朋自遠方來, 不亦樂乎! - 『논어』 「학이」)라
고 한 말을 이때 써도 무방하리라. 성스러워지려는 이가 찾아왔으니,
성스러움에 이른 이가 싫어할 까닭이 있겠는가?

끝의 시는 군자가 어디에서나 미움을 받지 않고 누구도 싫어하지 않
게 된 것이 아침부터 밤까지 쉬지 않고 자신을 돌아보며 갈고 다듬었
기 때문임을 표현한 것이다. 맹자는 다음과 같이 말한 적이 있다.

군자가 남들과 다른 것은 그 마음을 잘 지니기 때문이다. 군자는 어
짊을 마음에 지니고 예의를 마음에 지닌다. 어짊이란 남을 사랑하
는 것이고, 예의가 있다는 것은 남에게 지극한 것이다. 남을 사랑하

면 남들도 늘 그를 사랑하고, 남에게 지극하면 남들도 늘 그를 지극하게 대한다. 어떤 사람이 나를 대하는 게 어그러져 있다면, 군자는 반드시 제 자신을 돌이켜보아 '분명 내가 어질지 못하고 예의가 없었기 때문이리라. 그렇지 않다면, 어찌 이런 일이 있을 수 있겠는가?'라고 생각한다. 그가 스스로 돌이켜서 어질게 되고 스스로 돌이켜서 예의를 갖추었는데도 나를 대하는 게 이처럼 어그러진다면, 군자는 반드시 제 자신을 돌이켜보아 '분명 내가 참되지 못해서이리라'라고 생각한다. 그리고는 스스로 돌이켜서 참되도록 한다. 그럼에도 나를 대하는 게 이처럼 어그러진다면, 군자는 '이 사람이야말로 어긋난 사람이다. 이런 사람이라면 짐승들과 뒤섞여 있을 때 어떻게 가려낼 수 있겠는가? 짐승과 같다면 또 내가 무엇으로 꾸짖겠는가?'라고 말한다. 이런 까닭에 군자는 죽을 때까지 떨쳐내지 못할 걱정은 있어도, 하루아침의 걱정은 없다. 군자도 걱정하기로 한다면 걱정거리가 있으니, 이러하다. 순 임금은 사람이었고 나 또한 사람이다. 저 순 임금은 천하 사람들에게 본보기가 되어서 후세에도 전해질 수 있었으나, 나는 한낱 마을 사람이 되는 데서 벗어나지를 못하고 있다. 이것이 걱정거리다. 이를 걱정한다면, 어찌할 것인가? 그저 순 임금처럼 될 뿐이다. 만약 저 군자가 걱정하는 것이 무어냐고 한다면, 따로 없다. 어질지 않으면 하지 않고, 예의가 아니면 행동하지 않는다. 그래서 하루아침의 걱정거리가 있다고 하더라도 군자는 그런 것을 걱정하지는 않는다. - 『맹자』「이루하」

(君子所以異於人者, 以其存心也. 君子以仁存心, 以禮存心. 仁者愛人, 有禮者敬人. 愛人者, 人恒愛之; 敬人者, 人恒敬之. 有人於此, 其待我以橫逆, 則君子必自反也. 我必不仁也, 必無禮也, 此物奚宜至哉? 其自反而仁矣, 自反而有禮矣, 其橫逆由是也, 君子必自反也, 我必不忠. 自反而忠矣, 其橫逆由是也, 君子曰: '此亦妄人也已矣. 如此, 則與禽獸奚擇哉? 於禽獸又何難焉?' 是故君子有終身之憂, 無一朝之患也. 乃若所憂則有之. 舜, 人也; 我, 亦人也. 舜爲法於天下, 可傳於後世, 我由未免爲鄕人也. 是則可憂也. 憂之如何? 如舜而已矣. 若夫君子所患則亡矣. 非仁無爲也, 非禮無行也. 如有一朝之患, 則君子不患矣.)

33장

하늘과 땅과 성인

仲尼祖述堯舜, 憲章文武, 上律天時, 下襲水土. 辟如天地之無
不持載, 無不覆幬, 辟如四時之錯行, 如日月之代明.

> 중니는 요와·순의 길을 이어서 널리 폈고, 문왕과 무왕의 법
> 을 본받아 밝혔으며, 위로는 하늘의 때를 가락으로 삼았고,
> 아래로는 물과 흙의 덕을 본떴다. 비유하자면 하늘과 땅이 지
> 키고 실어주지 않음이 없고 덮어 가려주지 않음이 없는 것과
> 같으며, 비유하자면 네 계절이 갈마들고 해와 달이 번갈아 밝
> 히는 것과 같다.

注釋　조(祖)는 본받다는 뜻이고, 술(述)은 잇다, 좇다는 뜻이다. 조
술은 대개 본받아 서술하거나 말하는 것을 뜻한다. 헌(憲)은 본뜨다, 본
받다는 뜻이고, 장(章)은 밝다, 밝히다는 뜻이다. 율(律)은 가락을 뜻한
다. 습(襲)은 잇다, 받다는 뜻이다. 비(辟)는 비(譬)와 같으며, 비유하다
는 뜻이다. 재(載)는 싣다는 뜻이다. 복(覆)은 덮다, 씌우다는 뜻이다.
도(幬)는 덮다, 가리다는 뜻이다. 착(錯)은 갈마들다는 뜻이다. 대(代)는
번갈아들다는 뜻이다.

蛇足　앞에서 군자에 대해 말한 것이 여기서 공자를 드높이기 위한
것임을 알 수 있다. 그 삶을 통해 천하의 길이 되고 천하의 본보기가 되
고 천하의 잣대가 된 이라면, 공자 외에 또 누구를 들 수 있겠는가? 비
록 요와 순을 높이면서 따르고 문왕과 무왕의 법을 본받았다고는 하지
만, 공자는 그 스스로 공자다.

공자는 요나 순이 다스리던 꽤 태평했던 시대와는 사뭇 다른 시대를
살았다. 주 왕실이 천하를 통치할 기력을 잃어버린, 춘추시대의 막바지
에 활동을 하였다. 더구나 공자는 문왕이나 무왕처럼 왕위를 물려받지

313

못한, 몰락한 귀족의 후손이었다. 선왕들이 누렸던 지위가 공자에게는 없었으니, 아무리 그 덕이 높고 기개가 서릿발 같았다 하더라도 그 뜻을 펴기는 불가능에 가까웠다. 그럼에도 그가 제후들을 찾아다니면서 옛 성왕들의 가르침을 내세우면서 예악을 통한 질서의 회복을 부르짖은 것은 거대한 수레바퀴를 막겠다고 무모하게 나선 사마귀나 다름이 없었다. 당랑거철(螳螂拒轍)!

공자가 제자들에게 해준 "덕이 있는 사람은 외롭지 않으니, 반드시 함께하는 이가 있다"는 말에는 그의 처절함이 묻어난다. '상갓집 개(喪家之狗)'라는 말까지 들었으니, 더 말해 무엇하랴. 그러나 맹자를 통해 공자는 재조명되면서 "세상에 사람이 생겨난 이래로 공자보다 뛰어난 분은 없었다"(自生民以來, 未有盛乎孔子也. ─『맹자』「공손추상」)고까지 일컬어졌고, 순자로부터도 다음의 칭송을 얻었다.

> 그 뜻이 막혔을 때는 속된 유자들이 비웃을지라도 그 뜻이 통했을 때는 영웅호걸들이 그에게 물들고, 우쭐대거나 지질한 자들은 그로부터 달아나며, 삿된 주장을 하는 자들은 그를 두려워하고, 뭇사람들은 그를 부끄러워한다. 뜻이 통하면 천하를 하나로 통일하고, 뜻이 막히면 홀로 고귀한 이름을 세운다. 하늘도 죽일 수 없고 땅도 묻을 수 없으며 폭군 걸과 도적인 도척이 날뛰는 세상이라도 더럽힐 수 없으니, 크낙한 유자가 아니면 설 수가 없다. 중니와 자궁이 그런 사람이다. ─『순자』「유효(儒效)」
>
> (其窮也, 俗儒笑之; 其通也, 英傑化之, 嵬瑣逃之, 邪說畏之, 衆人愧之. 通則一天下, 窮則獨立貴名. 天不能死, 地不能埋, 桀跖之世不能汙, 非大儒莫之能立, 仲尼子弓是也.)

공자의 시대가 그토록 혼란하였다면, 당대에는 그가 본받을 만한 이가 없었을 게 분명하다. 비록 요나 순, 문왕과 무왕 등을 잇고 본받는

다고는 하지만, 그것으로 충분했을까? 그러나 아무리 암울한 시대라
도 길은 버젓이 있다. 사람들이 보지 못할 뿐. 길이 있다면, 그 길이 곧
스승이다. 공자에게는 여전히 푸르른 하늘이 있고 두터운 땅이 있었다.
하늘과 땅은 성스러움 그 자체가 아닌가. 그래서 "위로는 하늘의 때를
가락으로 삼았고, 아래로는 물과 흙의 덕을 본떴다." 배우기 좋아했던
공자이니 어디에선들 배우지 못했겠는가만은 하늘과 땅, 만물보다 좋
은 대상이 어디에 또 있었겠는가.

비유로 든 것은 공자가 이룬 일의 위대함을 표현한 것이다. 하늘이
모든 것을 덮어주고 땅이 온갖 것을 실어주는 것처럼 공자의 학문은
인간과 자연의 이치를 남김없이 다루었음을 말한 것이며, 네 계절이 갈
마들고 해와 달이 번갈아 떠서 세상을 밝히는 것처럼 그 학문은 자유
자재하게 변용할 수 있고 어느 시대든지 밝힐 수 있는 등대의 구실을
할 수 있음을 말한 것이다. 맹자를 통해 더 깊어지고 순자로 말미암아
더 풍부해지면서 송대 유학자들을 거쳐 오늘에 이르렀으니, 실로 그것
은 하늘과 땅에 견줄 만하다.

33.2

萬物並育而不相害, 道並行而不相悖, 小德川流, 大德敦化, 此
天地之所以爲大也.

온갖 것은 같이 자라면서도 서로 해치지 않고, 길은 함께 뻗
어 있으면서도 서로 어그러지지 않으며, 작은 덕은 냇물처럼
흐르고, 크낙한 덕은 온갖 변화를 도탑게 하니, 이것이 하늘
과 땅이 위대해진 까닭이다.

注釋 병(並)은 함께, 같이를 뜻한다. 패(悖)는 어그러지다는 뜻이다.

돈(敦)은 도탑다, 도탑게 하다는 뜻이다. 소이(所以)는 까닭, 이유를 뜻한다.

蛇足　여기서는 하늘과 땅이 위대한 까닭을 서술하고 있는데, 이는 성인의 언행 또한 이러함을 말하고자 한 것이다. 성인은 당연히 공자를 가리키며, 도가의 성인처럼 유가의 성인도 '저절로 그러함'을 따른다는 것을 강조하고 있다.

　서로 해치지 않고 서로 어그러지지 않는다는 것은 만물이 제 색깔을 간직하면서도 서로 어우러지는 것을 이르는데, 이를 공자는 '화이부동(和而不同)'이라 했다. 화이부동은 어우러지면서도 똑같지 않은 것이다. 『중용』이 지향하는 바가 어울림인데, 어울림은 다양성 위에서 통일성을 구현하는 것이다. 다양성을 무시하고는 진정한 통일은 없다. 한국이 독일을 본받으면서 통일을 지향하고는 있지만, 과연 한국사회에 다양성이 존재하는가? 다양성으로 포장된 획일성이 의식과 언행을 지배하고 있지는 않은가? 『중용』의 위 구절은 그런 의미에서 오늘날 우리에게는 꽤나 강렬한 울림을 준다.

　"작은 덕은 냇물처럼 흐르고, 크낙한 덕은 온갖 변화를 도탑게 한다"는 『도덕경』 8장의 '상선약수(上善若水)'를 떠오르게 한다. 비록 도가에서는 무위(無爲)에 의한 다스림을 강조하고 유가에서는 작위(作爲)를 통한 다스림을 중시하지만, 성인의 경지를 말함에 있어서는 서로 통한다. 이는 『중용』이 당시에 널리 영향을 끼치던 도가의 사상을 일부 흡수했음을 의미하는 것이다.

　　가장 좋은 것은 물과 같다. 물은 온갖 것을 아주 이롭게 할 뿐 다투지 않고 뭇사람이 싫어하는 곳으로 흐른다. 그러므로 도에 가깝다. 낮은 땅에 머물고, 그 마음은 깊은 못과 같고, 어진 이와 잘 어울리고, 그 말은 아주 미쁘며, 다스림을 바르게 하고, 섬기기를 아주 잘

하며, 때에 맞게 움직인다. 결코 다투지 않으므로 허물도 없다.
(上善如水. 水善利萬物而不爭, 處衆人之所惡. 故幾於道矣. 居善地, 心
善淵, 與善仁, 言善信, 正善治, 事善能, 動善時. 夫唯不爭, 故無尤.)

『중용』이 도가의 사상을 일부 받아들였다고는 해도 여전히 유가적
색깔이 짙다. 이는 22.3에서 성스러움과 성스러워지려는 것 사이에서
도가적 성격과 유가적 성격이 나뉜다고 한 것과 같다. 유가와 도가가
나누어지는 지점에 대해 순자도 다음과 같이 잘 밝혀 놓았다. 무위와
다르게 "거듭거듭 쌓아가는 일"이 군자에게 강조되고 있는 것이다. 그
러나 그 끝에서는 도가의 성인과 만난다는 점도 잊어서는 안 된다.

하늘과 땅은 생명의 시작이고, 예의와 올바름은 다스림의 시작이
고, 군자는 예의와 올바름의 시작이다. 실천하고 이어가며 거듭거
듭 쌓아서 지극히 좋아하는 것, 이것이 군자의 시작이다. 그러므로
하늘과 땅은 군자를 낳고, 군자는 하늘과 땅의 이치를 따른다. 군자
는 하늘과 땅과 더불어 셋이 되고, 온갖 것들의 모듬이며 백성들의
어버이다. ─『순자』「왕제」
(天地者, 生之始也; 禮義者, 治之始也; 君子者, 禮義之始也. 爲之, 貫之,
積重之, 致好之者, 君子之始也. 故天地生君子, 君子理天地. 君子者, 天
地之參也, 萬物之總也, 民之父母也.)

34장

지극히 거룩한 자

唯天下至聖, 爲能聰明睿知, 足以有臨也; 寬裕溫柔, 足以有容
也. 發强剛毅, 足以有執也; 齊莊中正, 足以有敬也; 文理密察,
足以有別也. 溥博淵泉, 而時出也. 溥博如天, 淵泉如淵! 見而
民莫不敬, 言而民莫不信, 行而民莫不說.

천하에서 지극히 거룩한 자만이 귀밝음과 눈밝음과 슬기와
앎으로써 천하를 다스릴 수 있고, 너그러움과 넉넉함과 따스
함과 부드러움으로 사람들을 껴안을 수 있으며, 씩씩함과 단
단함과 군셈과 과감함으로써 굳게 지킬 수 있으며, 반듯함과
묵직함과 치우치지 아니함과 바름으로써 지극히 삼갈 수 있
으며, 문화와 조리와 꼼꼼함과 살핌으로써 무엇이든 구별할
수 있다. 두루 미치고 너르며 깊고 쉼이 없어서 때맞게 솟아
나오는구나. 두루 미치고 너른 것은 하늘과 같고, 깊고 쉼이
없는 것은 깊은 연못과 같도다! 그가 나타나면 공경하지 않
는 백성이 없고, 그가 말하면 믿지 않는 백성이 없으며, 그가
행동하면 기뻐하지 않는 백성이 없다.

注釋 총(聰)은 귀가 밝은 것이고, 명(明)은 본래 명(朙)으로 썼듯이
눈이 밝은 것이다. 예(睿)는 사리에 깊이 통해서 얻은 슬기고, 지(知)는
사물에 대한 객관적인 지식이다. 림(臨)은 내려다보다, 마주하다 등의
뜻으로, 여기서는 백성을 다스린다는 말맛이 있다. 관(寬)은 너그러움
이고, 유(裕)는 넉넉함이다. 용(容)은 받아들이다, 껴안다는 뜻이다. 발
(發)은 활을 쏘는 순간인데, 기세가 대단한 것을 뜻한다. 강(剛)은 뜻이
굳세다, 변하지 않다는 뜻이다. 의(毅)는 군세다, 과감하다는 뜻이다.
집(執)은 잡다, 지키다는 뜻인데, 이치나 도리를 지킨다는 말맛을 담고
있다. 제(齊)는 가지런하다, 바르다는 뜻이다. 장(莊)은 묵직하다, 듬직

하다는 뜻이다. 문리(文理)는 드러난 문화와 그 속에 숨겨진 조리(條理)를 뜻한다. 밀(密)은 꼼꼼하다는 뜻이다. 찰(察)은 살피다, 꿰뚫어보다는 뜻이다. 부(溥)는 넓다, 두루 미치다는 뜻이다. 연(淵)은 깊다는 뜻이다. 천(泉)은 샘물이 솟는 것처럼 쉼이 없음을 뜻한다. 시(時)는 때를 어기지 않는 것, 때에 맞는 것을 뜻한다. 시중(時中)의 뜻을 내포하고 있다. 현(見)은 나타나다, 모습을 드러내다는 뜻이다. 열(說)은 열(悅)과 같으며, 기뻐하다는 뜻이다.

蛇足　천하에서 지극히 거룩한 자는 어떤 능력을 지니고 있으며 왜 거룩한 자가 왕이 되어야 하는지를 구체적으로 서술하고 있다. 천하를 다스리는 데 필요한 네 가지, 사람들을 두루 껴안는 데에 필요한 네 가지, 하늘의 길을 감에 있어서 흔들리지 않고 한결같아야 할 때 필요한 네 가지, 일을 처리함에 있어 필요한 네 가지, 인간세상의 질서를 세움에 있어 필요한 네 가지 등을 두루 서술하면서 그 효과에 대해서도 아울러 말하였다. 과연 거룩한 자가 나타나면 천하의 혼란이 종식되고 통일이 이루어질까? 아니, 이렇게 거룩한 자가 존재하기나 할까? 『중용』의 저자는 아마도 최소한 공자와 같은 성인을 염두에 두고 있었을 것이다. 그러나 공자가 정치가로서 활동한 게 고작 몇 년에 지나지 않는다는 것을 감안하면, 역시 이러한 발상은 하나의 이상론에 불과할 수 있다. 그럼에도 이를 버리지 못하는 것이 유가 학파의 운명인지도 모른다.

　공자보다 더욱 혼란이 극심해진 시대를 살았던 순자는 맹자와 달리 왕도만이 아니라 패도(覇道)의 의의를 인정하였으나, 그 역시 유자임을 결코 포기할 수 없었던 모양이다. 부강한 나라를 만들기 위한 방법론을 제시한 「강국(彊國)」에서 그 또한 도덕정치를 주장하였기 때문이다. 순자는 위엄에는 세 가지가 있다고 하면서 도덕지위(道德之威), 포찰지위(暴察之威), 광망지위(狂妄之威)를 들었다. 도덕지위는 당연히 유가에서 강조하는 도덕에 의한 위엄을 세우는 것이고, 포찰지위는 형벌로써 두려워하게 하여 복종시키는 법가적 위엄이다. 도리를 벗어나 함부로 하면서 혼란을 조장하는 광망지위는 오늘날 조폭 수준의 위협이다.

도덕지위는 곧 거룩한 자가 왕위에 있을 때에 자연스럽게 서게 되는 위엄이다. 물론 여기서 말하는 도덕은 보편적인 원리로서 도와 그 도를 체득하여 갖춘 덕을 이르는 말이다.

> 예의와 음악을 다듬고, 본분과 의무가 분명하며, 불러 쓰는 것과 내치는 것이 때에 맞고, 아끼고 이롭게 해줌이 드러나는 것. 이와 같이 한다면, 백성들은 그를 상제처럼 존귀하게 여기고 하늘처럼 높이며 어버이처럼 가까이하고 신명처럼 두려워할 것이다. 그러므로 상을 굳이 주지 않더라도 백성들은 스스로 힘쓰고, 벌을 굳이 주지 않더라도 위엄이 행해진다. 대체로 이러한 것을 도덕에 의한 위엄이라 한다. - 『순자』「강국」
>
> (禮樂則脩, 分義則明, 擧錯則時, 愛利則形. 如是, 百姓貴之如帝, 高之如天, 親之如父母, 畏之如神明. 故賞不用而民勸, 罰不用而威行. 夫是之謂道德之威.)

도덕정치는 당장에 효과를 볼 수 없다. 그렇다고 패도만으로 천하를 안정시키려는 것도 오산이다. 법가처럼 상으로 꾀고 벌로 겁주면, 백성들은 위협에 굴복할 뿐이고 진정으로 복종하지는 않는다. 따라서 패도가 일시적인 처방이라면, 왕도는 장구한 계책이 된다. 패도는 군주를 위한 길이지만, 왕도는 백성을 위한 길이기 때문이다. 군주는 얼마든지 바뀌고 왕조 또한 명멸을 거듭하지만, 백성들만은 한결같이 이 땅을 지킨다. 다만, 왕도의 어려움은 지극히 거룩한 자가 나타나야 하고, 나타나더라도 그에 걸맞은 지위를 얻어야 한다는 데에 있다.

34.2 ————————————————————————

是以聲名, 洋溢乎中國, 施及蠻貊, 舟車所至, 人力所通, 天之
所覆, 地之所載, 日月所照, 霜露所隊, 凡有血氣者, 莫不尊親.
故曰配天.

이런 까닭에 그의 명성은 온 나라에 넘칠 듯 가득하고 멀리
오랑캐에게도 미치니, 배와 수레가 이르는 곳, 사람의 힘이 미
치는 곳, 하늘이 덮어 가리는 곳, 땅이 실어주는 곳, 해와 달이
비추는 곳, 서리와 이슬이 내리는 곳 어디에서나 무릇 피가
돌고 기운이 있는 것이라면 우러르며 가까이하지 않는 일이
없다. 그러므로 '하늘과 짝한다'라고 말하였다.

注釋　　양(洋)은 넘치다는 뜻이다. 일(溢)은 가득 차다, 넘쳐 흐르다
는 뜻이다. 중국(中國)은 황하 유역의 중원을 가리키는데, 주변의 오랑
캐와 대비해서 쓴 말이다. 문화를 창조하고 향유하는 곳이기도 하다.
만(蠻)은 중국 남방의 오랑캐이고, 맥(貊)은 동북방의 오랑캐인데, 아울
러서 오랑캐, 미개한 민족을 뜻한다. 이(施)는 옮다, 미치다는 뜻이다.
추(隊)는 추(墜)와 같으며, 떨어지다는 뜻이다.

蛇足　　도덕지위, 곧 도덕에 의한 위엄으로 정치를 한다면, 그것은
국경을 넘어서까지 영향을 끼친다. 말했다시피 도덕은 보편적인 원리
이기 때문에 모든 것을 아우르는 힘을 갖고 있다. 서로 다른 것이 대립
하고 갈등을 빚으면서 전쟁을 부르고 혼란을 부추기는 일을 종식시키
기 위해서는 도덕이 절실하다. 위에서 말한 '명성'은 지극히 거룩한 자
가 행함으로써 드러난 도덕지위다. 혈기를 지닌 것이라면 우러르며 가
까이하지 않는 일이 없다고 한 것은 결코 과장이 아니다. 바로 지금, 우

리가 이 『중용』을 읽고 있다는 사실, 또 『논어』나 『맹자』, 『순자』를 여전히 고전이라 부르고 있다는 사실에서도 단순히 동시대의 공간을 뛰어넘을 뿐만 아니라 시간조차 뛰어넘는 영향력을 발휘하고 있음이 입증되고 있지 않은가.

여기서 한 가지 흥미로운 것은 '혈기(血氣)'라는 어휘다. 『맹자』에서는 전혀 쓴 적이 없다. 『논어』에서는 단 한 차례 쓰인 적이 있는데, 그때는 "몸의 힘이나 기운" 또는 "몹시 흥분해서 격하게 움직이는 기운"을 뜻하였다. 그러나 여기서는 "살아 있는 것"을 가리키는데, 순자도 같은 의미로 쓴 적이 있다.

> 무릇 하늘과 땅 사이에서 살아가는 것들, 피가 돌고 기운이 있는 것들은 반드시 지각이 있고, 지각이 있는 것들은 같은 피붙이를 사랑한다. 이제 저 큰 새나 짐승은 제 무리나 짝을 잃으면 한 달이 지나고 한 계절이 지나더라도 반드시 되돌아오고, 고향을 지날 때면 반드시 어슬렁거리면서 울부짖기도 하고 한참을 머뭇거리거나 서성거린 뒤에야 떠난다. 제비나 참새 같은 작은 것들조차 잠깐이나마 지저귄 뒤에야 떠난다. 그런데 피가 돌고 기운이 있는 것치고 사람보다 지각이 있는 것이 없다. 그래서 사람이 제 어버이에 대해 가진 정은 죽을 때까지도 없어지지 않는다. ─ 『순자』 「예론」
>
> (凡生乎天地之間者, 有血氣之屬必有知, 有知之屬莫不愛其類. 今夫大鳥獸則失亡群匹, 越月踰時, 則必反鉛; 過故鄕, 則必徘徊焉, 鳴號焉, 躑躅焉, 踟躕焉, 然後能去之也. 小者是燕爵猶有啁噍之頃焉, 然後能去之. 故有血氣之屬莫知於人. 故人之於其親也, 至死無窮.)

피가 돌고 기운이 있는 것만으로는 사람과 다른 동물 사이에 차이가 없다는 뜻을 슬며시 드러내고 있다. 사람이 사람다운 것은 바로 지각이 있기 때문이라고 하였다. 그 지각으로 말미암아 사람은 배우고 실천하고 덕을 쌓아가면서 지극히 거룩한 존재가 된다는 말이다. 지극히 거룩한 사람이 될 때, 비로소 하늘과 짝하는 것이다.

하늘과 짝하는 지극히 거룩한 사람은 인류의 역사 속에서 거듭 나타나서 사람들을 이끌고 가르쳐왔다. 그럼에도 여전히, 아니 갈수록 탐욕과 어리석음은 더해가고, 그로 말미암아 민족과 인종, 종교, 빈부 사이의 갈등은 더욱 깊어지고 분란은 더 심해지고 있다. 심지어는 지구까지 몸살을 앓는 지경에 이르렀다. 지난 한 세기 동안에 얼마나 많은 인류와 짐승들, 초목들이 죽거나 사라졌던가?

거룩한 자, 성스러운 자는 정해져 있지 않다. 성스러워지려는 뜻을 세우고 애쓴다면, 누구나 하늘과 짝하고 땅과도 짝할 수 있는 사람이 될 수 있다. 결과를 떠나서, 그렇게 되려고 애쓰는 것이 바로 사람이 사람다워지는 길이다.

35장

크나큰 날줄과 근본

35.1

唯天下至誠, 爲能經綸天下之大經, 立天下之大本, 知天地之
化育. 夫焉有所倚? 肫肫其仁! 淵淵其淵! 浩浩其天! 苟不固聰
明聖知達天德者, 其孰能知之?

천하에서 지극히 성스러운 자만이 천하의 크낙한 날줄을 엮
을 수 있고, 천하의 크나큰 뿌리를 세울 수 있으며, 하늘과 땅
이 변화시키고 기르는 것을 알 수 있다. 그러니 어찌 무언가
에 기대는 일이 있겠는가? 알뜰하고 살뜰하구나, 그 어짊이!
깊고 그윽하구나, 연못처럼! 너르고 크구나, 하늘처럼! 참으
로 귀 밝고 눈 밝으며 거룩한 지혜를 갖추고 하늘의 덕에 이
른 자가 아니라면, 그 누가 그것을 알 수 있으리오?

注釋　경(經)은 날실(피륙을 짤 때 세로로 놓은 실) 또는 날줄, 재다는
뜻이다. 륜(綸)은 굵은 실, 다스리다는 뜻이다. 여기서는 경륜이 엮다,
짜다는 뜻으로 쓰였다. 순순(肫肫)은 마음과 힘을 다하는 것을 형용한
다. 연연(淵淵)은 깊고 조용한 모양이다. 호호(浩浩)는 넓고 큰 모양이
다. 구(苟)는 참으로, 진실로라는 뜻이다.

蛇足　앞서 지극히 거룩한 것(至聖)에 대해 말했고 여기서는 지극히
성스러운 것(至誠)에 대해 말하고 있는데, 이로써 거룩함과 성스러움이
하나라는 것을 알 수 있다. 또 앞서는 '하늘과 짝한다'고 하였고, 여기
서는 '하늘의 덕에 이른다'고 하였는데, 이는 결국 하늘과 따로 인간세
의 법칙이 있음을 슬며시 드러낸 것이다. 말하자면, 인간세상을 다스리
는 법칙을 하늘의 길에서 빌려 왔다고 해도 동일시해서는 안 된다는 것
이다. 이는 자연과 인간을 분리하여 자연을 하나의 객관적 세계로 간주
하는 순자의 사유와 닮아 있다. 『중용』의 풀이에서 『순자』가 그토록 자

주 인용되는 것도 그 바탕에 깔려 있는 사유가 비슷하기 때문이리라.

천하의 크낙한 날줄을 엮고 크나큰 뿌리를 세우는 일은 하늘의 덕을 오롯하게 체득한 뒤에 천하에 알맞게 활용한다는 뜻이다. 그래서 성스러운 자는 길에서 벗어나지 않을 뿐, 무엇에 기대지 않는다. 하늘을 인격신으로 대하지 않고, 물리적 공간이나 원리로 대하고 있음을 읽을 수 있다.

> 하늘의 운행은 한결같으니, 요를 위해서 있는 것도 아니요 걸 때문에 없어지는 것도 아니다. 다스림으로써 응하면 길하고, 어지러움으로써 응하면 흉하다. 근본에 힘쓰고 절도 있게 쓰면 하늘이 가난하게 만들 수 없고, 의식(衣食)을 마련해두고 때맞게 움직이면 병들게 할 수 없으며, 도를 닦아서 두 마음을 갖지 않으면 하늘이 재앙을 내릴 수 없다. 그러므로 홍수나 가뭄이 굶주리게 하거나 목마르게 할 수 없고, 추위와 더위가 병들게 할 수 없으며, 요망하고 괴이한 일이 흉하게 만들 수 없다. 근본을 팽개쳐두고 분수에 넘게 쓰면 하늘이 가멸지게 할 수 없고, 의식은 줄고 적게 움직이면 하늘이 오롯하게 해줄 수 없으며, 도를 거스르고 함부로 행동하면 하늘이 길하게 해줄 수 없다. 그러므로 홍수나 가뭄이 이르지 않아도 굶주리고, 추위와 더위가 심하게 닥치지 않아도 병들며, 요망하고 괴이한 일이 이르지 않아도 흉하다. 계절을 받아들이는 일이 다스려지는 시대와 똑같은데도 다스려지는 시대와 다르게 재앙을 입더라도 하늘을 탓해서는 안 된다. 사람이 갔던 길이 그렇게 만든 것이다. 그러므로 하늘과 사람이 나뉜다는 것을 환히 안다면, 지극한 사람이라 할 수 있으리라. ─『순자』「천론(天論)」
>
> (天行有常, 不爲堯存, 不爲桀亡. 應之以治則吉, 應之以亂則凶. 彊本而節用, 則天不能貧; 養備而動時, 則天不能病; 修道而不貳, 則天不能禍. 故水旱不能使之飢渴, 寒署不能使之疾, 祅怪不能使之凶. 本荒而用侈,

則天不能使之富; 養略而動罕, 則天不能使之全; 倍道而妄行, 則天不能
使之吉. 故水旱未至而飢, 寒署未薄而疾, 祅怪未至而凶. 受時與治世同
而殃禍與治世異, 不可以怨天, 其道然也. 故明於天人之分, 則可謂至人
矣.)

    순자가 말한 '지극한 사람'은 곧 『중용』의 '지극히 성스러운 사람'이
다. 지극히 성스러운 사람의 깊고 그윽함이 연못과 같고, 그 너르고 큼
이 하늘과 같다고 하더라도, 그것은 하나의 수사(修辭)일 뿐이다. 연못
과 똑같거나 하늘처럼 한다는 것이 아니다.

    "그 누가 그것을 알 수 있으리오?"(其孰能知之)라고 말했을 때 '그것'
은 매우 포괄적인데, '천하지대경(天下之大經)'과 '천하지대본(天下之大
本)' 그리고 '천지지화육(天地之化育)'을 가리키는 것일 수도 있고, 또는
'알뜰하고 살뜰한 어짊'과 '연못처럼 깊고 그윽함' 그리고 '하늘처럼 너
르고 큼'을 가리키는 것일 수도 있다. 그러나 나는 "어찌 무언가에 기대
는 일이 있겠는가?"를 가리킨다고 본다. 지극한 사람은 무엇에도 기대
지 않는다. 그가 도를 체득했다고 해서 도에 기대는 것은 더더욱 아니
다. 그가 하늘의 길을 간다고 해서 하늘에 기대는 것도 아니다. 그는 홀
로 가는 자, 스스로 하는 자다. 이렇게 보면, '그것'은 순자가 말한 '천인
지분(天人之分)'이라 해도 그다지 어긋나지 않는다.

36장

소리도 냄새도 없어라

36.1 ────────────────────────────

詩曰: "衣錦尙絅." 惡其文之著也. 故君子之道, 闇然而日章; 小人之道, 的然而日亡. 君子之道, 淡而不厭, 簡而文, 溫而理. 知遠之近, 知風之自, 知微之顯, 可與入德矣.

시에서 "비단옷 입고 홑옷을 덧입었네"라고 하였다. 이는 화려함이 드러나는 것을 싫어한다는 말이다. 그러므로 군자의 길은 어렴풋하지만 날로 빛나고, 소인의 길은 뚜렷하지만 날로 사그라진다. 군자의 길은 담박하지만 싫증이 나지 않고, 간결하면서도 아름답게 빛나고, 상냥하면서도 한결같다. 먼 곳이 가까운 데서 시작됨을 알고, 바람이 어디서 이는지를 알며, 은미한 것이 잘 드러난다는 것을 안다면, 함께 덕으로 들어갈 수 있으리라.

注釋 시는 『시경』 「위풍(衛風)」의 〈석인(碩人)〉에 나오는 구절이다. 상(尙)은 꾸미다는 뜻인데, 여기서는 덧입다는 말맛을 담고 있다. 경(絅)은 홑옷을 뜻한다. 저(著)는 드러나다는 뜻이다. 암연(闇然)은 어두운 모양이다. 장(章)은 빛나다는 뜻이다. 적연(的然)은 선명한 모양이다. 담(淡)은 싱겁다, 밍밍하다는 뜻이다. 리(理)는 사물의 결, 곧 조리를 뜻한다. 자(自)는 ~로 부터라는 뜻이다.

蛇足 이 36장은 『중용』의 마무리다. 1장이 꽤 독특했던 것처럼 이 마지막 장도 꽤나 독특하다. 철학적인 내용을 길게 서술한 뒤에 이렇게 시로써 매조지는 것은 그 사유의 자유로움에서 비롯되었다고 해도 과언은 아닐 것이다. 오늘날 글쓰기를 하는 이들이 한번 깊게 새겨보아야 할 부분이기도 하다. 특히 논문을 주로 쓰는 학자들이 참고해야 할 것이다. 정형화된 틀 속에 딱딱하기만 한 내용을 쑤셔 넣고는 글쓰기의

정석을 따른 듯이 구는데, 참으로 그 착각이 딱하기만 하다. 그런 글에
서 무슨 새로운 사유가 흘러나오겠는가? 아니, 누가 읽기라도 하는가?
창조적인 글일수록 정해진 틀이 없음을 알고 있음에도 그 스스로 하려
고 하지 않으니, 어리석음인가 게으름인가? 어쨌든 『중용』은 글쓰기 차
원에서 보더라도 흥미롭다.

　이 마지막 장을 앞두고 『중용』의 저자는 '지극히 거룩한 자'와 '지극
히 성스러운 자'에 대해 말했다. 그런데 여기서 갑자기 군자에 대해 말
하고 있는 까닭은 무엇인가? 『중용』이 대상으로 한 독자는 군자, 사람
의 길로 가고자 하는 군자이기 때문이다. '지극히 거룩한 자'든 '지극히
성스러운 자'든 모두 군자의 길 끝에서 만나는 자다. 그래서 거듭 말한
것일 뿐이다. 이제 다시 군자는 어떤 사람인지, 그가 가는 길은 어떠한
지를 말하면서 『중용』을 마무리하고 있다.

　〈석인〉에서 끌어온 시구는 군자의 길과 소인의 길은 감각적으로 다
르다는 것을 들려주고 있다. 비단옷은 남의 시선을 끌려는 이들이 즐겨
입고, 홑옷은 남의 시선을 아랑곳하지 않는 이가 입는다. 비단옷은 소
인의 학문인 '위인지학(爲人之學)'을, 홑옷은 군자의 학문인 '위기지학
(爲己之學)'을 비유한 말이다. 소인은 남에게 보여지기 위해서 학문을
하므로 내실보다는 외양에 치중한다. 그러나 내실이 없는 학문은 시간
이 흐를수록 무미건조하고 따분하다. 군자는 자기를 바로 세우는 학문
을 하므로 외양은 보잘것이 없어도 내실은 야무지다. 그래서 시간이 흐
를수록 그 은근한 맛이 배어 나와서 사람을 끈다. 담박한데도 싫지 않
고, 수더분한 듯하면서도 멋이 있으며, 그 말은 상냥하면서도 날카롭고
조리가 있다.

　'먼 곳'은 지극한 경지를 가리키며, '가까운 데'는 바로 일상, 일상의
나 자신이다. 지극히 성스럽고 거룩한 존재가 구현되는 것은 지금 여기
에 있는 나로부터라는 말이다. '바람이 이는 곳'은 이치의 근원을 가리
키는데, 그것은 어디에나 있다. '은미한 것이 잘 드러난다'는 말은 『중

331

용』1장의 내용을 되풀이한 것이면서 다음 시구로 향하는 징검다리이기도 하다.

36.2

詩云: "潛雖伏矣, 亦孔之昭." 故君子內省不疚, 無惡於志. 君子之所不可及者, 其唯人之所不見乎!

> 시에서 "물 속 깊이 엎드려 있어도 더욱더 환히 보이는구나"라고 하였다. 그러므로 군자는 안으로 살펴도 꺼림칙하지 않으니, 그가 뜻을 둔 데서 잘못될 게 없다. 군자가 남들이 미칠 수 없는 데에 이른 것은 오로지 남들이 보지 못하는 데서 삼갔기 때문이리라!

注釋 시는 『시경』「소아」의 〈정월(正月)〉편에 나오는 구절이다. 잠(潛)은 숨다, 물 속에 숨다는 뜻이다. 공(孔)은 매우, 심하게를 뜻한다. 소(昭)는 밝다, 환하다는 뜻이다. 악(惡)은 나쁘다, 잘못되다는 뜻이다.

蛇足 앞서 군자의 길과 소인의 길은 사뭇 다르다는 것을 분명하게 말하였다. 여기서도 그 점이 거듭 언급되고 있다. 군자의 길이 가기 어려운 것은 남들이 보지 못하는 데서 삼가는 것, 곧 신독(愼獨)을 해야 하기 때문이다. 신독을 하지 않으면, 자기도 모르게 허물을 짓고, 허물을 짓고도 알아채지 못하게 된다. 시구는 바로 그 점을 은유한 것이다.

　어리석은 사람의 특징은 제 허물을 남들은 다 아는데, 자신만 모르고 있다는 것이다. 곁에서 아무리 일러주어도 이해하지 못한다. 자신에 대해서는 누구보다도 자신이 잘 안다면서 한사코 듣기를 거부한다. 그래서 또 같은 허물을 저지르고, 끝내는 자신을 망치는 데에 이른다. 또 다른 어리석음은 숨기려는 데에 있다. 숨기면 숨겨진다고 여기는 것은 모르는 것보다 더 어리석은 것이다. 숨길수록 도리어 더욱 드러나는 것인 줄도 모르고, 자신은 잘 숨겼다고 흐뭇해한다. 그런 자는 "함께 덕으로 들어갈 수 없는" 자다.

"내성불구(內省不疚)"는 『논어』에도 나온다. 이 단락을 이해하는 데 도움이 되므로 제시한다.

> 사마우가 군자에 대해 여쭈자, 스승께서 말씀하셨다.
> "군자는 걱정하지 않고 두려워하지 않는다."
> "걱정하지 않고 두려워하지 않으면, 이것만으로 군자라 할 수 있습니까?"
> "안으로 살펴서 꺼림칙하지 않으면, 무엇을 걱정하고 무엇을 두려워하리오?" ─ 『논어』 「안연」
> (司馬牛問君子, 子曰: "君子不憂不懼." 曰: "不憂不懼, 斯謂之君子矣乎?" 子曰: "內省不疚, 夫何憂何懼?")

안으로 살펴서 꺼림한 게 없으면 걱정이 없고 두려움도 없는 것은 자신이 뜻을 둔 데서 잘못될 것이 없음을 잘 알기 때문이다. 무슨 일을 하면서 걱정이 앞서고 두려움이 드는 까닭은 무언가 꺼림칙한 것을 느끼기 때문이다. 그런 때에는 일을 하지 말고, 자신을 돌아보고 바로잡는 공부를 해야 한다.

36.3

詩云: "相在爾室, 尙不愧于屋漏." 故君子不動而敬, 不言而信.

시에서 "방에 있는 너를 보니, 방의 구석진 데서도 부끄럽지 않도다"라고 하였다. 그러므로 군자는 움직이지 않아도 사람들이 공경하고, 말하지 않아도 사람들이 믿는다.

注釋   시는 『시경』 「대아」의 〈억(抑)〉편에 나오는 구절이다. 상(相)은 보다는 뜻이다. 이(爾)는 여(汝)와 같으며, 너를 뜻한다. 상(尙)은 오히려라는 뜻이다. 괴(愧)는 부끄러워하다는 뜻이다. 루(漏)는 방의 서북쪽 구석, 가장 어두운 곳을 뜻한다.

蛇足   역시 '신독'에 관한 것이다. 홀로 있을 때 삼간 사람은 갑작스레 일을 하게 되더라도 어그러지는 법이 없고, 문득 사람들과 어울리게 되더라도 사이가 틀어지게 하지 않는다. 홀로 삼가는 일은 결코 소극적이고 수동적인 공부가 아니다. 스승으로부터 배우는 일보다 훨씬 적극적이고 창조적인 공부다. 스스로 깨어 있어야만 가능하기 때문이다. 그러므로 움직이지 않아도 몸에서 그 공부의 향기가 나고, 말을 하지 않아도 그 몸짓에서 이미 배어 나오는 것이다.
   『신약성서』 「마태복음」의 5장에서 7장까지는 저 유명한 〈산상수훈〉인데, 거기에 『중용』의 신독이 예수의 언어로 표현되어 있다.

기도할 때 위선자들처럼 해서는 아니 되느니라. 그들은 예배당에서 또 거리 모퉁이에 서서 기도하길 좋아하나니, 이는 사람들 눈에 띄도록 하기 위함이라. 내 단언하건대, 그들은 제 값을 이미 다 받았느니라. 너희는 기도할 때에 방으로 들어가서 문을 닫아 걸고 은미한 데 계신 그분께 기도하라. 그러면 은미한 곳에서 너희를 보신 그분께서 보답을 하시리라.

(And when you pray, you shall not be like the hypocrites. For they love to pray standing in the synagogues and on the corners of the streets, that they may be seen by men. Assuredly, I say to you, they have their reward.

But you, when you pray, go into your room, and when you have shut your door, pray to your Father who is in the secret place; and your Father who sees in secret will reward you openly.)

36.4

詩曰: "奏假無言, 時靡有爭." 是故, 君子不賞而民勸, 不怒而民威於鈇鉞.

시에서 "제사에 모여서 말이 없어도 아무런 다툼이 없도다"라고 하였다. 그러므로 군자는 상을 내리지 않아도 백성들이 힘쓰고, 성내지 않아도 백성들은 작두나 도끼보다 더 두려워한다.

注釋 시는 『시경』 「상송(商頌)」의 〈열조(烈祖)〉편에 나오는 구절이다. 주(奏)는 모이다, 향하여 가다는 뜻이다. 격(假)은 이르다는 뜻으로, 신이 오는 것을 이른다. 따라서 제사로 풀이할 수 있다. 미(靡)는 무(無)와 같으며, 없다는 뜻이다. 부월(鈇鉞)은 형벌에서 쓰는 작은 도끼와 큰 도끼를 뜻한다.

蛇足 공자는 "정령으로써 이끌고 형벌로써 잡도리하려고 하면, 백성들은 벗어나려고만 하고 부끄러워할 줄 몰라. 허나 덕으로써 이끌고 예의로써 잡도리하면, 부끄러워하면서 바루려 하지"(道之以政, 齊之以刑, 民免而無恥; 道之以德, 齊之以禮, 有恥且格. ―『논어』 「위정」)라고 말하였다. 이는 행동의 기준을 밖에서 설정하지 말라고 한 것이다. 상을 주는 것도 벌을 내리는 것도 모두 바깥에 내 행동의 기준을 세우는 것이다. 그렇게 되면, 스스로 주인이 되는 일은 까마득히 멀다.

공자는 백성들이 비록 배울 수 있는 처지에 있지는 않아도 역시 분별할 능력이 있다고 보았다. 그래서 본보기가 있다면, 기꺼이 그를 따라서 올바른 길로 갈 것이라 여겼다. "군자의 덕은 바람이요 소인의 덕은 풀이오. 풀 위에 바람이 불면, 풀은 반드시 눕소"(君子之德風, 小人之德草. 草上之風, 必偃. ―『논어』「안연」)라고 말한 데에 그러한 인식이 분명히 내재해 있다.

반면, 법가 사상가들은 군주를 위해서 객관화할 수 있는 법과 엄격한 상벌의 기준을 마련하는 것이 중요하다고 주장한다. 왜냐하면 군주 가운데 현자나 성인은 매우 드물기 때문이다. 모자라거나 어리석은 자가 왕위를 잇는 경우가 더 많다는 것은 역사가 증명해 보이는 사실이다. 군주의 자질이 부족하다고 그를 내칠 것인가? 그게 쉽지 않다. 그렇다면 어떻게 할 것인가? 이미 정해진 법을 따라 시행하면 되고, 정해진 기준에 따라 판단해서 상벌을 내리면 된다. 유가에서 왕을 성인이나 현자로 만들려는 것보다는 분명히 쉬운 일이다. 그런데 여기에도 간과된 게 있다. 아무리 법과 제도가 잘 정비되어 있고 형벌의 기준이 엄정하게 서 있다고 해도, 사사로움이 있거나 어리석은 자라면 제대로 적용할 수 없다는 점이다. 또 시세의 변화에 따라 새로 법을 제정하고 형벌을 마련해야 한다고 주장하는 것이 법가인데, 만약 그렇게 해야 할 때에 군주가 어리석다면 어찌할 것인가? 역시 결국에는 사람의 문제로 돌아간다. 그리고 정치가가 존재하는 한, 유가의 주장은 결코 가벼이 볼 수가 없다.

36.5

詩曰: "不顯惟德, 百辟其刑之." 是故, 君子篤恭而天下平.

시에서 "크게 드러나도다 그 덕이여! 모든 제후들이 본받는구나"라고 하였다. 이러하므로 군자가 도탑고도 깍듯하면 천하가 태평해진다.

注釋　시는『시경』「주송(周頌)」의 〈열문(烈文)〉에 나오는 구절이다.
비(丕)는 비(丕)와 같으며, 크다는 뜻이다. 현(顯)은 드러내다는 뜻이다.
벽(辟)은 제후를 가리킨다. 형(刑)은 본받다는 뜻이다.

蛇足　군자는 벼슬하려는 선비다. 벼슬을 목적으로 삼는 것은 아니
지만, 벼슬을 하지 않고서는 제 뜻을 펼 수가 없다. 그러나 도가 행해지
지 않는 시절이면, 써줄 사람도 없지만 그 자신도 벼슬하려고 나서지
않는다. 그럴 경우에 군자는 무의미해지는가? 더 이상 쓸모가 없는가?
아니다. 군자는 그 존재 자체만으로도 세상에 유익하다. 만약 공적인
일을 맡아서 하는 게 없어서 쓸모가 없고 존재 의의가 없다면, 그는 군
자가 아니다.

　군자는 다스려지는 시대에는 쓰이고, 어지러운 시대에는 세상을 밝
히는 빛이 된다. 공자와 맹자를 통해서, 또 순자를 통해서도 알 수 있듯
이, 그들은 제자들을 길러서 후세에 그 학문이 이어져서 쓰일 수 있게
했다. 그들의 자취가 오래도록 일컬어지고 또 그들을 따르려는 이들이
여전히 많음에도 천하가 태평해지지 않은 것도 엄연한 사실이다. 그러
나 천하가 태평해진다는 말은 모든 사람들이 똑같이 태평한 시절을 누
리는 것만을 가리키지는 않는다. 그들의 학문을 배우고 익히는 자는 그
일상에서 태평한 세월을 보내고 있다고 해야 할 것이다. 그리고 일상에
서 만나는 사람들과 어우러지고 때로 감화시키는 것 자체가 태평한 시
대를 만들어가는 과정이 아닌가.

　하늘의 길로서 성스러움은 쉼이 없는 것이다. 이는 어느 시점에서 완
성되고 완결되는 것이 아님을 의미한다. 일종의 창조적 과정이다. 군자
의 일 또한 그런 창조적 과정에 동참하는 것일 뿐이다. 어찌 군자의 일
로써 천하가 태평해진다고 하겠는가. 천하가 있는 한, 군자도 있다. 군

자가 있는 한, 태평한 시절을 향한 발걸음은 쉬지 않는다. 그게 성스러워지려는 자의 길이다.

36.6

詩云: "予懷明德, 不大聲以色." 子曰: "聲色之於以化民, 末也." 詩曰: "德輶如毛," 毛猶有倫. "上天之載, 無聲無臭," 至矣!

> 시에서 "나는 밝은 덕을 품었으나, 말소리와 낯빛으로 전혀
> 드러내지 않도다!"라고 하였다. 공자는 "말소리와 낯빛으로
> 써 백성들을 교화하는 일은 하찮은 짓이다"라고 하였다. 또
> 시에서 "그 덕은 가볍기가 터럭과 같고나!"라고 하였으나, 터
> 럭조차 견줄 만한 무게가 있다. "저 하늘이 하는 일에는 소리
> 도 없고 냄새도 없도다!"라고 하였으니, 지극하구나!

注釋　첫째 시는 『시경』「대아(大雅)」의 〈황의(皇矣)〉에 나오는 구절
이다. 회(懷)는 품다는 뜻이다. 이색(以色)의 이는 여(與)와 같다. 말(末)
은 작다, 하찮다는 뜻이다. 두 번째 시는 「대아」〈증민〉편의 구절이다.
유(輶)는 유(猶)와 같으며, ~와 같다는 뜻이다. 유(猶)는 오히려라는 뜻
이다. 륜(倫)은 비슷한 부류를 뜻하는데, 여기서는 견줄 만한 것을 이른
다. 셋째 시는 「대아」〈문왕(文王)〉에 나오는 구절이다. 재(載)는 행하
다, 작용하다는 뜻이다.

蛇足　첫 번째 시는 앞서 36.3에서 "군자는 움직이지 않아도 사람들
이 공경하고, 말하지 않아도 사람들이 믿는다"는 말과도 통한다. 또 1.2
에서 인용한 『순자』「불구」편의 한 대목인 "군자는 지극한 덕을 갖추면
말없이 있어도 일깨워주고 베풀지 않아도 가까워지며 성내지 않아도

위엄이 있다"도 떠올리게 한다. 군자가 갖춘 덕이 참되고 알차다면, 결코 작위적인 방식으로는 백성을 교화시킬 수 없음을 말하고 있다. 이른바 '무위자연(無爲自然)'이 최선이며 최상임을 말하고 있는 셈이다. 그러고보니, 『도덕경』의 "아는 자는 말하지 않고, 말하는 자는 알지 못한다"(知者弗言, 言者弗知)는 말과도 잇닿아 있다. 『중용』의 사유가 심오하면서도 넓다는 것을 짐작하게 해주기도 하고, 동시에 도가적 사유의 영향도 받았으리라는 추론을 하게 해준다.

두 번째 시 "그 덕은 가볍기가 터럭과 같고나!"는 참으로 기묘하고도 절묘한 표현이다. 성스러워지려는 사람이 쌓은 덕은 터럭만큼이나 무게가 없다는 말이다. 참된 군자는 거드름을 피우지 않는다. 어설프게 배우고 익힌 자, 가끔씩 이치에 닿는 말을 하거나 올바른 행동을 하는 자가 무게를 잡고 떠벌린다. 일상에서 한결같이 사람의 길을 가는 군자는 무게를 잡는 것이 얼마나 우스꽝스러운지를 잘 안다. 아니, 아예 무게를 잡는 일이 없다. 그래서 마치 별다른 덕을 갖추지 않은 듯이 말하고 행동한다. 한마디로 전혀 의식하는 것이 없다는 말이다. "터럭조차 견줄 만한 무게가 있다"는 그 덕이 전혀 무게가 없음을 강조한 말인데, 하도 천연덕(天然德)스러워서 어떠한 작위도 이제는 없다는 뜻이다. 이쯤에서 뜬금없어 보이는 이야기 하나를 소개하면서 『중용』의 번역 및 해설을 끝맺고자 한다.

기성자가 왕을 위해 싸움닭을 길렀다. 열흘이 지나 왕이 물었다.
"닭이 되었는가?"
"아직입니다. 지금은 허세를 부리고 자기 기운을 믿고 있습니다."
다시 열흘이 지나 왕이 또 묻자, 대답하였다.
"아직입니다. 다른 닭의 소리를 듣거나 모습을 보기만 해도 덤벼듭니다."
다시 열흘이 지나 왕이 또 묻자, 대답하였다.

"아직입니다. 여전히 노려보고 기운도 왕성합니다."

다시 열흘이 지나 왕이 또 묻자, 대답하였다.

"거의 됐습니다. 상대가 울음소리를 내더라도 아무런 변화가 없습니다. 멀리서 보면 마치 나무로 깎아 놓은 닭 같습니다. 그 덕이 온전해진 것입니다. 다른 닭이 감히 대들지 못하고 돌아서서 달아납니다." - 『장자』「달생(達生)」